筒井寛秀監修

東大寺續要錄

国書刊行会

第一圖　東大寺図書館本・『東大寺続要録』拝堂篇

東大寺図書館所蔵の『東大寺続要録』は、室町時代の古写本で九冊からなる。拝堂篇に文明十七年任憲書写奥書、供養篇末に文明十九年書写校合奥書がある。鎌倉時代の東大寺史の根本史料であるのみならず、近世諸写本の親本としての価値も高い。

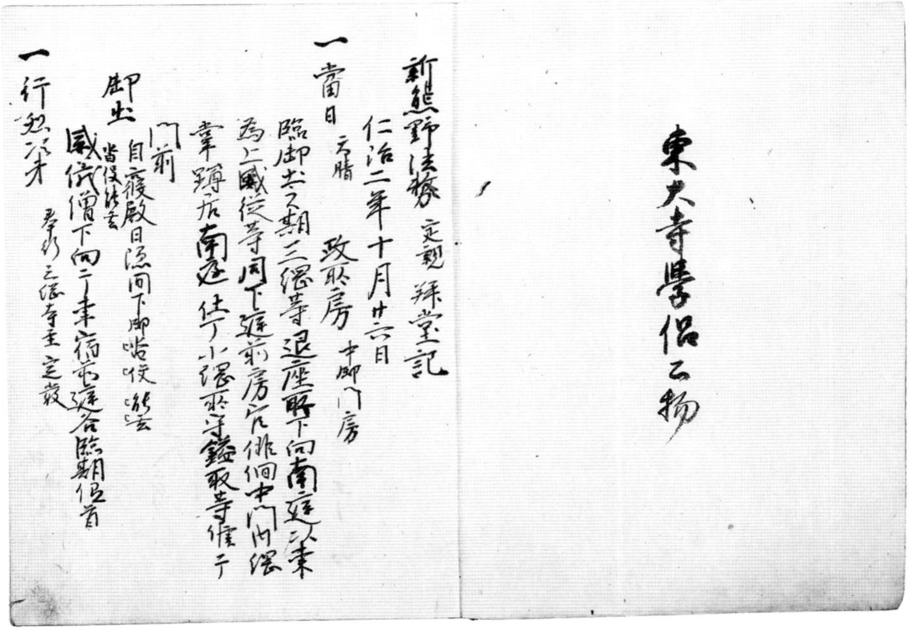

東大寺図書館蔵　東大寺続要録拝堂篇　表紙・帖首（表）／帖末（裏）

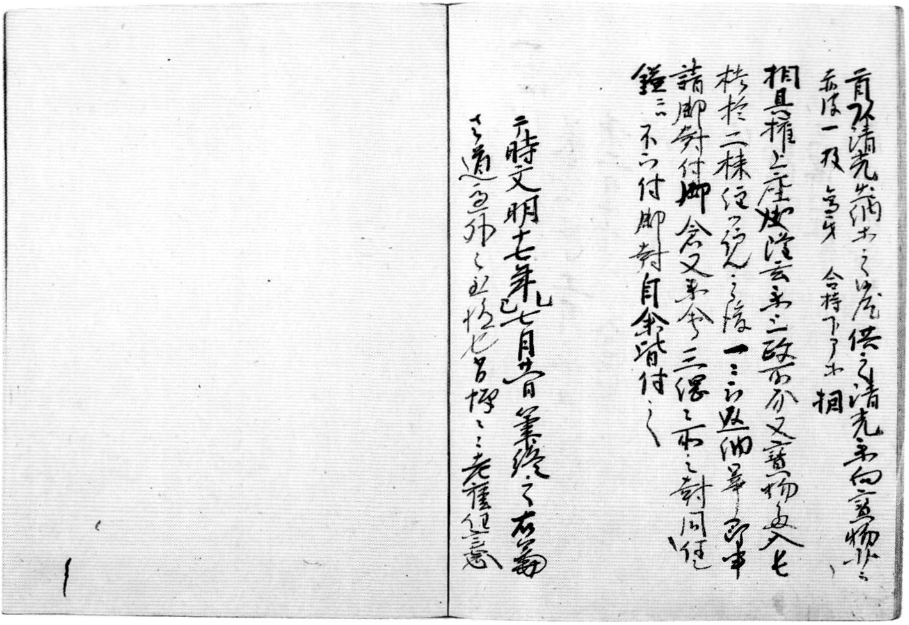
于時文明十七年乙巳七月廿日筆終之

第二圖　東大寺図書館本・『東大寺続要録』寺領章

東大寺図書館本九冊のうち、寺領章のみ内題が後筆であるなど他巻と体裁を異にする。表紙は、東大寺図書館本『東大寺要録』巻第二（後掲、第三図）と同様、東大寺図書館本『東大寺要録』の裏表紙を転用した後補のものである。

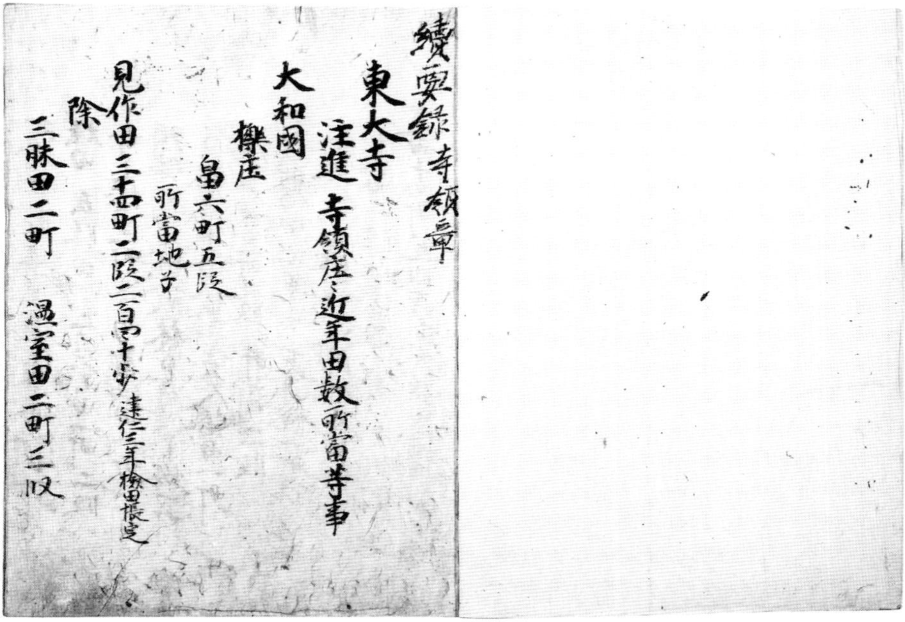
續要録寺領章
東大寺
注進 寺領庄々近年田數所當等事
大和國
櫟庄
畠六町五段
所當地子
見作田三十四町二段二百四十歩 建仁三年検田帳定
除
三昧田二町 温室田二町三段

東大寺図書館蔵　東大寺続要録寺領章　表紙・帖首

第三圖　東大寺図書館本・『東大寺要録』巻第二

東大寺図書館所蔵の『東大寺要録』巻第二は、東大寺領に関する鎌倉時代の文書集で室町時代の書写にかかる。後補表紙外題には「東大寺要録巻第二」とあるが、首題を欠いている。本冊は本来の要録第二ではなく、欠巻となっていた東大寺図書館本の要録第二に補われたもので、『東大寺続要録』滋野井本（近世書写）では、「寺領証文篇」の名が与えられている。

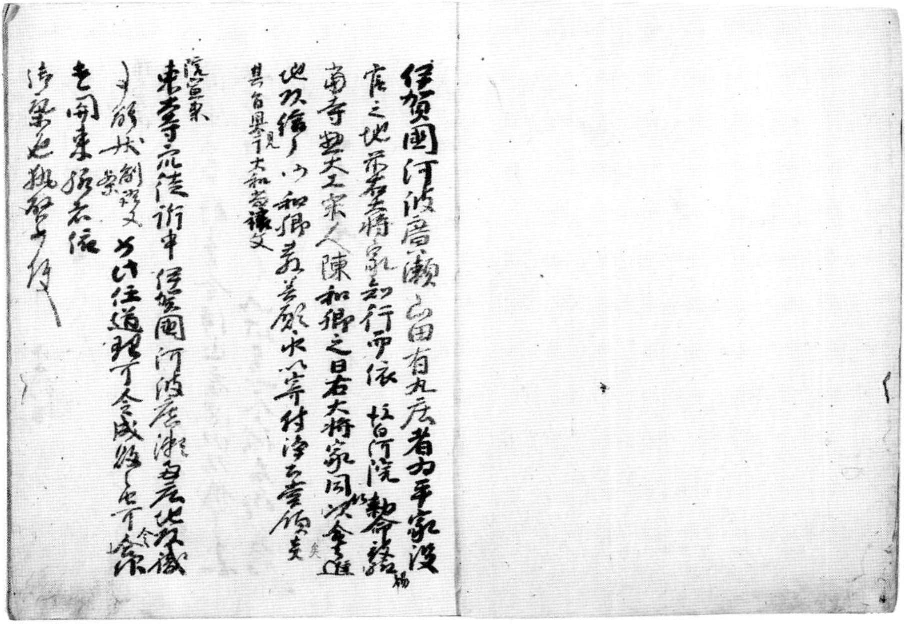

東大寺図書館蔵　東大寺要録巻第二　表紙・帖首

序文

父筒井英俊が『東大寺要錄』（以下『要錄』）の校訂本を出したのは、昭和十九年一月である。父が書きためた原稿があることを聞かれた「大阪　全國書房」の田中秀吉社長から出版をすゝめられ、實現したのは、昭和十九年一月であった。然し當時、太平洋戰爭は熾烈をきわめ、敗戰の色が濃くなっていた。折角、上梓された『要錄』であったが、昭和二十年三月十三日深夜の大阪大空襲や、四月十四日の東京大空襲で、初版の大半が灰燼に歸した。

以來『要錄』の再刊を待つ聲も多く、要望にお應えしたいと思っていた。

昭和四十六年、東京國立博物館の杉山二郎氏の勸めにより、「國書刊行會」から初版が出版された。以後、今日まで四刷が出版されて、學界のお役に立っている（父英俊は、昭和四十八年三月に遷化した）。

『要錄』の出版後、『東大寺續要錄』（以下『續要錄』）の出版が各方面から要望されていたが、愚鈍の私が『續要錄』の校訂をすることは難事業であった。東大寺史研究所所長・堀池春峰氏の再々の助力もあったが實現せず、氏のご逝去によって半ばあきらめていた。

その後、堀池氏のあとに、横內裕人氏が東大寺史研究所主任研究員として着任され、『續要錄』についての話が進み、併せて「東大寺續要錄研究會」の方々のご協力により、出版にこぎつけることが出來た。まことに有り難いことである。

茲に「東大寺續要錄研究會」でご助力いただきました方々のお名前を記し、滿腔の感謝の意を表します。

青木　淳氏　　安登由美子氏　　熊谷隆之氏　　竹內　亮氏
竹下さとみ氏　　近本謙介氏　　德永誓子氏　　坂東俊彥氏
藤岡　穰氏　　平松良雄氏　　堀　裕氏　　山本紀子氏
橫內裕人氏　　吉川眞司氏　　吉川　聰氏　　森由紀惠氏

尙、出版に當たりお世話になった「國書刊行會」の佐藤今朝男社長樣はじめ、出版に關わって下さった皆樣に厚く御禮申し上げます。

平成十九年七月一日

於龍松精舍

筒　井　寬　秀

凡例

一、東大寺續要錄は、鎌倉時代の編纂になる東大寺の寺誌で、撰者は未詳だが、東大寺眞言院の中道上人聖守とする說が有力である。古寫本は、大東急記念文庫に續要錄の一部と見られる聖守自筆の斷簡四紙（以下、急本）を存するほか、東大寺に文明年間書寫九册を存し、東大寺要錄十册とともに、明治三十二年舊國寶に指定され、現在重要文化財となっている。本書の翻刻に當っては東大寺本を底本とした。

急本は、供養篇本の內「一、大佛殿千僧供養事」「一、戒壇院講堂丈六釋迦像供養事」に該當するが、いずれも闕文がある。東大寺本は、造佛篇・供養篇本・供養篇末・諸會篇本・佛法篇・諸院篇・拜堂篇・寺領章・寶藏篇からなる九册である。卷號は供養篇が第二（親本外題）・寶藏篇が第十（內題）と知られるのみで、排列は不明である。

續要錄の構成には變動があり、その徵證を附記する。まず供養篇本は、文治記・建仁記・二月堂供養式以下の諸供養記から構成されているが、諸供養記冒頭に「此卷者別之卷也、依爲少卷寄此」とあり、獨立した諸供養記が合卷されたことが知られる。また江戶時代に編纂された東大寺雜集錄には、「續要錄十册」として「造佛下　諸院篇　佛法篇　諸會篇　拜堂篇出仕之式事繁故略之。　寶藏篇　供養章」の六篇・一章を擧げているが、卷號・分卷狀況は不明で、寺領章が見えない。さらに東大寺本の東大寺要錄卷第二は、官符・院宣・御教書・寄進狀からなる一册を以て闕卷を補ったものとされ、もと續要錄十册本のうちの一册とみる說もある。

このように構成には不明な點を殘すが、今回の飜刻・校訂に當たっては、東大寺本の現在の排列に從い、末尾に東大寺本の東大寺要錄巻第二を配することとした。

一、東大寺所藏本は、袋綴裝册子本で縱二八・〇糎、横二一・八糎を測る。表紙は後補で薄茶色澁紙を用い、左上に「東大寺續要錄某篇」、右下隅に「八幡宮新造屋」、見返しに「東大寺學侶公物」の墨書がある。本文料紙は美濃紙を用い、本文は、半葉一〇行、一行一九字前後に楷書もしくは草書にて墨書する。訓點等は、墨（返り點、送り假名、讀み假名、合符、校異）、朱（合點、校異）があり、附箋・不審紙が散見する。拜堂篇に「于時文明十七年乙巳七月廿一日筆終之。右筆左道慮外之至極也。有憚々々。老雀任憲」、供養篇末に「于時文明十九年丁未林鐘下旬第二天終功訖。翼日一校之。」の書寫奥書があり、他巻は校合奥書を有する。本文の筆跡や料紙の風合いから、他巻も文明末年前後の成立と目される。

但し寺領章のみ裏表紙は濃焦茶色澁紙を用い、外題は他巻と別筆で、見返墨書・校合奥書を闕く。内題「續要錄寺領章」は後筆であり、本文巻頭・巻末の半葉に著しい汚損がある。寺領章は無表紙で別置されたのち、後人が内題を加え表紙を新補の上、續要錄に編入したと推定される。

一方、東大寺要錄巻第二は、外題は寺領章と同筆で、裏表紙も寺領章と共通の濃焦茶色澁紙を用いる。東大寺要錄巻第九・同巻第十の裏表紙も、寺領章・要錄巻第二と同一の濃焦茶色澁紙である。獨立して傳來した寺領に關する册子二册の內、一册を續要錄寺領章に、もう一册を要錄巻第二に充當し、要錄巻第九・同巻第十の裏表紙を轉用して續要錄寺領章・要錄巻第二の表紙とし外題を書き加え、同一の濃焦茶澁紙を寺領章・要錄巻第二・第九・第十の裏表紙に用いて共通の體裁に整えたのであろう。

現在、東大寺本續要錄九册・東大寺要錄十册は漆塗被蓋箱に收められている。蓋ウハ書に「本要錄／續要錄」（中央）・

「東大寺／碩學中」（右・左下隅）、身裏書に「本續要錄之箱」（中央）・「元祿八乙亥霜月日新調之。」（右）・「學門料公物納所權少僧都晉賢／惣讀師權律師隆慶」の墨書がある。

一、東大寺續要錄の異本は、確認し得た全てが東大寺所藏本を祖本とし、近世以降の書寫にかかる。近世の完本・零本・略本について略說すると、まず完本には十册本・九册本・八册本がある。十册本は滋野井家本（東大寺龍松院所藏、寶曆八年～十一年書寫）と菅文庫本（茨城大學所藏）で、造佛篇・供養篇本・供養篇末・諸會篇・佛法篇・諸院篇・拜堂篇・寺領章・「寺領證文篇」・寶藏篇からなり、外題・內題にはこの順に卷次を記す。ただし滋野井家本卷九の內題は「東大寺要錄卷第二」を改めたものである。九册本は東京大學史料編纂所所藏本である。外題には寺領章・佛法篇・造佛篇・拜堂篇・寶藏篇・諸會篇・供養篇本・供養篇末・諸院篇の順に卷次を示すが、諸會篇は首題を「東大寺　諸會篇」とする。もと諸院篇と「寺領證文篇」を闕き、前著を補寫して末尾に配したと思しい。明治四十年に博物館本（八册本）と校合し注記を施す。八册本は宮內廳書陵部所藏本と東京國立博物館所藏本で、外題に卷次を明示しない（東博本は未確認）。諸院篇と「寺領證文篇」を闕き、諸會篇首題を「東大寺　諸會一篇」としており、この八册本を轉寫し補闕・整序したのが九册本か。

次に零本には、內閣文庫所藏の寶藏篇・寺領章、東大寺藥師院舊藏（東大寺圖書館所藏）の寶藏篇（延寶五年書寫）、手向山八幡宮所藏の寶藏篇（天保六年書寫）・拜堂篇がある。東大寺藥師院本の奥書には「東大寺要錄廿卷之內寶藏篇也」と見え、學侶公物の本を惣讀師一人が支配・祕藏していたが、違亂があり四聖坊晉性が預かったと記す。

略本としては、東大寺藥師院本續要略記と陽明文庫本東大寺續要錄（縹表紙本および享保二十年書寫茶表紙本）は同系統の二册本である。「造佛篇下」・諸院篇・佛法篇・諸會篇・拜堂篇・寶藏篇・供養篇を寫し、寺領章と「寺領證文篇」を闕く。

このほか諸會篇・拜堂篇・寶藏篇を抄した手向山八幡宮本東大寺續要錄略記がある。

一、本書の體裁は、なるべく底本の舊に從ったが、原本に附された送り假名・讀み假名、返り點は原則として採らず、新たに校訂に基づき返り點を附した。

一、底本の傳寫の失は、諸異本および諸書で校合し、誤字は「・」點を附して改め、脫字を補った場合は□で圍んだ。なお、諸書と校合して異なる場合にも、他日の檢討の資とするため、「・」點を附し、頭註にすべてこれを掲げて、その何本に據って改め、あるいは補したかを明らかにした。

一、朱書には上下に『　』を加え、朱合點に┆を附して表した。また底本の挿入符〻は、そのままとした。字形は舊字を用いたが、以下は改めず底本のままとした。

　　堺　間　咒　忩　着　勅　躰　曆　竪　粮

一、頭註に擧げた諸書と、その出典・刊本は、左のとおりである（あいうえお順）。略稱を用いたものは、それを括弧内に記した。なお、古文書の類で『平安遺文』『鎌倉遺文』に所收のものは、頭註に年月日と文書名のみを示すにとどめた。また刊本の他に原本及び寫眞帖を參照した場合がある。

岡屋關白記	『大日本古記録』（岩波書店）
勘仲記	『増補史料大成』（臨川書店）
吉記	『日本史史料叢刊』（和泉書院）
玉葉	『玉葉』（國書刊行會）
公卿補任	『新訂増補國史大系』（吉川弘文館）
倶舎論記	『大正新脩大藏經』第四十一巻
愚昧記	『大日本史料』第四編補遺（東京大學出版會）
建久五年法勝寺御八講問答記	東大寺圖書館藏本
興福寺別當次第	『大日本佛教全書』興福寺叢書二（第一書房）
地下家傳	『日本古典全集』（日本古典全集刊行會）
聖寶僧正傳	『續群書類從』第八輯下（續群書類從完成會）
續日本紀	『新訂増補國史大系』（吉川弘文館）
僧綱補任	『大日本佛教全書』興福寺叢書一（第一書房）
尊卑分脈	『新訂増補國史大系』（吉川弘文館）
經俊卿記	『圖書寮叢刊』（宮内廳書陵部）
東寺長者補任	『續々群書類從』第二史傳部一（國書刊行會）

東大寺供養次第　『續群書類從』第二十六輯下（續群書類從完成會）
東大寺供養請僧交名案　「東寺百合文書」な函三ノ三
東大寺供養圖　『守覺法親王の儀禮世界』（勉誠社）
東大寺眞言院聖守奏狀案（奏狀案）　『大和文化研究』第六卷十一號
東大寺造立供養記　『大日本佛教全書』東大寺叢書一（第一書房）
東大寺續要錄零卷（急本）　大東急記念文庫藏東大寺反古文書
東大寺勅封藏目錄記（目錄記）　『續々群書類從』第十六雜部一（國書刊行會）
東大寺八幡驗記　『續群書類從』第三輯上（續群書類從完成會）
東大寺別當次第　『新修國分寺の研究』第一卷（吉川弘文館）
東大寺要錄（要錄）　『東大寺要錄』（國書刊行會）
東南院文書　『大日本古文書』（東京大學出版會）
東南院務次第　『大日本佛教全書』東大寺叢書二（第一書房）
雙倉北雜物出用帳　『大日本古文書』編年文書之四（東京大學出版會）
日本紀略　『新訂增補國史大系』（吉川弘文館）
辨官補任　『續々群書類從』第二史傳部一（國書刊行會）
本朝文集　『新訂增補國史大系』（吉川弘文館）
民經記　『大日本古記錄』（岩波書店）

明月記　『明月記』（國書刊行會）
養老田令　『新訂増補國史大系』第二十三巻（吉川弘文館）
類聚三代格　『新訂増補國史大系』（吉川弘文館）
和名類聚抄（和名抄）　『類本集成和名類聚抄』本文編（臨川書店）

目　次

東大寺續要錄　供養篇末

東大寺續要録　諸會篇　本

東大寺續要録　佛法篇

東大寺續要録　諸院篇

東大寺續要錄　拜堂篇

東大寺續要錄　寺領章

東大寺續要錄　寶藏篇

東大寺要錄　卷第二

東大寺續要錄

東大寺續要錄　造佛篇

東大寺雜記第一

一、當寺

右。倩思二當寺盛衰一。偏由二源平興廢一。尋二其濫觴一者。後白河院御宇保元々年七月二日。鳥羽院崩。同九日。太上天皇（崇德）鳥羽院太子。後號二讃岐院一。後白河院兄。召二具源判官爲義一竊出二城南之離宮一。忽幸二洛東之舊院一。白河殿。左府（藤原）賴長引二率軍兵一同以參會。同十一日。主上後白河院。遣二下野守源義朝幷安藝守平清盛等一征伐之間。左府蒙レ疵而逃去。上皇遁レ陣而出家。上皇者遂配二于讃州一。左府者卽薨二于南都一。其後主上讓二位於東宮一。二條院。然間永暦元年。右衞門督藤信賴相二語左馬頭源義朝々臣一。憍二寵愛甚一企二謀叛之思一。安藝守清盛追二討彼等一畢。自レ爾以來源氏退散平家繁昌。清盛至二太政大臣一。子息誇二顯官顯職一。治承四年庚子四月廿二日。安德天皇高倉院第二子。母建禮門院（平德子）卽位。同五月十五日。於二高倉殿一欲レ搦二取一院第二（以仁王）

濫、原作監、意改

府、原作符、意改、以下同

左、原作右、據傍註改○愛、此下之脫歟

皇子。々々逃遁向二于薗城寺一。同廿六日。遂逃三下南都一之處。於二途中一被二誅伐一畢。同六月一日。遷二都於福原一。同十一月廿六日。又歸二于平安城一。然間興福寺衆徒猶憐二皇子之儀一欲レ遂二會稽之思一。連々蜂起種々張行。相國禪門（平清盛）鬱二於此事一。三位中將重衡（平）爲二官兵一下向。治承四年十二月廿八日。燒二拂東大・興福兩寺一畢。爰伊豆國流人前右兵衞權佐源朝臣賴朝贈内府義朝男也。相二語甲斐・信濃源氏一忽巧二謀叛一。其企聞二于洛都一。其恐深二于平家一。然間小松内府重盛（平）公薨。入道大相國忽受二重病一。熱氣滿レ室人去二其邊一。湛二冷水一而容レ身水變如レ湯。治承五年潤二月四日。遂以薨去。壽永二年七月廿五日。賴朝令三木曾義仲（源）・行家（源）等攻二洛陽一之間。平家一門送二連署狀於叡嶽一乞二身命於山王一。然而惡業暗逼宿報惟極。八條蓬壺六原蓮府。暴風上レ塵煙雲吐レ炎。平家一族悉逃二落鎭西一。主上安德天皇。同以行幸。時忠（平）大納言奉レ具二神璽寶劍等一即又扈從。元曆元年甲辰二月七日。於二攝津國一谷一生三虜三位中將重衡一。同二年六月廿二日。於二南都一斬レ首。爲二東大寺燒失大將一故也。鎭西零落之輩微力已極。文治六年庚戌三月廿八日。入道大相國後家二品（平時子）奉レ抱二天子一入二九重之淵底一。國母官女被レ取二于軍兵一而歸二舊里一。内府宗盛（平）公被二生虜一而斬レ首訖。此間鏡璽歸レ都寶劍沈レ海。賴朝蒙二朝賞一遂至二羽林大將軍一。其後洛中靜謐天下安寧。建久九年正月十三日。賴朝薨矣。抑治承炎上之時。大佛御頭落而有二佛後一。行客見レ之相二可レ伏レ敵之

張、原作帳、意改

者、此下要錄封戸
水田章有七十五字

由一。而爲レ始二清盛・重衡一一家即時滅亡。惡業現報惟新。大佛靈驗不レ落レ地者歟。本願記文云。後代有二不道之主・邪賊之臣一。若犯若破障而不レ行者。マ共起二太禍一永滅二子孫一。勅誓之旨如レ指レ掌。太上天皇高倉院。末代之賢王國豐民安。但深厭二世上一祈二崩於佛一。聞二伽藍之燒失一增二厭離之御心一。治承五年正月十四日。崩御畢。

事之次第大概如レ斯矣。

一、當寺燒失事

右。一院皇子向二于薗城寺一。彼寺憐二皇子一欲レ令二扶持一之間。乞二與力於興福寺一。遂欲レ逃三下南都二之剋。興福牒二于當寺一。共行三向木津邊一。皇子於二道頭一誅之間。衆徒空以歸レ寺。其後興福寺大衆僉議云。皇子東國現存申二最勝太子一。即行二除目一且補二東國々司一。其上觸二前兵衞佐頼朝・伊豆前司源仲綱等一。興福寺大衆若令二蜂起一者。同心合力。可レ誅二大相國清盛入道一之旨有二其沙汰一云々。大衆張本所二構出一無實也。于レ時彼寺正（玄縁）・權別當（藏俊）共以逝去。無レ人三于制禁一。沒三收和州平家領一。塞二南北上下之路一。欲レ令二發向一之間。相國禪門聞二此事一。治承四年十二月廿六日。下二數百騎官兵一。大衆行向隔二木津河一合戰。翼日廿八日。官兵入三來南都一處々追捕。遂以放火。大佛殿・四面廻廊・講堂・三面僧坊・食堂・八幡宮・東塔・戒壇院・大湯屋・上院・閼伽井屋・白銀堂・東南院・尊勝院・其外僧坊民屋悉以燒失。暴風吹レ自レ西。猛火熾ニ于中一。滅亡時臻嗚咽不レ休。所レ殘法花堂・二月堂・同食堂・三昧堂・僧正堂・鐘堂・唐禪院堂・上司倉・下司倉・正倉院・國分門・中御門・砧礚門・南院門等也。

一、燒失已後沙汰事

右。朝家驚歎之餘。召ニ諸道之勘文一。欲レ勵ニ作治之功一。彼勘文內師尙（中原）勘狀云。

勘申

東大寺燒亡間事

一[1]

右。東大寺者。聖武天皇天平十五年十月。懇凝ニ叡念一發ニ淸淨願一。同十七年八月。始鑄ニ佛像一。孝謙天皇天平勝寶元年十月。佛像終レ功。同四年四月。行ニ幸寺家一。太上天皇聖武。同以臨幸。開眼供養。其儀一如ニ元會一。啒[2]ニ僧正菩提法師一爲ニ開眼師一。請僧一萬人。其後

一

大外記中原師尙勘狀

[1] 一、衍歟、以下同

[2] 啒、原作崛、意改

淳和天皇天長四年八月。奉固大佛傾敧。　文德天皇齊衡二年五月。大佛頭自落。　清和天皇貞觀三年三月。修補佛頭儲無遮大會。醍醐天皇延喜十七年十二月。講堂幷三面僧坊燒亡。朱雀院承平四年十月。西塔爲雷火燒亡。同五年五月。供養講堂開眼新佛。　村上天皇應和二年八月。南大門爲大風顚倒。彼寺有事之例大概如斯。但大佛殿燒亡既無先例。方今齊衡者。紺頂雖落金容無變。延喜者。講堂雖燒本寺猶全。至于今度者堂宇佛像共逢回祿。驚遽之思既超曩時。先遣辨史已下被加實檢。早作假佛殿。可禦雨露。又燒損金銀銅鐵之類。若無守護之輩者。徒爲行人之資歟。慥仰寺家。且牢固四壁。且拾收一所。可被充作治事。又奉幣宇佐・石清水宮。今度可被申廿二社歟。寛弘二年十月四日。以大佛殿鷲烏狐等相鬪怪異。被申廿一社。鳥獸之怪異猶如此。況於今度之火災哉。加之此寺以天下諸神爲知識之故。可被告佐保山陵。今度又可被告田邑陵・後山階陵歟。齊衡修補佛像延喜造營講堂之故也。仰造寺官計行土木。定造佛人可修繕佛像。兼隨本願之叡慮。宜勸衆庶之知識。又本願聖主禱祠八幡大菩薩。賴其擁護成就大願。大菩薩答彼叡念而臨向此寺。新造神殿更爲鎭守。而今社壇化灰燼。早可復舊基。抑毎年三月於戒壇院。令得度諸寺諸國之沙彌。已爲年事行來尚矣。寺家土木以前。受戒空中絕者。沙彌僧等失得度之計歟。然者寺門造營縱雖遲留。戒壇作爲不日終功。宜任舊跡被行受戒。凡恆例佛事其數已多。本寺燒失之間定及斷絕歟。卜所殘之堂舍

狐、原作孤、意改

復、原作複、意改

可レ令ニ勤修一。寺中羂索院者良辨僧正之建立。靈驗殊勝之伽藍也。適免ニ餘焰一云々。有レ便ニ于移行一歟。彼寺雖レ爲ニ廣濟衆生之庭一。已作ニ鎭護國家之砌一。因レ茲代々置ニ造寺官一隨レ壞修レ之。旁思ニ其旨趣一尤可レ被ニ尊崇一。今任ニ蹤跡一有ニ議定一者。法燈無レ消惠日永照者歟。就レ中二階十二丈之梵宇層甍構高。五丈三尺餘之尊容金銅粧嚴。訪ニ之異域一猶無ニ比類一。今有ニ火災一若被レ行ニ廢朝一如何。依ニ佛寺火事一廢朝之例雖レ不ニ分明一。於ニ此寺一者何拘ニ常禮一。准ニ山陵之例一（貞觀十年二月廿五日。自ニ今日一輟朝五个日。依ニ野火延ニ燒田邑陵樹一也。康平六年十二月十五日。自ニ今日一廢朝三个日。依ニ盜人發ニ狹城楯列池後山陵一也。永保二年五月廿一日。自ニ今日一三个日。依ニ神功皇后山陵火事一也。）可レ有ニ沙汰一歟。且詢ニ群卿有識一可レ被レ計。仍勘申。

治承五年二月五日　大炊頭兼大外記主計權助備後權介中原朝臣師尚勘申

公家寺家沙汰大概被レ守ニ此勘狀一歟。此間諸佛事於ニ法花堂一修レ之。

一、造營事

安德天皇御宇治承五年（庚子）春。（後白河）禪定法皇殊發ニ叡願一被レ企ニ作治計一。卽治承五年六月廿六日。任ニ造寺官一。

長官藏人左少辨正五位下藤原朝臣行隆

外、原作解、意改

次官三善爲信　判官中原基康
主典三善行政
次官小槻隆職　造佛長官藤行隆

官宣旨

左辨官下大和國幷東大寺
應下任二日時一令上勤二行大佛殿已下木作一事
八月十日甲寅　時巳二點　若未
右。左大臣（藤原經宗）宣。奉レ勅。彼佛殿已下工役夫材木作料。且支二配諸國一。且可レ用二封戸庄薗物一。來月十日事。寺家先募二庄薗之年貢一。任二日時一宜レ令二勤行一者。國寺宜承知。依レ宣行レ之。
治承五年六月廿六日　右大史中原朝臣在判奉
少辨藤原朝臣（行隆）

東大寺木作始日時勘文

日時勘文
陰陽寮

擇申可レ被レ始ニ東大寺木作一日時
八月十日甲寅　時巳二點　若未
治承五年六月廿六日　大屬菅野朝臣季長
權陰陽博士伯耆權介菅野朝臣季親
權曆博士兼丹波介賀茂朝臣憲定
大舍人頭兼天文博士伯耆介安倍朝臣業俊
掃部頭兼陰陽博士安倍朝臣季弘
雅樂頭兼權助賀茂朝臣濟憲

倍、原作陪、意改

東大寺大佛修補日時勘文

陰陽寮
擇申可レ被レ奉レ修ニ補東大寺大佛一日時
十月六日己酉　時巳二點　若午
治承五年六月廿六日　連署同レ前。

署、原作暑、意改

養和元年三月十七日。（癸巳）長官藏人左少辨正五位下藤原朝臣行隆爲ニ　勅使一。相ニ具鑄師十餘

惠、此下之脱歟

安德天皇勅書

勅、吉記養和元年六月二十六日條作詔○粤、原作奥、據同上改

舍、同上作遮○中、此下同上有發菩薩大願○于、同上無、以下同

和、同上作倭○歲、同上作載

人二下向。可レ奉レ鑄二-修御佛一之由有二其沙汰一。鑄師等申云。此事非二人力之所一レ及。設雖レ蒙二勅勘一爭勵二微力一。行事官仰云。所レ申有レ謂。而　勅命有レ限。只可レ企二其功一。冥助不レ空。何顧二私力一乎。

養和元年四月九日。有二聖人一號二重源一。行二-向行隆亭一觸云。東大寺事度々感二靈夢一。仍去二月下旬行二-向彼寺一拜二燒失之跡一。烏瑟之首落而在レ後。定惠手折又横レ前。灰燼殘而如二大山一。餘煙揚而似二黑雲一。目暗心消愁涙難レ抑。遇二一兩耆老一述二心緒之處一。爲二　勅使一下向之由承レ之。仍所レ參也。行隆云。天平行基菩薩與二叡願一而致二勸進一。齊衡眞如親王廻二丹誠一而唱二知識一。聖人發心感應不レ空。早可レ令下含二綸旨一勸中衆庶上之由且以談話。

養和元年秋八月。重源上人賜二　宣旨一。造二一輪車六兩一令レ勸二-進七道諸國一。　宣旨云。

勅。朕以二幼齡一忝纉二聖緒一。唯依二宗廟之保護一。偏思二社稷之安全一。粤若大和國添上郡建二大伽藍一安二十六丈金銅盧舍那佛像一。蓋感神聖武天皇天平年中所二鑄造一也。棟甍插二于半天一。光明超二于滿月一。諮二之和漢一敢無二比方一。而去年窮冬不慮有レ火。四百餘歳之華構空化二灰燼一。三十二相之金姿悉交二煙炎一。禪定仙院(後白河)忽聞二斯綷一惻二-隱于懷一。任二礎石於舊製一採二山木一以致二造營一。撰二鎔範於良工一聚二國銅一以欲二修補一。　叡願之趣尤足二隨喜一。夫有二天下之富一者

朕也。有二天下之勢一者朕也。以二此富勢一將レ助二禪念一。亦答二本願聖靈之曩思一。宜レ唱二大善知識之勸進一。上自二王侯相將一下及二輿僮皁隸一。每日三ヨ拜盧遮那佛一。各當二存念一手自造二盧遮那佛像一也。昔聖武天皇。志存二兼濟一誠切二利生一。內祈二神道一外勸二法界一。降二綸綍之命一遂二廣大之善一。緬尋二舊規一可レ復二古跡一。雖二一粒半錢一雖二寸鐵尺木一。施與者世々生々在々所々。必依二妙力一長保二景福一。彼泰山無レ嫌二撮壤一故疊二起雲之峯一。巨海不レ厭二細流一故激二浮天之浪一。況乎時臨二澆醨一俗非二淳素一。共勵二興立之思一同結二菩提之因一。今在二斯時一已與二斯善一。幸遇二朕之勸進一者豈非二民之良緣一哉。然則率土之濱霑二法雨一以侔二華胥一。普天之下染二惠風一以同二栗陸一。五畿七道諸國等司。因二此事一莫レ令レ侵二擾百姓一。布ヨ告遐邇一俾レ知二朕意一焉。

治承五年六月　日

重源東大寺修造願文

東大寺勸進上人重源敬白

請下特蒙二十方檀那助成一。任二綸綍旨一終二土木功一。修ヨ補佛像一營中作堂宇上狀

右。當伽藍者。軼二雲雨於大半一。有二棟甍之竦擢一。佛法恢弘之精舍。神明保護之靈地也。原夫聖武天皇發二作治之叡願一。行基菩薩表二知識之懇誠一。加之天照太神出二兩國之黃金一。採レ之奉レ塗二尊像一。菩提僧正渡二萬里之蒼海一。啒レ之令レ開二佛眼一。彼北天竺八十尺彌勒菩薩現二光

僮、同上作僮〇皁、原作草、意改
遂、同上作果
善、同上作願〇復、同上作追
臨、原作陰、據傍註改〇醨、同上作漓〇與、同上作輿〇斯、同上作此
濱、原作獱、據同上改〇侔、原作伴、據同上改〇惠、同上作慧
此、同上作斯〇焉、此下同上有主者施行
月、此下同上有廿六

齋、原作齊、意改

摧、或誤歟

鐵、原作錢、據傍註改

明於毎月之齋日一。此東大寺十六丈盧遮那佛施二利益於數代之聖朝一。以レ彼比レ此。々猶卓然。是以代々國王尊崇無レ他。蠢々土俗歸敬匪レ懈。然間去年窮冬下旬八日。不レ圖有レ火延三及此寺一。堂宇成レ灰佛像化レ煙。跋提河之春浪哀聲再聞。沙羅林之曉雲憂色重聳。戴レ眼仰レ天。則白霧塞レ胸而不レ散。傾レ首俯レ地。亦紅塵滿レ面而忽昏。天下誰不レ歔三欷之一。海内誰不レ悲三歎之一。與徒摧二底露一不レ若レ企二成風一。因レ茲遠訪二貞觀・延喜之舊規一。近任二 今上宣下之勅命一。須レ令三都鄙以遂二營作一。伏乞。十方一切同心合力。莫レ謂二家々淸虛一。只可レ任二力之所一レ能。雖二尺布寸鐵一雖二一木半錢一。必答二勸進之詞一。各抽二奉加之志一。然則與善之輩。結緣之人。現世指二松栢之樹一兮比算。當來坐二芙蕖之華一兮結跏。其福無量不レ可二得記一者乎。敬白。

養和元年八月　日　勸進上人重源敬白

別當法務大僧正大和尚位（禎喜）在判

壽永元年壬寅。聖人勸進有レ由金銅多施。而巧手無レ仁。歎而送レ日之處。大宋國鑄師陳和卿爲二商沽一而渡二日域一。上人悅二感應令一レ然。相二語彼宋人一而下向。同七月廿三日。於二大佛御前一上人・宋人共議二其營一。

養和元年十月六日。被レ鑄二始大佛御頭羅髪一之時。戒師授二戒於鑄工等一。次踏二多々良一卽奉レ鑄二羅髪三流一。鑄工持二參長官前一置二八足上一之間。主典取レ祿。（上品絹一疋。白布一反。）與二長圖書屬成吉一。次四人各給二白布一反一。（使部取レ之。）次御髪被レ渡二僧官座一。此後各起レ座。

壽永二年二月十一日。大佛右御手奉レ鑄レ之。

同年（癸卯）四月十九日。始奉レ鑄二御首一。鑄物師大工宋朝陳和卿也。都宋朝工舍弟陳佛壽等七人。日本鑄物師草部是助已下十四人也。重源上人與二宋朝和卿一俱廻二祕計一作二大鑪三口一。以二佛後山一爲二其便一。置二佛上之東西一。口弘一丈。高一丈餘也。涌レ銅或時一萬餘斤。或時七八千斤也。炭或六十石。或五十石。連々加二副之一。錫湯入二鑪內一如三大河流二于江海一。飛焔上二空中一似三猛火燒二于泰山一。其聲如二雷電一聞者悉驚動。　禪定法皇御奉加之銅奉レ送御使當寺長官左大辨藤原朝臣行隆・大夫史小槻宿禰隆職也。權中納言藤原朝臣成範被レ相二副御使一。興福寺別當權僧正（信圓）、以二銀銅二香爐一令レ入二鑪中一。于レ時僧正自昇二假屋上一也。今日奉加人不レ知二其數一。水瓶・鍉・鏡・金銅具等多寶物皆所二施入一也。京都之施物或積二牛車一運送。或負二人馬一持參。云レ炭云レ銅不レ知二其數一。斯間祈請勇猛精進也。初日如法如說一日奉レ轉二讀大般若經一部一。興福寺別當僧正催二當國諸寺諸山淨行法侶等一。於二鐘堂之岡一高聲令レ誦二尊勝陀羅尼一。都一寺成レ群萬人竝レ肩。日々令レ轉二讀觀世音經一。連々勤二行百座仁王講一。如レ此祈請不レ違二羅縷一。雖レ然尚所レ怖只魔縁之障碍也。而南大門立レ札。其銘云。大佛已擬二鑄畢一。有二四鳥一欲レ盜二大佛銅一云々。然間有二大叫聲一。不レ知二何事一。一寺大令二驚疑一。是天魔之所爲者歟。其後又奉レ鑄之日。銅湯流三出佛御胸一。假屋既燒上煙如二黑雲一。禪衆學衆或乍レ着二袈裟一。荷二足桶一以運レ水。在家出家或脱二衣裳一。渥二泥水一以消レ炎。各如レ救二頭燃一。更無レ惜二身命一。因レ茲銅湯流止。焰火煙絶。凡此間靈瑞太多。奇異非レ一。或自二春日山一白鳥飛來。入二多々良煙中一。或鳴三囀假屋檐下一。更不レ怖二于人類一。頻飛三翔于佛邊一。又雷神震響以墮二諸人中一。繞二大像一一匝而昇二虚空一畢。萬人皆變レ色四衆雖レ消レ魂。只依二龍神之結縁一。更無二人倫之惱害一。事之嚴重謂而有レ餘者歟。又三位中將重衡（平）者。當寺燒失之大將也。遂元暦二年六月廿二日。被レ渡二南都一被レ斬レ首畢。彼妻室重衡所持物內。以二金銅具一令レ奉三加之一。上人垂二慈愍一。以二彼銀銅等一欲レ奉レ鑄三加大像一之處。爐忽令二破烈一。卽於二彼金銅之類一不レ變二本質一。皆以流出。深重之罪業尚漏二如來之慈悲一歟。

奉二治鑄一御佛工等

宋朝工七人　大工陳和卿　舍弟陳佛壽　從五人

日本鑄物師工十四人　大工散位草部是助

長二人　草部是弘　同助延

小工十一人　是末　助吉　爲直　助友　貞永　延行　助時　助友　助包　是則　宗直

壽永二年五月十八日。酉戌。奉二鑄滿一畢。首尾經二三十九日一。治鑄終二十四个度一。

于レ時別當前法務大僧正禎喜。

龍蹄一疋　美絹十疋　給二于大工陳和卿一畢。

同年六月一日。經二　奏聞一。其後漸加二礪磨一奉レ彰二相好一。如下開二重霧一忽矚中金山上。妙相熙融神姿晃昱。歡喜之涙不レ覺而降矣。

熟銅都合八萬三千九百五十斤。御身所レ塗黄金一千兩。幷所レ押金薄十萬枚。抑雖レ有二黄金一。若無二水銀一則佛身難レ成。而伊勢國住人大中臣以二水銀二萬兩一貢三上　法皇一。是則自二彼仁之舊宅一所二堀出一也。以二一萬兩一被レ獻二大佛一。

凡奉レ鑄二佛像一之間。祈請惟多。其中大般若轉讀二十餘部。百部仁王講三千四百餘座。八幡・春日兩社御神樂度々勤レ之。

壽永二年五月十日。於二竃神殿一爲二上人之沙汰一。令レ修二如說大仁王會一。導師權律師辨曉。花嚴宗。

自二同十一日一四个日之間。於二佐保山御陵前一。同大勸進上人爲二願主一被レ勤三行八座講肆一。

辨曉律師花嚴宗。　惠珠擬講三論宗。

礪、原難讀、意改
○重、或雲歟

章縁々々　　景嚴得業
乘延々々三。　賢運々々三。
惠經々々三。

託•、原作詫•、意改

當寺再興之條。偏依二神感一又以二人力一。天照太神頻示二靈託•一。八幡大菩薩常呈二祥瑞一。佛神感動而再鑄二大像一。龍天擁護速成二中興一。加以七寺衆徒盡二欽力一而勵レ功。諸國道俗輕二身命一而隨レ役。各亂二威儀一互忘二飲食一。拂レ霧而集來。戴レ星而退歸。世及二澆季一人無二信心一。而當二于斯時一。萬人皆以勇猛。一天更無二懈緩一。上皇臣下殆交二役夫一。東夷北狄各投二財寶一。仍金容速成。花構亦企而已。抑伽藍東有レ山號二寺山一。多採二彼山木一用二假屋之材木一。治承逆亂之時。學徒多入二此山一全二身命一。今佛像治鑄之時。採二此木一叶二至要一。次佛後山者。大像傾危之昔。實忠和尚含二綸旨一所二築固一也。而今以二此山一爲二其便一。構二假屋一鑄二大像一。若無二此山一。其構殆難レ成歟。古賢之企。尤有レ由者哉。鑄造已畢。營作始成之剋。建久元年六月二日。有二　御幸一。爲レ被レ捨二佛後山一也。卽　太上法皇與二重源上人一荷レ案運レ土。上人與二法皇一論二其前後一。而法皇立レ後。上人立レ前。三个度運二棄山土一給畢。見聞之客皆以涕レ淚。卿相侍臣悉以隨レ事。昔本願皇帝(聖武)展二十善手一築レ壇。光明皇后褰二錦繡衫一運レ土。懷舊之禮。歸佛之誠。萬人潤レ眼畢。

一、御光一基三月十二日始レ之。

今度寺家幷上人可レ爲ニ順光一之由。令レ注ニ進之一。

材木上人之沙汰。

漆奉加之上可レ被レ召ニ諸國土産一云々。然而不レ被レ召レ之歟。

砂金前右大將(源頼朝)奉加云々。百三十兩。建久五年四月廿七日進上。今者不レ可レ有ニ不足一之由。上人所レ申也。

單功食料備前國。

光中化佛十六躰半丈六。

一躰別十六人。已勸ニ付之一。

昔御光飛天化佛五百餘尊云々。今大佛師院尊相計付ニ十六躰一畢。

御光佛師六十七人

大佛師法印院尊

弟子六人

法眼院實・　法橋覺朝

法橋院圓　法橋院範

法橋院俊　法橋院康

實・、或寶・歟

小佛師六十人

一、建久五年十二月廿六日。南中門二天造ㇾ始之。

東方　多聞天

西方　持國天

二躰共木像。往古二丈也。今度增ニ三尺一。仍二丈三尺也。

東方天

大佛師快慶

小佛師十四人

良公　慶實　慶仁　仁慶　、、　良清　命猷　良快　行智

猷玄　慶清　快尊　定秀　慶覺

西方天

大佛師定覺

小佛師十三人

雲慶　行賢　尊珍　聖慶　慶範　良尊　盛長　尋慶　行俊

東方天　繪佛師二十九人

大佛師有尊
小佛師十五人
有尊　西觀　淨尊　西賢　良尊　淨、　覺尊　覺禪　圓雲
、廣　有慶　良禪　有心　來西　有賢
西方天
大佛師定順
小佛師十三人
實祐　忠尊　定圓　良眞　良慶　良賢　明經　祐慶　緣覺
勝圓　淨圓　佛念　定勝
寺家繪佛師十二人
大佛師勢順
小佛師十一人
慶仁　善長　慶深　信智　善與　幸玄　敎順　幸俊　經玄
定慶　慶圓
塗師三十二人內

三、或二歟

東方天
　大工宗包　　小工十一人
西方天
　大工、、　　小工九人
一、建久七年六月十八日。　勅使幷爲二御衣木加持一僧綱等下向。即理性院律師宗嚴加二持
御衣木一。
同八年六月十八日。始奉レ造二左右脇士観音・虚空藏像一。
観音像。坐像。二臂如意輪。坐下在二八天像一。
　願主左衛門尉藤原朝綱入道宇津宮。
大佛師法橋定覺
丹波講師快慶
　各作二半身一後合二一躰一。
虚空藏像。同坐像。
願主掃部頭藤原親能造レ之。
大佛師法橋康慶

津・、當作都・

同運慶
是父子也。各作二半身一合爲二一躰一。
已上大佛師四人
小佛師八十人
番匠八十人　杣人八十人

建久六年八月　日。始奉レ造二四天王像一。
東方天持國。
大佛師法眼運慶
小佛師
南方天増長。
大佛師法眼康慶
小佛師
北方天多聞。
大佛師法橋定覺

勤・、原作懃・、意改

小佛師
西方天廣目。
大佛師丹波講師快慶
小佛師
自二建久六年六月八日一至二十二月下旬一。六丈脇士二躰・四天王像四躰。纔經二半年一悉造二六躰一。速疾造立可レ謂二奇特一矣。所レ塗漆各八石也。採色丹具遣二直物於大唐一所二買來一也。惣二萬餘兩。自餘雜丹不レ能レ注レ之。
金薄及二五萬枚一。弘薄定。
採色佛師合八十人。一躰別廿人也。
已上於二年紀一有二相違一。追可レ勘二見之一。
建保六年十二月十三日。東塔御佛御衣木加持。
前別當僧正成寶奉レ勅勤・二仕之一。四方四佛同日也。作法如レ常。但在二別記一。
大佛師四人　湛慶法印
建長二年八月十四日。有二滿寺大集會一。令レ評二定大講堂御佛寸法一。但兼有二一丈五尺支度一云々。而先日於二大湯屋一此御佛五丈之由聞置之旨有二其沙汰一。彼此難レ決之間。相二尋勸進所一之處。先年大勸進圓琳之時。訪二舊記一令レ治二定二丈五尺一。加二持御衣木一。今度卽可レ用二彼御衣木一之由被二仰下一畢。仍爲二其用意一云々。而五丈之條依レ無二分明記錄一。成二二丈五尺之儀一畢。

要錄云。千手立長二丈五尺。

觀音・地藏立長一丈云々。但所司・大衆此二尊坐像之由申レ之。立字誤也云々。

建長八年三月廿五日。大講堂御佛重加二彫刻一。

中尊千手觀音立像長二丈五尺。

大佛師法印湛慶。湛慶不レ遂二造功一而令二死去一之間。以二康圓法眼一爲二大佛師一終二造功一畢。

建長八年春三月。可レ被レ加二持脇士御衣木一之由。依レ有二其沙汰一。別當僧正定親兼日令二下向一之處。而彼御衣木加持事。寺門當時不二靜謐一之由。大勸進了心經二奏聞一之間。公家不レ能レ御二沙一汰之一。而以二了心之私計一竊進二上乘院宮僧正（道乘）一于レ時長者。令レ加二持之一云々。定親僧正爲二本寺之別當一。備二密家之梁棟一。閣二寺務一申二他所一。了心之私曲可レ謂二矯飾一歟。圓琳勸進之時。爲二勸進所之計一以二道快僧正一令レ加二持中尊御衣木一云々。其時別當定親令レ住二

長、要錄諸院章作高、以下同

觀音、同上作虛空藏

密、原作蜜、意改

關東ニ之間也。但如レ此之儀可レ隨ニ時宜一歟。
同八年三月廿五日。巳午兩時加持之吉時云々。
同廿八日。脇士造ニ始之一。
　虛空藏菩薩立像立長一丈。
　　大佛師法眼院寶
地藏菩薩立像立長同前。
　大佛師法橋榮快
淨名居士坐像。
　大佛師定慶法眼
文殊師利坐像。
　大佛師長快法橋後名ニ定阿彌陀佛一。

（校合奥書）
一交了。

本表書

續要錄一　造佛篇云々。

東大寺續要錄　供養篇本　文治記　建仁記

元暦二年七月廿九日庚戌。來月廿八日可ㇾ有二東大寺大佛開眼供養一。仍殺生禁斷事被二宣下一。藏人宮內權少輔(藤原)親經下二申(藤原經宗)左大臣一。大臣仰二左中辨行(藤原)隆朝臣一。辨仰二左大史(大江)國通一云々。造東大寺判官。

元暦二年七月廿九日　宣旨

東大寺燒亡已經二六箇年一。盧舍那大佛像殊課二巧匠一守ㇾ舊鎔鑄。梵宇揆日之功雖ㇾ未ㇾ甫。本尊滿月之相已欲ㇾ成。仍來八月廿八日先可ㇾ奉二開眼一。宜ㇾ令下五畿七道諸國自二廿五日一至二九月三日一禁中斷殺生上。至二于會日一於二國分二寺一各開二齋會一。大宰府於二觀音寺一修ㇾ之。其供養料依ㇾ例充ㇾ之。兼令ㇾ會二集道俗一俱稱二讚盧舍那佛號一。其趣一如二貞觀三年正月廿一日符一。

藏人宮內權少輔藤原親經奉

文治元年八月十七日丁卯。大佛開眼定也。權大納言(藤原)宗家卿着二仗座一。召二左中辨行隆朝臣一

本、原作末、意改

文首傍註云、表書續要錄第二供養篇云々、文治。〇戌、原作戊、意改

後鳥羽天皇口宣

大、原作太、意改

仗、原作使、據傍註改

令レ進二日時勘文一。今月廿八日戊寅。時午。次參議兼光(藤原)卿着レ座。次仰レ辨令レ進二例文一。左大史大江國通置レ筥。右大史中原頼清置レ硯。

藏人宮內權少輔親經仰二開眼・咒願・導師等一。開眼僧正定遍。咒願權僧正信圓。導師權大僧都覺憲。又仰二行事官事一。

東大寺大佛開眼供養會行事官注文

權大納言藤原朝臣宗家
權中納言藤原朝臣經房
參議藤原朝臣兼光
左中辨藤原朝臣行隆
少外記清原忠業
左大史大江國通

件等人。宜レ令レ監下修供ヨ養東大寺大佛一會事上。

卽召二左中辨行隆朝臣一下レ之。辨於二陣腋一下二大夫史隆職(小槻)一。次召二左中辨行隆朝臣一下二日時・僧名一。次覽二行事所始日時一。今日。上卿見返ヨ下右大史頼清一。撤二例文・硯一。次召二大外記頼業(清原)一仰曰。東大寺大佛開眼供養。可下准二御齋會一諸司・堂童子令中催仰上云々。今日於二陰陽

頼、原作數、據下文改
仰、原作卿、意改
仰、原作作、意改
〇云々、原作寺、意改

寮㆒始㆓行事所㆒。辨行隆朝臣以下着㆑之云々。

東大寺大佛開眼供養會僧名注文

東大寺大佛開眼供養會日僧名

開眼師

　僧正定遍

咒願師

　權僧正信圓

導師

　權大僧都覺憲

法用僧

　東大寺三百口

　　唄二口　　散花二口　　梵音四十八口

　　錫杖四十三口　　衲僧百十七口　　甲僧八十五口

　　定者三口

　興福寺五百口

五百、內譯不合

唄三口　散花三口　梵音百十口
錫杖百口　衲僧二百五口　甲僧七十三口
定者七口
元興寺十五口
唄一口　散花一口　梵音三口
錫杖三口　衲僧三口　甲僧三口
定者一口
大安寺卅口
唄一口　散花一口　梵音六口
錫杖七口　衲僧九口　甲僧五口
定者一口
藥師寺百•口
唄一口　散花一口　梵音廿口
錫杖十四口　衲僧卅三口　甲僧廿五口
定者三口

百•、內譯不合

四十、內譯不合

枚、原作杖、意改

西大寺十五口

唄一口　散花一口　梵音三口

錫杖三口　衲僧三口　甲僧三口

定者一口

法隆寺四十口

唄一口　散花一口　梵音九口

錫杖十口　衲僧十口　甲僧七口

定者一口

文治元年八月十七日

十九日己巳。權大納言宗家卿着二仗座一。少外記忠業覽二度緣解文一。東大寺千僧度緣千枚解文也。被レ仰下來廿三日可二請印一由上云々。

廿一日。藏人少輔被レ送二東大寺大佛開眼式案一。件式左相府造進給。親經奏了。下二申上卿中御門大納言宗家一。納言被レ下二左中辨行隆朝臣一云々。

廿三日癸酉。有二度緣請印事一。

今日東大寺上人重源奉レ納二舍利二粒於大佛御腹藏一。件舍利招提・東寺舍利也。法皇(後白河)令二奉加一給云々。次法印權大僧都雅寶令二啓白一奉二塗塞一云々。藏人宮內權少輔親經草二願文一云々。

重源大佛舍利奉納願文

弟子沙門重源。歸依一切佛寶。歸依一切法寶。歸依一切僧寶。而作二是言一。東大寺者。聖武天皇御願之仁祠。大日本國無雙之道場也。堂宇之插二天維一也。虹蜺廻二帶於棼楣一。佛像之出二雲表一也。日月咫二尺于色相一。宛二然都史多天之四十九重一。其奈二蘇迷盧山之八萬由旬一。名稱聞二于異域殊俗一矣。靈驗被二于四海八埏一焉。誠是書契以來未レ成レ紀之者也。於レ是治承四年冬十二月。惡魔競兮欲レ滅二佛法一。回祿現兮忽起二火難一。堂舍佛像。門樓僧房。一時燒盡。須臾殊破。天下之有レ耳有レ目者。誠莫レ不二雷歎頹息一矣。伏惟佛子早出二二恩之懷一。久求二一實之道一。初住二醍醐寺一。後棲二高野山一。靈地名山處々。春草纔結二孤庵一。巡禮修行年々。秋月只爲二親友一。東鄙奥州之愚民。赴二勸誘一而住二善心一。西遐鎭守之醜類。隨二教諭一而改二邪執一。加之殊乘二大願力一。遙渡二大宋國一。詣二五臺山一而奉レ拜二文殊之瑞光一。就二三遊山一而早拓二伽藍之洪基一。其間靈異匪レ遑二具錄一。其後歸二我鄕國一往二還都鄙一。以二利生一爲二朝暮之行一。以二念佛一爲二寤寐之勤一。然間治承年中聊有二夢想一。忽詣二此寺一奉レ禮二此佛一。不レ經二幾程一果有二炎上一。誠思二夢告之符契一。專知二機緣之純熟一。有レ願二于興レ廢。有レ意二于繼レ絕。

・成、原作或、據本朝文集卷六十四改
・加、原作如、據傍註改
・拓、原作祐、據本朝文集卷六十四改

慇懃、原作殷勤、據同上改

箇、原作筒、據同上改

忽、同上作亦

有、同上作良

以㆓此一大事㆒儉語㆓左中丞㆒。又有㆓一宋客㆒告以㆓吾慇懃㆒。彼此然諾遂廻㆓計策㆒。爰達㆓天聽㆒被㆑降㆓恩詔㆒。課㆓五畿七道㆒勸㆓遠近親疎㆒。如㆓響之應㆑聲。似㆓影之隨㆑形。兼金美玉。寸絹尺布。知識日新。施與雲集。梵宮之層構雖㆑未㆑締。大像之尊顏已欲㆑成。傳聞。以㆓生身之舍利㆒納㆓造佛之胎中㆒。忽放㆓光明㆒頻現㆓靈瑞㆒。是以廣訪㆓眞俗㆒奉㆑請㆓舍利㆒。太上法皇叡聞早通。藐姑射山之傳持。招提・東寺之舍利。殊凝㆓沖襟㆒卽令㆓奉加㆒。醍醐座主權僧正（勝賢）見㆓此勝善㆒忽以歸敬。百箇日間手自祈供。方今仲秋八月二十三日。晝夜均分支干相應。以㆓彼舍利㆒奉㆑籠㆓腹藏㆒。令㆔法印大僧都雅寶敬啓㆓白事之旨趣㆒。殊屈㆓此綱維㆒蓋有㆓其由緒㆒也。造佛長官左中辨藤原朝臣某。被㆑催㆓懇篤之志㆒。偏致㆓施供之儲㆒。推㆓彼至誠㆒佛定納受。抑 國主皇帝經始之昔。尙歷㆓十載㆒而終㆓其功㆒。凡愚沙門修營之今。不㆑出㆓五年㆒而成㆓此事㆒。希夷又希夷。非㆓口所㆒㆑宣。非㆓心所㆒㆑測。殊勝尙殊勝。言不㆑可㆑盡。筆不㆑可㆑窮。誠知諸佛善逝成㆓隨喜㆒焉。化㆓工人㆒而鎔鑄。梵釋龍神致㆓歸命㆒矣。代㆓施主㆒而助成。曠刧多生有㆓何宿緣㆒。濁世末代遂㆓此大營㆒。歡喜溺㆑淚。薜衣殆難㆑乾。信向銘㆑肝。石心彌堅固。以㆓此因㆒爲㆑車。則煩惱之邪山盍㆑超。以㆓今功㆒爲㆑船。忽生死之大海可㆑渡。然則現世安穩後生善處。得㆓無生忍㆒住㆓不退轉㆒。始㆑自㆓有緣㆒及㆓于無緣㆒。普以引接悉令㆓拔濟㆒。殊請。左中辨朝臣歸依甚深。同心無貳。必生㆓一佛之淨土㆒。得㆑爲㆓二世之伴侶㆒。凡厥一針一草合㆑力之人。一稱一禮抽㆑誠之輩。不㆑論㆓罪障之輕重㆒。不㆑謂㆓福業之厚薄㆒。各導㆓菩提之門㆒入㆓慈悲之室㆒。南無大毘盧遮那佛。々々々々々々々々。莫㆑奪㆓我志㆒。々々々々。稽首和南敬白。

文治元年八月廿三日　弟子沙門重源敬白

廿五日乙亥。今夕行㆓幸鳥羽南殿㆒。來廿八日大佛開眼供養。可㆑當㆓大將軍遊行方㆒。仍爲㆓彼御方違㆒也。

廿六日。中御門大納言宗家。仰㆓大外記頼業㆒云。來廿八日可㆑奉㆑供㆓養東大寺盧舍那大佛㆒。從㆓廿七日㆒限㆓三箇日㆒令㆓文武百官淨食㆒云々。藏人少輔親經仰㆓下之㆒。

廿七日丁丑。晴。今日　上皇御㆓幸東大寺㆒。入㆑夜着御云々。開㆓　勅封倉㆒被㆑召㆓出筆墨㆒。天平勝寶菩提僧正令㆓開眼㆒筆墨也。筆一尺餘。墨二尺許也云々。明日法皇親可㆘令㆓開眼㆒御㆖之故云々。大監物小槻有頼以下祗候云々。

廿八日戊寅。晴。三寶下吉。歸忌。未剋雨灑。申剋大雨。入㆑夜止。洛下地再震。南都不㆑然歟。今日東大寺大佛開眼會也。今日儀式不㆑能㆓委記錄㆒。辰剋左中辨藤原行隆朝臣造大佛長官并行事。・少納言源朝臣頼房・大外記清原眞人頼業・中原朝臣師尚・左大史小槻宿禰隆職造大佛長官。・大監物同有頼次官。・少外記清原忠業行事。・左大史大江國通造大佛判官行事。・右大史中原頼清等着㆓行事官座㆒。佛前坤壇下立㆓七間假屋㆒。南北妻。當㆓舞臺西邊㆒。西面有㆑庇。以㆑幕引隔以㆓松葉㆒葺㆑之。北二間北邊設㆓大臣座㆒。兩面半帖。前置㆑軾。

業、同上作果○門、此下有脫歟
一、或二歟
兩、原作南、意改

憲・、下文作範・

其南設二行事上卿・參議座一。緣端半帖。三枚。其南設二辨已下座一。已上東面。柱際引レ幕。行事上卿權大納言宗家卿參着。次參議左大辨兼光卿着レ之。已剋左大臣着レ座。令三召使(和氣)盛安。召二大外記賴業一被レ問二出居・堂童子參否一。次召二左中辨行隆朝臣一問二衆僧參否一。

其後權中納言經房行事。・右少辨藤原朝臣定長非行事。加着。少納言賴房・少外記忠業・右大史賴清着二出居座一。中門內右樂屋前敷レ座。北上東面。式部大丞源光輔院藏人。・彈正忠中原安憲着二其南一。座末北面設レ座。式部着レ東。彈正着レ西。衆僧參上之時教正。小選各起レ座畢云々。檢非違使可レ着二出居床子一。而遂不レ着云々。左大史大江國通進二東方一行二左方事一。右大史中原賴清行二右方事一。此間　法皇御二幸于佛前巽方御所假屋一。以二松葉一葺レ之。自二北方一入御云々。三箇間也。西一間院御所。中間八條院御所。東間女房候所。御所在二大佛後乾方二町許一云々。卿相等扈從。八條院先入二御假屋一云々。前權大納言(藤原)兼雅。民部卿(藤原)成範。權中納言(藤原)朝方・(藤原)實宗・(藤原)賴實・(藤原)定能・(源)通親。參議(藤原)泰通・(平)親宗。右京大夫(藤原)季能・大藏卿(高階)泰經。參議(源)通資等參候云々。其後通親・泰通・親宗等卿着二公卿座一。假屋。對二行事官座一。

開眼師僧正定遍遲參殊甚。

此間先衆僧等着二集會幄一。

東西發二樂音一。樂前大夫前行。

雅樂頭賀茂濟憲朝臣・散位三善倫仲引レ之。

次衆僧前（左右各五位二人・六位二人。）各率二衆僧一（不レ盡二千人一。）到二舞臺之東西一留立。

開眼師僧正定遍駕輿自二東方一參進。（五位二人・六位二人前行。執蓋一人・執綱二人。）到二舞臺下一々レ輿。就二禮盤一唱二佛眼眞言一云々。此間衆僧惣禮。了引退。開眼師退下。不レ乘レ輿直退。駕輿丁。

法皇先攀三登大佛殿麻柱一。（佛殿未レ成。仍以二本假屋一擬レ之。）親令二開眼一御云々。（先レ是當二佛面之前一横打三亘板一枚一。近臣兩三人先登奉二扶持一。）（開眼之後。取三放佛面之前板一。寺工等着二淨衣一役レ之。仍堂下之人不レ見二其間事一云々。）佛面奉レ施二金色一。佛身未レ奉レ施也。法皇下御之後。經二數剋一僧正參進云々。

此間藏人宮內權少輔藤原親經進レ軾仰二勸賞事一。左相府召二右少辨定長於軾一仰レ之。（權少僧都辨曉。開眼師僧正定遍讓。且又定遍爲二寺別當一之故也云々。）辨歸レ座仰二大夫史隆職一。次大臣以下取レ綱三拜。（稱二善之綱一。諸人稱二之菩提緣一。件綱南面數筋。東西又有レ之。然而少二於南面一。）衆僧着二假屋座一。（中門代之東西假屋也。）次左右亂聲。（左左近將監狛則近。右散位多忠節。振桙。）雅樂率二樂人一。（衆僧前五位・六位等前行。）列二衆僧幄一迎二導師・咒願一。（兩師駕輿丁等各論二次第一。駕丁不レ舁レ輿。其間經二數刻一。取下寄在二佛前壇上一之仕丁三人上。令三次第勤二一方之役一。人々入二咲壷一。）咒願權僧正信圓（興福寺別當。）・導師權大僧都覺憲（同權別當。）乘レ輿參進到二舞臺下一下レ輿。（咒願前五位二人・六位二人。執蓋一人・執綱二人。導師前又如レ此。式云。導師自レ東入。咒願自レ西入云々。而今日咒願自レ東進。導師自レ西進。各有二所存一歟。上臘自二左方一可レ進之故歟。）經二舞臺上一各登二高座一。（咒願東。導師西。）次堂童子（左右各七人。先例左右或十人・八人・六人也。而今度七人。隨レ催出歟。又不レ別二下襲・沓等一。）着二中門外座一入賦二花筥一。（此間以二雨儀一行レ之云々。）次奏二菩薩舞一。次迦陵頻奏レ舞。（先持二佛供一進二佛前一。十弟子傳取供レ之。歸二舞臺一舞レ之。）次胡蝶。（如二迦陵頻一。）次有二大行道事一。衆僧（千人。）起二假屋一昇二舞臺一。廻レ東經二佛殿東北幷西・舞

丁、此下有脱歟
以、原難讀、意改
行、原此下有行、意刪

臺北一。歸三着假屋一。
此間威儀師經縁・從儀師相慶昇二舞臺一取二願文・咒願一。授二導師・咒願一。（威儀師授二咒願一。從儀師授二導師一。）
行道始程左相府令二退出一給了。
行道中間雨脚漸甚。不レ幾滂沱。（衆僧或令レ擁レ笠。或不レ然。）御所屋雨漏浸二御衣一云々。
此間梵音。可下經二舞臺一進中佛前上。而大雨之間不レ進。上卿（宗家卿。）令二行事辨行隆朝臣奏一レ之。被レ仰下可二隨レ宜計行一由上云々。（僧徒不レ待レ仰於二本座一唱レ之。稱二本寺法會雨儀例一云々。）錫杖又如レ此。萬歳樂以下左右舞於二東方公卿座一飜レ袂。（依二勅宣一不レ略レ之云々。）此間藏人頭右近中將源雅賢朝臣進レ軾仰下給二度者一由於上卿上。（此間雨脚有レ隙。）左中辨行隆朝臣起レ座欲レ授二布施於導師・咒願一。依二雨脚又甚一不レ能二進寄一而退歸。（令レ送二本房一云々。）
導師・咒願自二東西一退出。（不レ經二舞臺一。又不レ乘レ輿。從僧擁レ笠。）公家有二御誦經事一。（內藏頭（藤原）經家朝臣參二入之一。然而不レ見二行事所屋事一。助賀茂俊平參入由觸二送之一。）
院・八條院同有二此事一。申斜上卿以下各々退出。上皇猶御二御所一。樂音猶奏レ之。
寶樹十二株。（舞臺左右各六本由載レ式。而只六本也。）院・八條院・攝政殿（藤原基通）・右相府（藤原兼實）令レ獻二寶衣一給云々。
大佛前南壇下東西相對立二數丈幢各一本一。懸二錦大幡一流一。（東幡天平遺寶云々。）
自二大佛殿上一數度散花。
佛殿南東西懸二大幡數流一。
今日大雨尤可レ謂二奇怪一歟。匪二直也事一也。

浸、原作湜、意改
右、原作左、據公卿補任文治元年條改
斜、原作斜、意改
六、此下原有十、意削
幢、原作橦、據玉葉文治元年八月三十日條改大相國（藤原忠雅）禪門參二御所一給。
院御所在二大佛殿乾角一。二町許。五間竹屋也。御幸之時御歩行云々。
開眼時公卿侍臣不レ登二佛殿一。左少將親能（藤原）・能盛（藤原）入道・左馬權頭業忠（平）同登云々。
開眼畢親令レ誦二佛眼眞言一給。早降御。其後定遍僧正猶遲參云々。

早、或畢歟

東大寺大佛開眼供養會役所司交名

役諸司
出居
左
右少辨藤原定長
少納言源頼房
少外記清原忠業
右大史中原頼清
式部丞源光輔
錄不參云々。
右

範•、上文作憲•

彈正忠中原安範•
疏代史生藤井末遠

樂前

左

雅樂頭賀茂濟憲

允不參云々。

右

雅樂助代散位三善倫仲

屬不參云々。

衆僧前

左

散位藤原懷長
散位清原能高
大藏錄安倍清賴
修理屬中原忠康

右
散位三善宗遠
散位藤原頼成
圖書屬藤井依時
隼人令史三神久次
開眼前
散位三善倫仲
散位藤原貞光
掃部屬佐伯忠廣
修理屬中原忠康
執蓋
大藏録安倍清頼
執綱
右近衞將監源光景
右衞門少志平則光

呪願前

散位藤原忠廣

散位藤原貞光

治部丞卜部友仲

丞代典藥允菅野安時

執蓋

隼人令史三神久次

執綱

內匠允惟宗爲季

西市佑笠俊兼

導師前

玄蕃頭惟宗清直

散位三善倫仲

主稅允大江助政

典藥允中原賴淸

執蓋
　大藏錄安倍清頼
執綱
　圖書允中原信清
　造酒佐清原惟成
打金鼓
　圖書屬藤井依時
文司
　左
　　圖書允中原信清
　右
　　圖書屬藤井久吉
堂童子
　左
　　散位正五位下藤原朝臣範保

木工權頭正五位下源朝臣時盛
太皇太后宮權大進從五位上高階朝臣忠業
同權大進從五位下藤原朝臣仲賴
散位從五位下藤原朝臣邦輔
散位從五位下橘朝臣親長
散位從五位下源朝臣時綱
右
散位從五位下源朝臣國行
散位從五位上藤原朝臣家輔
散位從五位上源朝臣範實
皇太后宮大進從五位下藤原朝臣邦兼
左馬權助從五位下源朝臣成實
散位從五位下橘朝臣邦長
散位從五位下高階朝臣忠兼

東大寺大佛開眼式

前一日有二堂裝束事一。大佛殿趾佛前中央間逼レ北立二佛供机一前一。（東西妻。居二佛供六坏一。）其前東西相對（東西妻。）立二花机各一前一。（菩薩・天人供花之時置二此机一。）其中央居二大火舍一。（有レ臺。）其東西頗退相對立二高座各一基一。花机前頗南退相竝立二禮盤各一脚一。其南横東西相對敷二左右唄師座一。（各東西妻。）壇下庭中構二舞臺一。其北有二大燈爐一。舞臺上北端立二行香机一。（置二行香具一。其左右倚二御願文・咒願文一。）南中門內北間東西相對立二散花机各一前一。其東西敷二堂童子座一。又其東西敷二威從幷本寺三綱座一。（東威從。西三綱。）舞臺巽坤立二七丈幄各一宇一。（東西妻。）爲二左右樂所一。同門外巽坤立二七丈幄各一宇一。爲二衆僧集會所一。東南西三方廻廊趾各立二數十間假屋一。爲二東西僧座一。佛前南壇上中央間以東。假建二三間二面舍一宇一。（四面懸二廻御簾一。其中儲二御座一。）爲二法皇御在所一。其巽壇下庭前立二七間假屋一宇一。爲二公卿・侍臣候所一。其西壇下當二佛前一坤庭。對二公卿座一又立二七間假屋一宇一。爲二行事官以下座一。其西逼二壇下一敷二少納言・辨・外記・史・式部・彈正座一。東西樂屋北邊立二左右檢非違使床子一。寶樹十二株列二栽庭中一。

當日卯一剋。打二行事鐘一。

同二剋。行事官等就二幄座一。（上卿以下。）少納言・辨・外記・史・式部・彈正各着レ座。檢非違使同着二床子一。此間法皇臨二幸于佛前御所一。公卿・侍臣各就レ座。（法皇入二御々所一之剋。行事官等暫起二其座一。御座定歸着。）

辰一刻。治部・玄蕃率二衲・甲衆僧・唄・散花・梵音・錫杖・定者・樂人等一。集二會衆僧

左・、原作在・、意改

幄一。治部在レ西。玄蕃在レ東。新樂・林邑在レ西。高麗・胡樂在レ東。開眼師駕輿在レ東。訖東西發二樂音一。次樂前大夫四人。六位官人各二人率二樂人一。自二衆僧幄前一到二中門前一下行。各就二幄座一。次衆僧前治部・玄蕃各率二衆僧一。到二舞臺東西橋下一而留立。衆僧自二舞臺上一至二佛前一列三立東西一。次開眼師駕輿自レ東入。五位二人迎入。到二舞臺下一々レ輿。自二東西衆僧之中一而入就二禮盤一。次令二佛師開眼一。其間誦二佛眼眞言三遍一。開眼。誦二一遍一。唱二佛名三度一。衆僧隨三取次第一。此間衆僧惣禮。次衆僧還退。次省寮引二衆僧一到二東西脇門代壇下一而留立。衆僧就レ座。開眼師下レ輿就レ座。訖卽省寮各就レ座。次新樂・高麗・林邑・胡樂。一々亂聲。各三度。次四部樂同時亂聲。次新樂・高麗各發音。雅樂寮率二樂人一東西列立自二幄前一南行。此間東西各二行。到二衆僧屋一。迎二導師・呪願一。導師自レ東入。呪願自レ西入。各駕レ輿。到二舞臺下一々レ輿。自二舞臺之上一步行。各昇二高座一。樂前大夫引二樂人一。還各就二本座一。次林邑・胡樂發音。菩薩東西相分。供花還却。次奏二菩薩舞一。次迦陵頻幷天人相分供二小佛供一而還。次奏二迦陵頻舞一。訖東西唄起レ座。至二中門前一北行。經二舞臺一至二佛前一就レ座。次東西定者到二舞臺一。各敷二座具一。三遍禮佛。乃取二火鑪一。至二佛前一而相列。唄發音。定者東西分行。次散花師各起レ座。到二中門前一。堂童子賦二花筥一。卽東西引頭引二衆僧一立二散花之後一。散花昇二舞臺一而發音。次雅樂寮率二四部樂一。一度發音。新樂立二西散花之前一。高麗立二東散花之前一。林邑立二西衆僧之後一。胡樂立二東衆僧之後一。各至二佛前一。次大行道。諸樂奏二音聲一。威儀師立三加散花之前一。凡厥行列次第。周匝曲折往還之路。一如二他時一。訖各就二本座一。次新樂發音。梵音昇至二佛前一。引頭發音。訖即還退。次舞二萬歲樂一。勅樂。訖高麗發音。錫杖衆昇如二梵音一。訖舞二綾切一勅樂。訖威儀師二人取二御願文・呪願文一。授二導師・呪願一。次導師啓白讀二願文一。了授二十善戒於集會人一。次呪願畢。先レ是可レ有二度者事一。度縁兼可レ付二寺家一。又　公家可レ有二御誦經事一。次賜二衆僧布施一。　法皇賜二加布施一。自レ聽可レ渡二行事所一。次導師・呪願下レ自二高座一退還。雅樂寮引二新樂・高麗一送二導師・呪願一。其儀如レ初。

此間　法皇有二御誦經事一。次林邑・胡樂發音。舞二按摩一。次舞二蘇合一。勅樂。次舞二新鳥蘇一。次舞二散手一。次舞二貴德一。次舞二太平樂一。次舞二納蘇利一。若日暮入レ夜。主殿寮秉レ燭。事終。法皇還御。上卿以下諸司等各退歸。

後白河法皇東大寺大佛開眼供養願文

側聞。東大寺盧舍那大佛者。天璽（聖武）國押開豐櫻彦天皇。有二天下之富一。惣二海内之勢一。課二其富勢一所レ奉二造立一也。金姿耀レ日如三須彌之出二海中一。寶閣插レ雲似三兜率之居二天上一。佛力之被二華夏一也。傳二仁祠第一之名一。國主之爲二檀越一也。綏二累代通三之化一。然間治承末歲緈出二不圖一。靈像忽化レ煙。暫顯二寂滅之爲樂一。梵宇只有レ地。猶恨二回祿之成災一。寔國之不造。世以驚歎。弟子内答二宿善一。外資二知識一。新住二菩薩之大慈一。將レ復二佛陀於往跡一。時漸臨二季葉一。人雖レ少二善根一。上之所レ好下必從矣。爰有二一比丘一。同勸二十方界一。察二懇篤之叡襟一。伴二治工一

付、傍註云尋
末、原作未、據傍註改
復、原作複、據本朝文集卷六十三改

廟、原作廣、據傍註改○沖襟、原作中禁、意改

而鑄鎔。是以普天率土勠二群心一以運二至誠一。半錢寸鐵施二輕貲一以與二大善一。我願既滿。衆望亦足。一十六丈之尊容。月輪之妙相再圓。四百餘廻之遺美。天平之舊儀更就。於戯。華構遲締。雖レ歎二西匠之未䟦一。蓮眼先開。且喜二億刧之一遇一。方今擇二曜宿於夏曆一。設二供養於秋風一。寶樹莊嚴。曉露添二眞珠網之飾一。奇香芬郁。天雨爲二妙花雲之粧一。一千口之智德。各出二法相三論之窓一。百千種之雅音。遞奏二廣樂九成之曲一。況亦弟子之廻二仙蹕一也。率二月卿一而幸二露地一。中使之臨二梵莚一也。修二諷誦一而叩二霜鐘一。群官豫參。專嚴二天子之詔命一。一切愛樂。譬猶二曇花之開敷一。或准二齋會一以助二威儀一。或頒二度緣一以資二得脱一。更勸二衆會之輩一。各授二十善之戒一。加之遍勅二州郡一禁以二漁獵一。恩波之注二江湖一鱗介字レ性。惠露之及二山藪一雉菟安レ棲。今日之惠業諸天定擁護。抑 聖武皇帝自二天平十五年一到二天平勝寶四年一。首尾十年營レ之。弟子眇身自二養和第一年一到二聖曆文治元年一。首尾五年營レ之。昔若不レ待二多千億之佛一。今豈得レ遂二大淸淨之願一。仰請三寶界會知見證明。先分二功德一奉レ賁二神祇一。彌增二和光之冥威一。各證二照寂之果位一。鎭護者本誓也。早移二民俗於仁壽之域一。靜謐者今望也。宜レ罷二波瀾於四海之家一。以レ無二惠業之涯際一奉レ資二 聖武之山陵一。又廻三施 白川・鳥羽・高倉之靈廟一。令レ具三足紺頂烏瑟膩沙之諸相一。殊擎二上分一奉レ祈二 沖襟一。瑤圖不レ搖玄化遠及。蒼旻垂レ惠保二胡福於萬斯年一。黔首賴レ慶致二殷阜於千斯倉一。邊雲長霽征戎之客虛候。聖日高

臨撃壤之翁歌レ仁。弟子禪定幽深之水洗二塵心一而一清。姑射遠僻之郷傳二山呼於萬歲一。多生値遇二唯一乘之花文一。來世遂登二最上品之蓮座一。又仙院后房春秋之富無レ限。攝籙將相風雲之契彌堅。凡厥群僚百司。遐方近土。一日三拜之緇素。知識結縁之尊卑。依二此一善一保二其百福一。乃至鐵圍砂界六趣四生。茫々群類各々救濟。敬白。

文治元年八月廿八日弟子阿闍梨　敬白

作者參議左大辨藤原兼光卿

清書中務權少輔藤原伊經

茫、原作范、據傍註改

後白河法皇東大寺大佛開眼供養咒願文

和州境際　添上郡中　崇一仁祠　號東大寺　建立爲詎　聖武天皇
安置幾尊　盧遮那佛　梁棟之構　高插虛空　金銅之膚　偏蔟日月
十六丈像　倭漢無雙　三十二相　古今少彙　目連難及　已失神通
毘首不如　唯責佛力　治承四載　當季冬天　回錄餘殃　延及露地
都鄙慨矣　鯁涕酸哀　緇素悵然　展轉反側　禪定仙院　殊以傷嗟
聖主沖襟　亦復驚歎　早降勅命　欲復舊基　廣勸尊卑　可訪往製
跋造營事　任職掌官　經始五廻　繩俛幾日　爰有佛子　勤苦提行

亦有巧工　堪陶冶藝　各々運計　積琢磨勞　種々呈功　施補綴力
一日三拜　同奉生身　烏琴白毫　重以具足　乙巳之曆　南呂下旬
當彼岸終　淨匪石底　良辰得境　吉曜撰時　未究洪基　且開慧眼
層甍複屋　彩幡飄颻　高檻重軒　華蓋照曜　方今我后　准齋會儀
勅使奉行　恭敬供養　何況法主　抽鄭重誠　仙官扈從　稽首合掌
文武將相　環珮鏘々　庶尹百僚　儀序棣々　顯密淨侶　一千成行
淄州高才　濮揚碩學　絃管妙曲　律呂沸調　咸池遺音　洞庭奇響
舞袖廻雪　如望荆臺　伎樂遏雲　似詣花界　人不得顧　九億駕肩
車不得旋　前後掛轄　旁仰州縣　卽禁殺生　驚覺十方　應同三世
八幡菩薩　倍增威光　一切神祇　飡受法味　又分景福　資祖廟靈
殊捧慧薫　答本願誓　承保膺籙　天仁受圖　兩主勝因　一時證得
高倉先帝　淨土必生　各依善根　宜添妙果　象魏宸闕　秋菊獻齡
汾射仙居　椿木讓算　女院芝砌　皇后椒闈　簾帷是閑　啓令共儼
藩王公主　棣萼繁昌　攝籙臺階　風雲感會　群卿百辟　長褌帝猷
七道五畿　悉靡皇憲　海內有截　誇栗陸仁　天下無爲　伊華胥俗

淄、原作緇、意改○揚、原作陽、意改

椒、原作栿、據本朝文集卷六十二改

結緣之輩　知識之人　現當隨望　福祿叶思　設無遮善　住平等心
功德遍施　利益遠及　怨靈邪鬼　六道四生　皆出昏衢　併到覺岸
文治元年八月廿八日
作者文章博士業實朝臣（藤原）

東大寺供養會行事官注文

建仁三年七月五日辛未。權大納言藤原兼良卿着二仗座一。被レ定二申東大寺供養日時・僧名・行事官等一。參議藤原資實卿執筆。

權大納言藤原朝臣兼良
中納言藤原朝臣公繼
參議藤原朝臣資實
權右中辨藤原朝臣長兼
少外記中原師朝
左少史中原成弘
已上。可レ令レ行二東大寺供養會事一。

親經、原割註、意改
勅、原作勤、意改
不參、原割註、意改
幣、原作弊、意改

十月二十三日戊午。權大納言兼良卿參入。被レ定三申東大寺供養日時一。十一月卅日甲午。
十一月九日癸酉。權大納言兼良卿被レ下二宣旨一云。
東大寺供養御願文令二參議藤原朝臣親經作進一。呪願文令二文章博士菅原朝臣在高作進一者。
十八日壬午。東大寺供養御祈。被レ立二佐保山南陵使一。權中納言藤原定輔卿參入行事。參議藤原資實卿書二定文一。卽勅使。前豐前守源有資爲二次官一。次少納言源信定參二結政一。行二度緣請印事一。東大寺供養千僧度緣也。參議不參。
廿三日丁亥。權大納言兼良卿召二大外記良業（藤原）一。被レ下二宣旨二通一。文武百官淨食自二廿九日一至三于來月一日二三箇日。東大寺供養可レ准二御齋會一。
廿五日己丑。中納言藤原公房卿・參議同資實卿參入。被レ立二三社奉幣使一。先被レ定二日時・使等一。石淸水・東大寺鎭守八幡別宮被レ申二東大寺供養間事一。・日吉。被レ申二炎上間事一。左近中將藤原定家朝臣殿上四位。爲二八幡別宮使一。次權中納言藤原兼宗卿着二仗座一。有二春日御幸召仰事一。
廿六日庚寅。　上皇（後鳥羽）御三幸南都一。依二明日御春日詣一也。被レ用二密儀一云々。
卅日甲午。晴陰不レ定。朝間雨雪交降。午後西風殊烈。時々微雨。今日東大寺脇士・四天像・中門大門等諸天供養也。未剋　上皇自二東南院一御幸。一員供奉。步御三幸於八幡別宮一。御前有二御拜一。御車經二西廻廊外一。被レ寄二軒廊西向戸一。懸二翠簾一。攝政殿（藤原良經）令レ着二一座一給。召二藏人頭左中辨長房（藤原）朝臣一召レ人。太政大臣（藤原賴實）・內大臣（藤原隆忠）以下參着。先レ是權大納言兼良卿召二少外記中原師朝一。問二諸司・堂童子參否一。權右中辨長兼朝臣問二僧侶參否一。仰二鐘事一。

此以後事不レ注レ之。

十二月十二日丙午。權大納言兼良卿參入。被レ行二東大寺供養赦詔書事一。

東大寺供養式 建仁三年十一月卅日。

導師當寺別當前法務前大僧正延杲

咒願興福寺前別當前法務大僧正信圓

請僧一千人

前一日。堂莊嚴。西軒廊五箇間敷三滿板敷幷弘筵一。四面懸三廻御簾一爲二 太上天皇御在所一。西南面東第一間張二錦承塵一敷二繧繝端疊二枚一。其上敷二龍鬢地敷二枚一供二唐錦茵一爲二御座一。西北二方立三廻山水御屛風一。其前敷二高麗端疊一。同第三間敷二錦毯代一立二大床子一。其上供二菅圓座一爲二御休息所一。傍東西幷北立三廻同御屛風一。佛殿母屋・廂每レ間懸二彩幡・花鬘代等一。上下層四角各懸二寶幢一。佛前立二花机一辨三備佛供一立二燈臺一擧二燈明一。同南廂北邊立二供花机八脚一。東西妻。有二地敷一。同東間立二黑漆床一脚一敷二高麗端疊一爲二證誠座一。最中間立二同床四脚一敷二同疊一東西妻。爲二唄師座一。西軒廊南榮東第二間以西敷二高麗端疊一爲二王卿座一。同壇下西退敷二黄端疊一

〔東大寺供養式〕前、東大寺造立供養記無、衍歟○杲、原作果、據同上改

柄、原作鞆、意改

爲侍臣座。南中門內東西脇相對敷同疊爲式部・彈正出居座。（省西。臺東。）南階南去三許丈相當佛面東西間立蓋高座各一脚。其中央立禮盤二脚。高座南去五許丈立舞臺。（庭燈爐如本。）其上北端立佛布施机。（安金銅壺。）其東西立行香机各一脚。（件机倚御願文・呪願杖等。）其南頭左右相分立草墪代各十脚。舞臺東西立散花机各四脚。其東西各去丈許敷小筵一枚爲圖書官人座。其南各敷黃端疊爲堂童子座。舞臺南去一許丈立金鼓臺一基。其南頭敷小筵爲圖書官人座。其南去五許丈東西相分立纐纈五丈幄各二宇。（東西妻。）四面曳廻同幔爲四部樂屋。西第一幄爲新樂々屋。其西爲林邑樂屋。東第一幄爲高麗樂屋。其東爲胡樂々屋。其前相去丈餘各立大鼓二面・鉦鼓二面。其前各立竝桙九柄。佛殿第二層上南面設天人衆舞臺。東南西三面廻廊三行立長床爲左右衆僧座。佛殿壇下并東西廻廊前・舞臺左右立亘龍頭形棹懸絲幡。南中門外東西廊前去砌丈餘各立五丈幄一宇爲積御誦經物所。南大門內東西脇立式部・彈正幄。同門外東西各立纐纈十五丈幄二宇。（南北妻。）其內立竝床子爲衆僧集會所。西廻廊南戶北三箇間以北五間設公卿座。同北戶以南三箇間爲上官座。北廻廊西戶以東五箇間爲殿上人座。同東戶以東五箇間爲御廚子所。西軒廊北壇下并公卿座東庭・同廻廊西壇下曳幔。（當入御戶有幔門。）幔門南北立左右近衞幄。其西去十餘丈夾路立左右兵衞幄。其西立左右衞門幄。

・辨以下八字、原割註、意改。

當日寅剋發二小音聲一。（神分。）卯剋分三送法服一。同剋打二衆僧集會鐘一。僧侶着二南門外幄一。威儀師
召三計之一。時剋　太上天皇臨幸。入三御從二西門一。（於二御拜嶽一可レ有三下御一者。寺家兼可レ裝二御座一。）此間發二亂聲一。樂人參向。
（奏二慶雲樂一。）一奚婁前行鼓舞。寄二御輦於西廻廊南戶一下御。式部・彈正着座。行事辨・少納言以下加
着。　太上天皇着三御佛前御座一。公卿着二堂前座一。次發二亂聲一。（先新樂・高麗・林邑・胡樂各三節。次四部樂共又三節。振桙。）師子
出臥二舞臺巽坤一。次吹二調子一。（壹越調。）次雅樂寮率二林邑・胡樂等樂人一。出レ自二南中門一進三立衆
僧集會幄下一發二音樂一。（鳥破・安樂鹽。）從僧等入レ自二同中門一。敷二草座於東西廻廊座一。（威儀師豫立二標各座前一。）樂人經二
本道一到二樂屋前一而立。（樂不レ止。師子舞。）治部・玄蕃省寮（五位・六位各二人。）率二衆僧一經二同道一東西相分到二僧座前一
留二標下一。僧侶到二座前一而立。（樂止。）衆僧着レ座。（引頭者衆僧着訖後着レ之。）訖省寮引還。次雅樂寮率二新樂・高
麗等樂人一至二前所一發二音樂一。（河曲子・延喜樂。）經二本道一立二樂屋前一。（師子立舞如レ初。）省寮前行。導師・咒願駕
輿到二舞臺巽坤一。省寮留立。導師・咒願下レ輿經二舞臺一着二禮盤一禮佛。（諸僧惣禮。）訖各登二高座一。
省寮執レ蓋者引還。次敷二惣禮座於舞臺東西一。次公卿以下着座。（公卿之外。入レ自二東西樂門一。）禮拜。訖各復二本
座一。次撤二惣禮座一。次堂童子（左右各十二人。圖書爲レ先。）入レ自二東西樂門一進三着庭中座一。次圖書寮打二金鼓一。
次胡樂發レ樂。（十天樂。）菩薩廿人・迦陵頻十人・天人十人各捧二供花一。二行相分經二舞臺上一到二
佛殿壇下一傳三授僧一。訖（樂止。）迦陵頻・天人次第退着二舞臺上草墪代一。菩薩留三立舞臺上一。卽發二
菩薩樂一供レ舞。迦陵頻幷天人各隨二音樂一供レ舞。次威儀師二人取二願文・咒願文一授二導師・

列、原作烈、意改、以下同

取、原作收、意改

高、原作舊、意改

呪願一。此間天人衆發二音樂一（天人樂。）於二佛殿第二層上一供レ舞。次打二金鼓一。林邑樂人發レ樂。訖各（陪臚。）唄師十人起レ座經二舞臺一參上着レ座。（樂止。）次定者十人進レ自二東西一昇二舞臺一禮佛。訖各就二案下一取二火爐一立。次打二金鼓一。唄師發レ音。定者隨レ音徐行。次堂童子取二花筥一分行。訖復レ座。次散花十人各昇二舞臺一北面而立。引頭率二衆僧一隨レ之。此間四部樂人相引左右分立。散花發レ音。樂人發レ樂。（詔應樂・長保樂・拔頭・溢河鳥。）東西相對。（舞人爲レ先。取物爲レ後。）新樂・高麗樂人等昇二舞臺一進レ自二衆僧之中一加三立定者前一。（新樂立レ西。高麗立レ東。師子在レ前。）定者・散花・引頭・衲衆・甲衆・梵音・錫杖等僧次第步列。林邑・胡樂々人等各在二其後一。（林邑在レ西。胡樂在レ東。）經二舞臺上一出二東西廊戶一大行道。訖還着如二初儀一。（定者各立二案下一。衆僧着レ座。訖置二火爐一加二錫杖衆末一。）樂人先列三立樂屋前一。衆僧着座。（樂止。）樂人入二樂屋一。次打二金鼓一。新樂發レ聲。（鳥向樂。）梵音衆起レ座昇二舞臺一唱二梵音一。（音頭持二香爐一。自餘持二花筥一。）誦訖又發レ樂。（白柱。）梵音衆復レ座。次舞二萬歲樂一。次打二金鼓一。高麗樂人發レ聲。（地久破。）錫杖衆起レ座昇二舞臺一供二錫杖一。（皆持二錫杖一。退時倒持レ之。）訖又發レ樂。（登樂。）退歸如レ前。次舞二綾切一。次堂童子起レ座取二花筥一退出。次打二金鼓一。導師表白。次有二御誦經事一。（若賜二度者一此間可レ賜レ之。）呪願。訖賜二衆僧布施一。（先レ是昇二祿辛櫃一立二東西僧座前一。侍從賜レ之。）導師・呪願降二高座一。新樂・高麗等樂人發レ樂。（千秋樂・林歌。）着二禮盤一禮佛退出。二部樂人幷省寮相引退如二入儀一。次打二金鼓一。左右奏レ舞。此間賜二寺僧祿一。次賜二樂人等祿一訖。次還三御於御在所一。諸衞官人以下賜レ祿。

後鳥羽上皇東大寺供養願文

賢、原作資、據傍註改

御願文

側聞。光明極レ眼。臺藏世界之月高耀。應化分レ身。菩提樹下之塵久遺。佛海本源。蓋以如レ此。夫東大寺者。我　曩祖感神聖武皇帝之御願也。以二盧舍那佛一爲二蓮宮之主一焉。坐二其千華一。以二累代國王一爲二檀度之主一矣。約二彼萬葉一。自二建立之昔一至二　安德之初一。三十七代。四百餘年。尊崇不レ疎。名稱普聞。然間治承四年十有二月。軋犖來レ風。回祿生レ煙。佛殿以下忽然炎上。傳而聞レ之。心言無レ及。爾時有二或聖僧一。匪二直也人一。驚二一伽藍之殄滅一。勸二四悉檀於尊卑一。更以二知識之群緣一。欲レ復二廣大之聖跡一。　公家降二紫泥一而分三寄兩國一。法界運二丹石一而不レ惜二萬錢一。何唯那爛陀寺之聞二申毒一也。大王捨二縣邑一而充二費用一。賢聖佛閣之逢二火難一也。萬姓施二財貨一而遂二營造一而已哉。粤若本尊之月容早顯。開二五眼於文治改元之秋一焉。梵宇之華構半成。設二一會於建久第六之春一矣。卽號二彼上人一殊爲二大和尚一。依レ重二佛儀一也。依レ賞二大功一也。爾來星霜八九廻。繩墨無二暫懈一。採二良材於衡霍一。百拱千柱聚而如レ雲。擇二妙匠於斑倕一。殊形詭製成二之不日一。廣袤雖レ不レ改二舊基一。輪奐亦猶加二巧思一。迺建三立十一間二階大佛殿一宇一。奉レ鑄三顯金銅十丈七尺盧舍那如來像一軀一。莊嚴如レ舊。瞻仰惟新。奉レ造三立金色六丈觀世音・虛空藏等二菩薩像各一軀。石像八尺同菩薩各一軀。彩色四丈三尺多聞・持國・增長・廣目等四天王像各一軀。石像八尺同天王各一軀一。此外左

兮、原作号、據傍註改、以下同

右登廊・四面歩廊・東樂門・西樂門・南中門・北中門・南大門幷鎭守八幡宮等。同勵二揆
日之巧一。早終二成風之功一。其内南中門安三置彩色二丈三尺多聞・持國二天王像各一躰一。南大
門安三置同二丈六尺金剛力士像各一躰一。於二自餘堂塔門垣等一者。或寺家別當聊加二繕理一。或
土木無レ隙猶未二造畢一。事之最大。匪レ遑二具錄一。於戯。鳳甍之聳二雲霓一也。如レ超二于空虛之
九千餘里一。烏瑟之隣二日月一也。殆半二于須彌之八萬由旬一。凡厥高廣之勢。嚴麗之美。草玄
靡レ得レ言。竹素所レ未レ載。方今玄英嚴肅之、、。瑞蓂開落之晦朝。啒二千僧一而演二大法義一
矣。梵唄合レ響。勅二諸司一而准二御齋會一焉。相將成レ行。樂舞陳兮。奏二宮商之十二律一。緇
素集兮。徧二舍衞之三億人一。兼守二舊風一。禁三斷殺生一。復以二當日一。稱三讚佛號一。誠是莫大之勝
善。殊常之榮觀者也。於レ是殊廻二彫輦一。新幸二綺閣一。成二胡跪之禮一。扶二鄭重之儀一。昔者隋
高祖之排二天居一也。龍象唯連二三百之袖一。唐大宗之崇二露地一也。王公猶行二栴檀之香一。以
レ今覽レ古。彼猶璅焉。仰願二摩訶毘盧舍那如來一。伏乞二二大薩埵・四大天王一。照三視赤誠一。
證三明白業一。先捧二功德力一。奉レ資二神祇等一。二所太神宮・八幡大菩薩。各增二惠光於實報土
之月一。專添二冥威於權化城之風一。佐保之山陵。安二眞鏡一而照二塵刹一。祖考之廟壖。懸二寶車一
而隔二輪廻一。抑大和尚湛二深圖於性淵一。構二高致於器宇一。善誘而債二少民一。不レ傷二於財一。不レ奪二
於力一。容易而成二大營一。非二口所一レ宣。非二心所一レ測。倩思二末代濁世之不思議一。可レ謂三本願叡

策之所ニ能致一。　聖靈若不レ忘ニ往初之誓諾一。我國宜レ決ニ定向後之泰平一。何況聖代明時致ニ修補一之例。古今雖レ多。前帝後王逢ニ供養一之人。蹤跡猶少。而一緣重疊。再臨ニ此筵一。豈唯今生之芳因乎。抑又多劫之宿福也。善哉今事。彼此計會。感應道交。仰而取レ信。然則神仙之逸遊。地久千齡無疆。政務之諮詢。天長萬機克調。鳳池之上契ニ聖曆於河清一。龍闕之中得ニ賢臣於嶽降一。兼又　母儀仙院令ニ庇姑而陪仕一。太弟儲宮令ニ松子而遊從一。又拂ニ諸院諸宮之砌一。各爲ニ不老不死之庭一。帝戚皆保ニ長生之算一。姬公永施ニ補佐之譽一。百辟群僚。礭乎盡レ節。月毳日際。靡然嚮レ風。三十六雨不レ破レ塊。七十二風不レ鳴レ條。物産咸享。永削ニ天變地妖之名一。更無ニ年厄月禍之恐一。重請。勸進之大和尚願行圓滿。結緣之諸衆生現當成熟。遂乃一天無雙之仁祠不ニ陊々一。八宗兼學之佛法不ニ陵夷一。逮ニ鷄頭城之曉一。逢ニ龍花樹之春一。乃至天衆地類。沙界鐵圍。解ニ脫煩昏一。獲ニ得開曉一。稽首和南。敬白。

建仁三年十一月卅日　太上天皇　敬白

參議藤原親經卿作。

以上與ニ建仁記一同也。

勸賞事

劫、原作刦、意改

享、原作亨、意改

々、或誤歟

別當賞　頼惠已講任二權律師一。

寺賞　少僧都定勝任二大僧都一。

御導師賞　興福寺增寬擬講任二律師一。

已上當日被二宣下一。

少、此上東寺長者補任建仁三年條有權、

寬、原作覺、據同上改〇律、此上同上有權、

文首傍註云、此卷者別之卷也、依爲少卷寄此、

二月堂供養式（元久三年正月晦日。）

先巳剋槌二集會鐘一。

次導師・咒願幷諸僧集二會後戶一。

次引列。（在二亂聲一。）

南左方咒願・請僧十人

北右方導師・請僧十人

行列次第

先引頭三綱。次請僧。次咒願。（在二執蓋一。一方同前。）

次請僧入二正面一着二座左右床一。

次導師・咒願於二正面一三禮。（可レ有二禮盤一。）

導師權律師賴惠
咒願擬講顯範
次講讀登二高座一。在二登樂一。
次亂聲。振桙。
先左方。次右方。次同時。
次舞四。萬歲・延喜・賀殿・長保。
次磬二打。
次唄。
次散花大行道。
此間曳二花筥一。小綱役。
次啓白。
次導師・咒願下二高座一着座。在二下樂一。
次奏二立樂一。各退出。

一、八幡大菩薩御影供養事

右。嘉禎三年十一月廿六日。寅剋。鎭守八幡大菩薩御遷宮。翼日廿七日。於二社壇一奉二大菩薩御影一。新圖繪。幷令レ開二演心經一了。
導師尊勝院法印良禎花嚴宗。
法用僧七口任二臘次一請レ之。
大勸進行勇法印行レ之。

七、東大寺八幡驗記作六

一、大佛殿千僧供養事
右。嘉禎四年十月八日。於二大佛殿一千僧供養被レ行レ之。　願主大勸進行勇法印。
導師尊勝院法印良禎
咒願東南院法印道快
法用僧
唄　散花
梵音　錫杖
堂達
請僧一千人。摺二寫法花經一千部一賦二安千人前一。各揚二題名一令レ致二讀誦一。

千僧內。東大寺四百口

僧綱六口法服。紫甲。　已講二口

成業卅五口已上法服。青甲。　中臘八十三口鈍色。五帖。

已上除二他行故障人々一定。

方廣衆九十三口付衣。五帖。　未業廿一口同前。

已上學衆分。

中門衆

大三口法服。青甲。准二成業一。　大三口鈍色。五帖。

律宗廿七口同前。　方廣衆廿三口付衣。五帖。

已上五十六口。其外加二讀師分一口一成二五十七口一了。

法花堂

大一口法服。青甲。准二成業一。　大五口鈍色。五帖。

律宗十九口同前。　方廣衆卅口付衣。五帖。

已上五十五口。

末寺分
醍醐寺十口　有職九口・非職一口。
勸修寺五口　有職一口・非職四口。
石山寺三口　皆非職。
笠置寺十口　有職一口・非職九口。
光明山九口　皆非職。
崇敬寺六口　有職一口・非職五口。
新藥師寺五口
大慈山一口
虛空藏寺一口
已上末寺分五十口。座席次第如レ次令ニ座列一了。

座席
興福寺五百口
僧綱七口　已講四口
成業五師廿八口　中臘三百六十一口

東金堂五十口　　西金堂五十口

都合五百口。

座席

元興寺十五口

大安寺十五口

藥師寺廿五口

西大寺十口

法隆寺廿五口

招提寺十口

一、寶治元年八月十八日。於二大佛殿一行二千僧供養一。

施主右馬助、、

導師宗性僧都

咒願　　　唄師

散花　　　梵音

裝、原難讀、意改

錫杖

請僧四十八人。兩寺僧綱・已講・成業等守ニ臘次一請レ之。佛殿庇着レ之。

僧數一千人。

座席

東軒廊以南　東大寺座以レ北爲レ上。

西軒廊以南　興福寺座以ニ中門一爲レ上。

床一行敷レ之。但南廊二行也。

請僧之外興福寺成業着ニ中門以西一了。

當寺成業尚着ニ請僧末一了。

裝束

僧綱法服。紫甲。　成業法服。青甲。

中臈鈍色。五帖。　方廣衆付衣。五帖。

諸寺僧員數

東大寺　口　中門衆　法花堂衆

興福寺　口

元興寺　大安寺
藥師寺　西大寺
法隆寺　招提寺
布施　請僧袋一・錢百文・綿十兩。
自餘袋一・錢百文。請僧下二饗料一。

一、戒壇院講堂丈六釋迦像供養事

集會所戒壇院僧房馬道。自二此所一守二兩方請帳一引列。廻二壇上一自二正面戸一入二堂內一着二兩方床一。導師・咒願登二禮盤一三禮。衆僧同時惣禮。其後導師・咒願登二高座一。
導師別當法務法印前權大僧都定親
咒願尊勝院法印權大僧都宗性
請僧百十口　此內。
衲衆四十人法服。着二衲袈裟一。　其中。僧綱三人　擬講一人　戒和上一人　成業廿七人　五
師五人　大二人　中臘一人
甲衆廿人　中臘。法服。櫨甲。

梵音衆廿人　頭二人成業。殘十八人中臈。法服。青甲。
錫杖衆卅人　頭二人大。黑袍。白裳。紫甲。
　殘廿八人律宗。黑袍。白裳。着二地白緣黑袈裟一。

法用役人
唄範舜擬講　散花慶賢五師
梵音頭二人左圓舜得業。右定快得業。　錫杖頭二人左禎圓大。右勇賢大。
堂達瞻尊五師
三綱八人着座。　法橋四人　寺主二人　都維那二人
下所司二人着座。　正・權勾當
小綱六人　公人廿人。
樂人等交名　舞人十人內。
左六人（狛）近氏　（狛）光葛　（狛）定氏　（狛）眞葛　（狛）光保　（狛）光家
右四人（大神）遠弘　是氏・

樂人
羯（狛）光成　三（玉手）清正　笙（玉手）清葛　篳（狛）近成　笛（狛）光忠　笛（狛）近有　大國宗侍。　鉦助宗侍。

氏・此下有脫歟

時剋遲々之間。法用樂略レ之。

振鉾如レ常。　法用舞　左萬歲樂　右延喜樂

入調　左三臺・陵王。　右皇仁・納蘇利。

建長元年十一月廿八日

一、能惠得業大般若經書續展二供養一事

右。當寺三面內西室馬道南房。先年花嚴宗能惠得業之住房也。於二此房舍一安三置白紙花軸大般若經一。於二此御經一者被レ載二炎魔宮記錄一。而依レ經二年序一多以紛失。纔一兩帙相殘歟。而當寺古寺僧源慶發心房。相三勸貴賤一書三續卷帙一。即以二寶治二年三月廿日一於二八幡宮一令レ遂二供養一。

導師宗性僧都花嚴宗。

能惠得業依レ爲二尊勝院々主一。彼不具御經殘留二彼院經藏一了。以二其因緣一以二尊勝院主・花嚴宗長者一爲二供養導師一歟。

請僧六十口　守二臘次一請レ之。

有二舞樂一。嚴重之會式也。

蘇・、急本作曾・

一、新院堂供養事

建長二年九月十七日

右。當寺別當法印(定親)新拓二院家一建二立堂閣一被レ遂二供養一。堂舍一間四面。本尊釋迦三尊。左右壁三論祖師安レ之。

導師權少僧都乘信

請衆卅口 鈍色。青甲。

一、僧正堂事

右。定親別當法印。於二竈神殿辰巳岡上一被レ移二造良辨僧正御影堂一了。卽建長二年十一月十六日被レ展二供養一了。

導師法印權大僧都宗性

請僧四十餘口

別當着座。鈍色。五帖。

一、行基舍利供養事

拓、原作祐、意改

如以下四字、或本文歟

正嘉三年三月十六日。於二大佛殿一遂三行之一。儀式。如二花嚴會一。但無二北中門集會一。各先着二東西床一。一切經隆親(藤原)大納言御經云々。各置二衆僧前一可レ揚二題名一。

御舍利者行基菩薩遺骨也。自二戒壇一安レ輿奉レ入二大殿一。黑衣律僧等爲二御共一。自二戒壇一至二南中門邊一。舞人・樂人等參向。

導師宗性法印

讀師藏圓僧都

　願主大勸進圓照上人

枚、或粒歟○實、原作寶、據東寺長者補任弘長元年條改

一、東寺御舍利奉レ入二眞言院一設二供養一事

弘長元年辛酉三月廿六日。東寺御舍利三枚入三御于眞言院一。一長者實瑜僧正・勅使資平(源)開二東寺寶藏一奉レ出二御舍利一。於二藏中一長者并勅使奉レ付二封於舍利塔一。以二全瑜僧都一先奉レ入二開田准宮御室一。爲二奉請一聖守令レ參三向于開田殿一。准宮自開二勅封一奉レ移三入聖守持參塔婆一。即准宮法助。并聖守同奉レ付レ封。三月廿五日。相三副御使定俊僧都一奉レ送二眞言院一。納二朱辛櫃一。在二錦覆一。仕丁二人奉レ捧三持之一。廿五日先入三御般若寺一。明日爲レ調二儀式一。

廿六日。辰剋。奉レ渡二眞言院一。

勾當二人法服。平袈裟。・小綱・公人等悉參二向于般若寺一。供奉人參調之後。聖守幷定俊僧都開二御辛櫃一。奉レ移二御舍利於寶輿一。

行列次第

先仕丁二人着レ梓前行。行房・友行。

次下所司二人。榮實・、、。法服。平袈裟。

次小綱六人。次公人廿人。着二當色一。

次衆僧・樂人以下參二向南大門一。臨レ時蹲二踞南面壇下一。樂人・菩薩・天童等自二正面一西邊壇下徘徊。

次亂聲。次打レ壹。

寺中行列次第。

先梓仕丁二人　　天童六人

菩薩四人　　樂人奏レ樂。

寶輿　　引頭三綱二人

衆僧持二香呂一。　　下所司

供、原作共、意改

法以下五字、或割註歟

小綱　　公人

次自二眞言院東四足一入御。至二于舞臺南面一。天童請二取御輿一。樂人・伶人徘二徊樂屋前一。

次奉レ迎二寶輿一。判官近(狛)氏於二舞臺上一打レ壹。衆僧幷菩薩・引頭從二御輿一引列。左右。參レ堂各守レ標着座。此間舞人列二立幄前一奏二一德鹽一。

次御舍利寶塔奉レ安二御廚子一。禮堂正面居二御廚子一。莊嚴奇麗懸二玉幡・寶幢・羅網一。

次講讀師着二禮盤一三禮。

講師藏圓律師

讀師勝延已講

次傳供。天童等役。奏レ樂。　次奏レ舞。萬歳樂・地久。

次磬二打。堂達役。　次唄師發音。

次賦二花筥一。天童役。　次散花行道。

衆僧出二正面一經二檜壇上一。

次復二本座一。　次磬一打。

次說法。有二誦經一。　次兩師復二本座一。

次呪願三禮。　次舞。三臺・皇仁・賀殿・延喜樂・陵王・納ソリ。

迎、原作抑、意改

律師、上文作僧都

已、或擬歟

次諸僧退散。

一、行基菩薩骨舍利供養事

同年四月二日於二大佛殿一供三養行基舍利幷六十六部最勝王經一。儀式大略如二花嚴會一。

導師法印權大僧都聖兼（三論宗。多袍裳着レ之。）

讀師

請僧百八十口　有二童舞一。（尊海法印沙汰云々。）

願主大勸進圓照上人

西廊西樂門北邊八幡檢校宮淸構二棧敷一見物。兼爲二大衆之沙汰一有二舞童一之由風聞之間。招三請之一令レ舞二落蹲一給了。

一、同供養事

同三年三月廿五日。於二大佛殿一奉レ供三養行基菩薩骨舍利一。

又其最勝會用二國家御祈一。

儀式如二花嚴會一。

給、原在舞下、意改

如以下四字、或本文歟

臨二剋限一樂人・舞人爲レ奉レ迎二御舍利一。參二向于戒壇邊一。卽樂人等前行。
次行基菩薩御骨安二御輿一。
次律僧數百人行列。
衆僧出二廊外一而列立。御舍利入御之時蹲居。自二中門之外一兩方引列。又着二本座一了。律僧留二于中門西邊一。御遺骨令レ入二大佛御前一給了。
導師前大僧正圓實興福寺。
咒願當寺別當前大僧正聖基
布施物色々衣等兼置二脇机一。
色衆
中門以東當寺任二花嚴會請定一請レ之。
中門以西興福寺百六十人。此外頭之。如二花嚴會一。
勅使座儲レ東。　頭大藏卿光國(藤原)
爲二尊海法印之沙汰一在二童舞一。樂屋中門前在二東西兩方一。爲二勸進所之沙汰一新造レ之。
號二舞童裝束料一鵝眼廿貫送レ之云々。
翼日有二大衆武具窮齊一。而起進之間風俄吹雨亦降。仍破レ興了。

頭之、或儀者歟

或記云。開眼導師天竺波羅門僧正。普賢菩薩。行基菩薩文殊。率二百口僧於難波津一。擎二香呂一備二閼伽一請二婆羅門僧正一。供養導師隆尊律師。化人。其開眼作法者。ハラ門僧正執レ輸近二佛蓮眼一而筆端繫レ綱。本願聖皇（聖武）幸二於中門一執二其綱端一。其綱中間着二無量百千億一。百官黎庶・萬口僧侶乃至結緣上下遠近緇素。佛之前後・廊内外雲集星羅。悉取二綱端一所レ奉二開眼一也云々。而永久之比修理之剋。不レ尋二寺舊規一以二佛師長圓一蓮眼之上加二採色一。其後無量雀鳥住二螺髮一之間不淨狼藉也。先師上綱云。開眼不法小鳥蔑如。聖教在レ文云々。

（校合奥書）
一交了。

億、或緒歟
廊、此下之脱歟
永、原作不、據傍註改

文首傍註云、建久記

左、原作在、意改、以下同

次、原作以、意改、以下同

右、原作左、據職事補任後鳥羽院項等改

通、原作遍、據公卿補任建久九年條改

建久五年十二月十二日戊辰。左中辨（藤原）親經朝臣參二關白（藤原兼實）里亭一。定二申東大寺僧名間事一。惣在廳（俊紹）・公文威儀師（相慶）等參入云々。

廿一日丁丑。今日左大臣（藤原實房）令レ奏二東大寺供養式草一給云々。廿六日壬午。左大臣以下參二着仗座一被レ定二申伊勢太神宮宮司相論間事一。次被レ定二東大寺供養日時・僧名・檢校行事一。參議藤原光雅卿・左大辨同定長卿等書二僧名定文等一。召二大外記良業（清原）一。仰曰。右近中將忠季（藤原）朝臣・家經（藤原）朝臣・通宗（源）朝臣・公房（藤原）朝臣。宜レ爲二東大寺供養左右樂行事一者。

檢校行事

左大臣

大納言藤原實宗卿

權大納言藤原定能卿

權中納言藤原經房卿　同兼光卿

參議藤原定長卿　　同公繼卿
左中辨藤原親經朝臣
右中辨藤原定經朝臣
左大史小槻隆職
大外記清原良業
同六年二月五日辛酉。權中納言泰通（藤原）卿者着レ廳聽レ政。被レ請二印東大寺供養殺生禁斷官符一。
九日乙丑。關白・左大臣・右大臣（藤原兼雅）以下參二着殿上一。被レ議二定東大寺供養間條々事一。（可レ被レ立二公卿勅使一於伊勢二否事。李宇事。和・東舞内舍人・近衞裝束事。）
十四日庚午。權大納言定能（藤原）卿着二仗座一。令レ定下申可レ行二幸東大寺一日時幷點地巡檢日時上。
廿日丙子。權大納言定能卿參入。被レ發二遣宇佐使一。被レ申二東大寺供養事一也。
廿三日己卯。左大臣參入。被レ定二申東大寺供養御祈廿二社奉幣日時・使等一。（廿九日乙酉。）參議雅長（藤原）卿書二定文一。
廿六日壬午。有二東大寺供養樂所始事一。以二閑院記錄所一。爲二其所一。
廿九日乙酉。今日被レ發二遣公卿勅使一。未始行二幸神祇官一。左大臣給二宣命於勅使權[大]納言良經（藤原）卿一。被レ發二遣之一。被レ申二東大寺供養事一。

史、原作丈、意改
○隆職、原作際議、據下文改
泰、原作參、據公卿補任建久六年條改○者、衍歟
參以下八字、原割註、意改
院、原作流、意改
大、據傍註補

柏、原作柄、意改

經、原難讀、據公卿補任建久六年條改、以下同

卿、原作御、據傍註改

史、原作夫、意改

○人、此下或引脫歟

三月六日辛卯。大納言實宗卿參レ陣。被レ改三定東大寺供養御祈廿二社奉幣日時一。次上卿以下相率參二神祇官一。被レ發三遣之一。

七日壬辰。權中納言經房卿參入。被レ立二東大寺供養御祈山陵使一。先被レ定二日時・使等一。參議雅長卿書二定文一。即被レ立レ使畢。（山階・佐保・柏原・圓覺寺・後山階・法住寺・清閑寺。）參議忠經卿着二結政所一。行二東大寺供養度緣請印事一。

八日癸巳。權大納言定能卿參入。被レ定二東大寺供養御祈八幡一社奉幣日時・使一。參議光雅卿書二定文一。即被レ立レ使畢。次被レ定二東大寺供養闕請僧名幷行幸御祈諸社諸寺御讀經日時・僧名等一。今日左大臣召二大外記良業於里亭一。仰曰。東大寺供養可レ准二御齋會一者。

東大寺　行幸巡檢也。

九日甲午。權中納言通資（源）卿參入。被レ立二丹生・貴布禰奉幣使一。依二東大寺供養幷行幸晴御祈一也。

十日乙未。今日東大寺供養習禮也。未剋。左大臣・大納言實宗卿・權中納言經房（藤原）卿・兼光卿・參議公繼卿等參入。假被レ着二御在所一。被レ沙三汰御裝束事等一。申剋。公卿着二南榮座一。左中辨・左大史隆職・大外記良業等居二西欄下內一。左樂人鳥童八人。右樂人引二蝶童代隨身八人一。於二中門一迎二衆僧一。（興福寺・藥師寺僧等卅人許參入。其外從僧等多相交。）直引登二舞臺一。行道自二東西登廊北邊一立歸。依二日

導、原作道、意改、以下同
綾、原作陵、意改、以下同
居、原作后、據傍註改、以下同

暮一被二召返一。經二本路一入二樂屋一。衆僧等徘二徊中門邊一。先レ是導師・咒願從僧各一人立二東西蓋高座下一。鳥童八人・隨身八人昇二舞臺一。就二壇下一退出。次四部樂舞各可レ奏二一曲一。萬歳樂・太平々・綾切・長保樂。舞二許畢間。左大臣已下退出。

後聞。丑時行二幸于東大寺一。

今日七條院御幸云々。

十一日丙申。時晴。未剋。鸞輿入御。自二東大寺西門一着二御頓宮御所一。入二御南幔門一。御輿舁二居南面階隱間御輿寄上一。右大將頼實卿（藤原）以下供奉。

十二日丁酉。晴。蜜。日曜。甘露。三寶吉。未剋。大地震動。午剋以後。西風殊烈。黑雲覆レ天。自二乾方一雨降。黃昏晴。今日東大寺供養也。寅剋。發二神分亂聲一。卯剋。權中納言藤原兼光卿着二公卿座一。被レ行二當寺鎭守八幡別宮奉幣事一。刑部卿源宗雅朝臣爲レ使。遲明。七條院自二尊勝院御宿所一御二幸御寺一。東登廊御所云々。辰剋。天皇行二幸當寺一。當二西登廊末壇上一。暫留二御輿一。雅樂發二立樂一。先レ是公卿列二立北方一。東上南面。以二權中納言平親宗卿一被レ申二事由於七條院御方一。歸參之後。於二西廊壇上一下二御輿一。入二御御休所一。殿下同令レ參御乎。此間四部樂屋發二亂聲一。太政大臣（藤原兼房）・左大臣・右大臣・大納言實宗卿・隆忠卿（藤原）・權大納言頼實卿・良經卿・定能卿・中納言通親卿（源）・親信卿（藤原）・權中納言經房

泰、原作秦、據傍註改○左、原作右、據公卿補任建久六年條改

西、原作御、意改

云々、或誤歟

卿・泰通卿・親宗卿・隆房卿・兼光卿・參議雅長卿・左兵衞督(藤原)實教卿・參議忠經卿・光雅卿・(藤原)公時卿・定長卿・公繼卿・治部卿(源)顯信卿・右中將(藤原)兼良卿・正三位(藤原)季能卿・從三位(藤原)雅隆卿・(藤原)經家卿・大藏卿(藤原)親雅卿着二西廊(登廊西北也。)座一。(南上對座。)以二召使一召二大外記良業一。令レ進二御願文・呪願文一。(兩通時日大臣下給。)以二藏人頭右大辨藤原宗頼朝臣一奏聞畢。返進。召二外記良業一。下二給御願文・呪願文一。次召二左中辨藤原親經朝臣一。問二僧參否一。仰二可レ令レ打レ鐘之由一。次出居入レ自二南中門一着座。式部大丞藤原良重・少錄中原倫光着二東座一。彈正少忠紀久衡・少疏代史生中原守季着二西座一。次右少辨藤原長房・少納言源頼房・權少外記惟宗爲賢・右少史三善仲弘加二着式部座上一。此間主上渡二御七條院御所一。有二御謁覲事一。大佛殿內前地。所司敷二莚道一。頃之還御。近衞可レ引レ陣之由。被二仰下一。右方中將藤原成定朝臣・同良輔・少將藤原成家朝臣・同保家朝臣・同高通朝臣・源通具。左方中將藤原公國朝臣・同公經朝臣・少將藤原定家朝臣・同公定・同知光・源雅親入レ自二東西廻廊中門一着二胡床一。次藏人頭右大辨藤原宗頼朝臣奉レ仰召二公卿一。先關白殿下令レ着二南榮座一給。次太政大臣・左大臣・右大臣以下着二同座一。次左中辨親經朝臣・右中辨定經朝臣・左大史小槻隆職・大外記淸原良業以下着二階下西座一。藏人頭宗頼朝臣以下殿上人着二階下東座一云々。次和舞內舍人十人・東舞近衞將監十人入レ自二南中門一

着㆓舞臺南頭床子㆒。（近衛東西上北面。内舍人東西上北面。）兩舞陪從近衛六人着㆓近衛方床子㆒。次殿上五位八人（木工頭源兼定・少納言同賴房・勘解由次官藤原清長・中宮權大進同長兼・大膳大夫同家綱・侍從同（源）有通・越中守同（藤原）資家・右衛門佐同隆清。）昇㆓舞臺北面㆒。昇㆓佛布施机㆒立㆓堂中㆒退出。（東西各四人。）次内舍人十人昇㆓舞臺㆒。（左右五人。立舞。）奏㆓和舞㆒。退下着㆓本床子㆒。次近衛十人又昇㆓舞臺㆒。（左右五人。立舞。）奏㆓東舞㆒。（求子。）退下着㆓本座㆒。次内舍人・近衛等相率退去。左右近衛撤㆓兩舞床子㆒。次四部樂屋發㆓亂聲㆒。先新樂。次高麗。次古樂。次林邑。各一人振桙。次四部。相共合振桙。次師子出。臥㆓舞臺巽坤㆒。此間證誠二品守覺法親王入㆑自㆓佛後㆒。着㆓南廂座㆒。從儀師（相慶・實雅。）率㆓從僧㆒。令㆑敷㆓草座於東西廊座㆒。次古樂・林邑二部樂人出㆓立樂屋前㆒。吹㆓調子㆒。（壹越調。）此間召㆓左中辨親經朝臣・右中辨定經朝臣㆒被㆑仰㆘自㆓衆僧幄㆒可㆑調㆓行列㆒之由㆖。兩辨於㆓南中門外㆒行㆑之。次雅樂頭賀茂濟憲朝臣・少允藤原清忠率㆓古樂㆒。雅樂權助卜部兼氏・小允中原章久率㆓林邑等樂人㆒。出㆓南中門㆒。到㆓衆僧下㆒。發㆓音樂㆒。（古樂安樂鹽。林邑鳥破。）次樂人經㆓本路㆒歸㆓立樂屋前㆒。（樂前五位・六位留㆓立同標下㆒。）次衆僧入㆑自㆓南中門㆒。西市正藤原朝臣貞光・散位惟宗朝臣業昌・大學允藤原厚康・修理少進同親實。爲㆑先㆓六位㆒率㆓左方衆僧㆒。隼人正橘朝臣清俊・散位伊岐宿禰宗光・治部丞藤原親長・圖書允同重實等。爲㆑先㆓六位㆒率㆓右方衆僧㆒。東西相合入㆑自㆓南中門㆒。五位・六位等留㆓立標下㆒。衆僧着座。（樂止。）衆僧前引還。二部樂人同入㆓樂屋㆒。次引頭二人（左方權少僧都良尋・右方權少僧都承圓。）着㆑座。（右方引頭遲參給。）次掃部頭安倍孝

撤、原作橶、據東大寺供養次第改
慶、原作蒙、據建久五年法勝寺御八講問答記改
列、原作烈、意改
○於、原作出、意改
憲、原作宣、據尊卑分脈賀茂氏改○卜、原作下、據下文改
隼、原作集、意改
重、原作市、據下文改

重。重、原空白、據下文補○善、原作參、據下文改○樂、此下原有新樂、意削○等、或樂歟
河、原作阿、意改、以下同○等、當作樂○留、原作面、據傍註改
蕃、原作善、據下文改
丞、原作志、據下文改
竝、原作置、意改
紹、原作治、據建久五年法勝寺御八講問答記改、以下同
授。授、據傍註補
之、或立歟○太、原作大、意改

重朝臣・雅樂少允三善成宗率㆓新樂㆒。雅樂權助藤原範政・少允安倍資直率㆓高麗等㆒。樂人出㆓南中門㆒。到㆓前所㆒。發㆓音聲㆒。新樂河曲子。高麗延喜等。次樂人等歸テ入自㆓本路㆒立㆓樂屋前㆒。樂前五位・六位等留テ立標下㆒如㆑初。玄蕃導師權僧正覺憲乘㆑輿。右衞門少志平則光執㆑蓋。左衞門尉大江貞遠・平信弘執㆑綱。玄蕃頭安倍廣基朝臣・圖書頭丹波經基朝臣・玄蕃少允藤原重基・大江宗保等左右相分。爲㆑先㆓六位㆒率㆓導師㆒。咒願師前權僧正勝憲乘㆑輿。右兵衞少志源成康執㆑蓋。右衞門尉藤原重俊・平爲言執㆑綱。治部權大輔平朝臣親長・少輔藤原朝臣爲季・少丞中原基綱・藤原光成等爲㆑先㆓六位㆒率㆓咒願㆒。兩師左右相竝。入㆑自㆓南中門㆒。到㆓舞臺巽坤㆒下㆑輿。治部・玄蕃留テ立標下㆒。次導師・咒願經㆓舞臺㆒。十弟子經㆓東西地㆒。着㆓禮盤㆒禮佛。諸僧少々惣禮。畢登㆓高座㆒。省寮執蓋等者引還。次樂人歸テ入樂屋㆒。此間圖書少屬藤井久吉着㆓金鼓臺下㆒。次師子舞。右衞門志戸部清景吹㆑笛。前府生尾張兼助打㆓大鼓㆒。左方師子西師子。昇㆓舞臺㆒舞。訖歸テ臥本所㆒。次威儀師俊紹昇㆑自㆓舞臺南㆒。取㆓御願文㆒授㆓導師㆒。威儀師覺元取㆓咒願㆒授㆓咒願師㆒。各置㆑右。先㆑是掃部寮敷㆓惣禮座於舞臺東西㆒。西三行・東二行敷㆑之。各東西行也。其後關白以下起座。自㆓西登廊㆒降㆑之進テ出庭中㆒。關白・太政大臣・左大臣・右大臣・大納言藤原實宗卿・同隆忠卿・權大納言同賴實卿・同良經卿・同定能卿・中納言源通親卿・藤原親信卿・權中納言同經房卿・同泰通卿・平親宗卿・藤原隆房卿・同兼光卿・參議同雅長卿・左兵衞督同實教卿・同忠經卿・同光雅卿・同公時卿・

同定長卿・同公繼卿・治部卿源顯信卿・右近中將藤原兼良卿・正三位同季能卿・從三位同雅隆卿・同經家卿・修理大夫同定輔卿・大藏卿同親雅卿着座。（東上北面。）左中辨藤原親經朝臣・右中辨同定經朝臣・右少辨同朝臣長房・少納言源朝臣賴房入㆑自㆓西樂門㆒着㆓公卿後座㆒。左大史小槻宿禰隆職・大外記淸原眞人良業・少外記三善爲重・權少外記中原元貞・惟宗爲賢・左大史紀有康・右大史三善仲康・左少史高橋盛直・惟宗重光・右少史中原俊兼・三善仲弘等入㆑自㆓同樂門㆒着㆓辨・少納言後座㆒。殿上人藏人頭右大辨宗賴朝臣・左近中將（藤原）兼宗朝臣以下卄餘人入㆑自㆓東樂門㆒着座。（西上北面。）諸大夫少々入㆑自㆓同樂門㆒着㆓殿上人後座㆒。次惣禮三度。（衆僧同三禮。）畢先上官退出。次公卿起座。各復㆓本座㆒。次堂童子爲㆑先㆓圖書官人㆒入㆑自㆓東西樂門㆒。着㆓庭中座㆒。（舞臺東西。）次圖書官人打㆓金皷㆒。此間左大臣起座。於㆓西登廊代東一間檻下㆒。以㆓召使盛安㆒召㆓大外記良業㆒。被㆑仰㆓內記・檢非違使可㆑召之由㆒。即大內記藤原宗業入㆑自㆓西廊乾戶㆒參㆓進同簀子下㆒。大臣仰㆘可㆑催㆓進赦詔書㆒由㆖。內記退出。次左衞門權佐藤原朝臣朝經參㆓進同所㆒。被㆑仰㆘不㆑待㆓詔書施行㆒可㆑免㆓囚人㆒由㆖。次召㆓左中辨親經朝臣㆒仰㆘可㆓賑給㆒之由㆖。大臣復㆑座。次古樂發音。（十天樂。）次菩薩・迦陵頻・胡蝶各捧㆓供華㆒。二行相竝經㆓舞臺上㆒到㆓佛殿階下㆒。傳㆓授導師・咒願・十弟子㆒。（十弟子立㆓壇上㆒傳供。）證誠・十弟子在㆓堂中㆒。同傳㆓供之㆒。次迦陵頻・胡蝶次第退。着㆓舞臺上草墪㆒。（胡蝶東。迦陵頻西。）次菩薩留㆓立舞臺上㆒。供㆑舞畢退

紀、原作記、意改、以下同〇直、原作眞、據愚昧記建久五年四月二十四日條改〇宗、原作定、意改

以、原作次、意改

可、原作下、意改、以下同〇催、原作候、意改〇門、原作間、意改

囚、原作同、意改

給、原難讀、意改

〇古、原作右、意改

入、原作人、意改

集、原作嶽、據下文改

仲、原作中、據公卿補任正治元年條改

入。次迦陵頻供レ舞退入。此間胡蝶分テ着二西草墪一。次胡蝶供レ舞退入。次天人衆（天童。）於二堂第二層上一雙舞。發二音聲一廻行之後留立舞。次打二金鼓一。次林邑樂發音。（陪臚。）次唄師十人（左方權大僧都延杲・雅緣・印性・信宗・權少僧都勝詮。右方權大僧都慶智・覺辨・辨曉・公胤・權少僧都行智。）經二舞臺一參上着二佛前座一。次堂童子賦二花筥一。（圖書官人分テ與之一。）次定者十人（左方貞實・定實・貞詮・增惠・玄眞。右方緣基・春朝・高明・覺春・慶實。）昇二舞臺一禮佛。畢取二火舍一。

此間西風殊烈。大雨忽降。諸人起レ座。此後儀式每レ事省略也。

衆僧行道。（千僧之內二三百僧許歟。）經二東西登廊南簀子一入二堂中一。（四部樂人於二樂屋一發二音聲一。不レ及二行道一。依二雨降一也。）畢各復レ座。次新樂發音。（鳥向樂。）次梵音衆廿人（左方信家頭。・信辨・慶算・敎玄・顯覺・定祐・圓慶・樹詮・理詮・禪惠參上。殘廿人依レ雨不參。右方定玄頭。・緣成・玄信・信經・重圓・圓雅・禪覺・明辨・嚴證・智憲。殘四十人不二參上一。依レ雨也。）自二東西登廊一參上。於二堂前壇上一唱二梵音一。次新樂發音。（白柱。）次梵音衆復レ座。次於二南中門一舞二萬歲樂一。次高麗樂發音。（地久破。）次錫杖衆廿人（左方圓玄頭。・俊印・辨盛・乘玄・辨修・圓叡・順敎・重行・集慶・印賢參上。殘同二梵音一。右方定乘頭。・覺通・覺範・禪珍・隆緣・禪長・昌俊・玄遍・顯緣・圓慶參上。殘同レ前。）於二堂前壇上一供二錫杖一。次高麗樂發音。（登天樂。）次錫杖衆復レ座。次舞二綾切一。次導師表白。畢讀二御願文一。次衆僧揚二經題名一。（金泥華嚴經一部賦レ之。於二唐本一切經一者。置二堂中佛前一。以二率都婆一書二題名一。各賦レ僧云々。）次有二御誦經事一。威儀師俊紹取二諷誦文一。（內藏寮麻布五百段。頭（高階）經仲朝臣爲レ使。七條院三百段。中宮（藤原任子）三百段。此外無二御誦經一歟。）授二導師一。次藏人頭左近權中將藤原兼宗朝臣奉レ仰。就二導師高座南頭一。仰下給二度者一之由上。次引二證誠布施一。（大納言實宗卿取レ之。頭兼宗朝臣益テ送之一。）藏人左方衆僧引二布施一。右方僧布施不レ引レ之。（明日可レ送二本房一之由。左中辨仰二綱所一了。）次新樂・高麗發音。（新樂千秋樂。高麗林歌。）次導師・呪願降二高座一退出。（執蓋・執綱・治部・玄蕃省寮進立。如二迎儀一。）次左右遞奏レ舞。左安摩・二舞・皇帝・胡飲酒・陵王。右新鳥蘇・新摩鞨・納蘇利。酉剋。事畢。上下退出。寺僧祿幷舞人祿等。後日送二遣之一云々。

黄昏。堂中幷四面廻廊代舞臺等擧二萬燈一。于レ時　主上御二座堂中一。良久還二御頓宮一。亥剋許。權中納言兼光卿着二公卿座一。藏人頭右大辨宗頼朝臣來仰二勸賞事一。次召二大外記良業一下二給折紙一。

鎌倉（源頼朝）將軍南大門内西腋岡上構二棧敷一見物云々。但女房許見物。將軍在二宿所東南院一不レ渡云々。今日武士四面廻廊去二壇下一三許丈。着二甲冑一連居。不レ令レ出二入雜人一。仍結會庭儀式嚴重也。

十三日戊戌。今曉行幸還御也。

廿四日己酉。依二東大寺供養一。被レ行二流人召返一。參議實（藤原）明朝臣向二結政一。請二印官符一。

壇、原作檀、意改○丈、原作又、意改○結、或法歟

東大寺供養會役人交名

東大寺供養役人

出居

少納言源頼房　右少辨藤原長房　權少外記惟宗爲賢

右少史三善仲弘　式部大丞藤原良重

　少錄中原倫光
彈正少忠紀久衡
　少疏代史生中原守季
和舞　內舍人
藤原範直　中原實經　中原成雅　藤原重貞　藤原盛弘　藤原忠光　平貞綱　中原仲房
藤原國光　藤原知重
東舞　左近將監
平實繁　源盛長　藤原清成　源俊實　三善良國
　右近將監
平宗高　藤原光佐　源俊觀　平親繁　藤原保孝
同陪從近衞　左近將曹豐原公秀
　府生清原助直　大石久景
右近將曹三宅守正　安倍季遠
　府生安倍季國
樂前　衆僧前

觀、或誤歟

季、原作秀、據地下家傳卷十改

雅樂頭賀茂濟憲朝臣　少允藤原清忠
雅樂權助卜部兼氏　少允中原章久
導師咒願迎
掃部頭安倍孝重朝臣　雅樂少允三善成宗
雅樂權助藤原範政　少允安倍資直
衆僧前　左
西市正藤原貞光　散位惟宗業昌
大學少允藤原厚康　修理少進藤原親實
右
隼人正橘清俊　散位伊岐宗光
治部少丞藤原親長　圖書少允藤原重實
導師前
玄蕃頭安倍廣基朝臣　圖書頭丹波經基朝臣
玄蕃少允藤原重基　少允大江宗保
執蓋　右衞門少志則光

卜、原作下、據傍註改
丞、原作蓋、意改○允、原作光、據傍註改
少、原作小、意改、以下同
志、此下當補平

執綱　左衞門少尉大江貞遠　平信弘
咒願前
　治部權大輔平親長
　　少輔藤原爲季　少丞藤原光成　中原基綱
執蓋　右兵衞少志源成康
執綱　右衞門少尉藤原重俊　平爲言
打金鼓　圖書少屬藤井久吉
文司　左圖書少允中原成房　右圖書少允小野家久
堂童子　左
(藤原)有家朝臣　(源)兼親々々　(平)信淸々々　高階仲基　源國行　高階仲資　源長俊　藤原季高　藤原爲成　源高淸　源兼資　源保行　藤原基淸　高階業國　高階泰家　源淸實　高階信仲　高階泰時　源長邦　源忠國
　右
(橘)以政朝臣　(源)時盛々々　(藤原)保實々々　藤原敎房　藤原惟賴　源成實　源國基　源仲盛　橘親長　藤原淸忠　高階仲國　平範淸　橘淸季　源有資　藤原親輔　藤原隆兼　源邦廣　源

親房　藤原有通　藤原政光

布施取諸大夫

橘成廣　橘定家　藤原重永　大江頼重　大江知家　藤原仲重　藤原親平　平親綱

〔東大寺供養會僧交名〕

東大寺供養會僧

左方

咒願前權僧正　引頭良尋權少僧都　唄延杲・法印權大僧都　雅緣法印權大僧都　印性權大僧都　信宗權大僧都　勝詮權少僧都

散花

宗元權少僧都　貞覺權少僧都　實繼法眼　公圓法眼　清延權律師

衲衆

定勝法眼　經圓權律師　俊遍々々々　信憲々々々　顯忠々々々　玄季々々々　成實々々々　範賢々々々　尋敎法橋　晴長々々　藏有々々　定圓々々　忠慶法橋　理眞　章緣　寛幸　敎觀　順高　範圓　仁快以上三會已講。　善勝　珍助　禪海　能覺　嚴信

杲・、原作果・、據上文改

浄鑒　久意　隆樹　智眞　玄任　相慶　圓賀　寛雅　久嚴　嚴覺　寛季　玄叡　寛源
慶俊　良琳　覺深　靜幸　良久　尋勝　慶尊　惠深　延智　行惠　乘延　相經　隆祐
勝惠　俊曉　寛惠　朗隆　顯海　顯俊　善祐　藏信　實淵　寛宗　辨實　意勝　慶應
定珍　玄久　賢證　林慶　仁信　敎祐　尊玄　賢淸　明範　顯範　慶曉　心均　賢增
勝印　顯應　乘覺　延淸　行惠　叡詮　重祐　寛禪　善珍　寛源　秀惠　定延　慶運
林寛　覺雄　榮賢　辨惠　行尹　珍舜　辨經　珍覺　顯珍　昌海　玄珍　顯敏　顯遍
重喜　寛詮　惠經　聖詮　延玄　實寶　海淵　寛顯　靜遍　定寶　惠敏　賴惠　貞玄
以上専寺。
宗實　快嚴　寛忠　珍尊　久胤　實賢　永詮　蓮行　有信
以上元興寺。
相榮　慶仁　淸與　永繼　文實
以上大安寺。
寛慶　淨慶　行譽　永勝　聖賢　澄禪　道縁　行尹　勢珍　俊諶　慶禪　平覺　宗融
心長　靜寛　澄信　堯晴　靜演　覺春　敎胤　定信　範覺　覺圓
以上藥師寺。

淨暹　淨仁　定慶　賢德

以上西大寺。

慶曉　尊曉　仁增　公順　圓信

以上法隆寺。

祐覺　堯禪　章俊　相眞　辨慶　性舜　成豪

以上延暦寺。

明智　良曉　聖慶

以上園城寺。

圓運　覺緣

以上東寺。

嚴・禪

以上圓宗寺。

伊運法勝寺。

豪源　道淸　良澄　兼圓

以上尊勝寺。

嚴・、此行有脫歟

成勝、原作法成、意改

快智　隆圓
以上最勝寺。
辨英成勝寺。
圓基延勝寺。
舜賢圓勝寺。
行家　良勝　觀宗
以上法成寺。

甲衆
蓮宴　林賢　宗慶　覺繼　文曉　實覺　聖圓　禪澄　禪覺　蓮任　永蓮　慶詮　範勝
延春　信曉　春慶　嚴慶　辨慶　玄理　成慶　有範　深慶　晴兼　賢意　兼覺　顯昭
珍乗　覺秀　堯詮　證慶　忠賢　忍信　義有　寛深　辨性　信懐　定心　實永　義增
淨祐　正範　範教　興範　成禪　有禪　景恵　印豪　辨雄　實慶　辨心　圓心　源曉
禪慶　永海　行遍　俊實　長眞　寛尹　慶舜　永禪　嚴喜　禪理　賢慶　覺善　興雅
賢信　觀慶　顯運　勝運　勝慶　源恵　憲寶　顯秀　辨詮　堯慶　行忠　延眞　行清
善範　章賢　勝還　宗遍　慶榮　嚴曉　仁圓　兼海　慶湛　延實　寛全　實勝　聖實

仁辨　良慶　慶源　信全　信曉　睿海　淨成　觀宗　定運　敎俊　良信　貞辰　緣永
融遍　慶眞　相眞　慶弘　辨慶　定信　尊睿　惠印　仁勝　久慶　濟玄　景榮　能心
良尊　寬海　信慶　勝鑒　長順　尊慶　寬永　善面・　定詮　敎深　敎劔　幸春　實尊
永胤　順賀　久慶　定淸　仟運　榮增
　以上專寺。
春朗　貞詮　藏淵　慶幸　春詮　泉幸　慶心　聖緣　澄緣
　以上元興寺。
行暹　超深　行秀
　以上大安寺。
勝經　勢鑒　慶賢　淨賢　賢珍　金勝　勢賢　善幸　永暹　春慶　長慶　源紹
　以上藥師寺。
有源　賴圓　林慶
　以上西大寺。
經實　能宣　隆詮　聖融
　以上法隆寺。

面・、或誤歟

禪隆　覺顯　玄貞　榮雲　圓範　玄長　晴全
以上延曆寺。
心融　嚴圓　隆詮　兼尊　定禪
以上園城寺。
定證　長遍　光遍
以上東寺。
顯懷　覺遍　審顯
以上法勝寺。
了諶　幸諶　英賢
以上尊勝寺。
尊能　顯幸
以上最勝寺。
信恩　定慶
以上成勝寺。
榮信　賴圓　有俊

以上延勝寺。

覺暹　嚴慶　蓮秀

以上圓勝寺。

朗圓　經寛

以上法成寺。

梵音衆

信家頭。信辨　慶算　敎玄　顯覺　定祐　圓慶　樹詮　理詮　禪惠　辨海　辨眞　宴信

性遍　堯尹　辨猷　辨宴　尊詮　增玄　貞禪　覺澄　成慶　林尊　良尹　有詮　良喜

淨隆　蓮慶　興慶　寛實　有慶

以上專寺。

龍心　永珍　昌圓

以上元興寺。

長玄　敎元　賴永

以上大安寺。

藏圓　眞慶　靜曉　藏印　定弘　弘曉　乘詮　嚴幸　信曉

以上薬師寺。

俊珍　勝實

以上西大寺。

慶盛　慶融

以上法隆寺。

錫杖衆

圓玄頭。俊印　辨盛　乘玄　辨修　圓叡　順教　重行　集慶　印賢　禪雲　圓忠　圓宗

乘信　定春　興尊　観遠　恵賢　兼乘　定寛　樹慶　永詮　重禪　貞尊　慶辨　經辨

實淸　顯圓　頼圓　定慶　行嚴　慶賢　隆慶　延俊

以上専寺。

教賢　淸祐

以上大安寺。

覺弘　叡圓　聖圓　靜圓　圓操　善慶　靜恩　信尊　圓隆　定恩

以上薬師寺。

遲譽　珍遲

以上西大寺。

覺辨　信聖

以上法隆寺。

右方

導師權僧正　引頭承圓權少僧都　唄慶智法印權大僧都　覺辨權大僧都　辨曉權大僧都

公胤權大僧都　行智•權少僧都

散華

行舜權少僧都　宗遍法眼　慶澄々々　覺敎々々　澄英權律師

衲衆

增覺權律師　公雅權律師　宗嚴權律師　能遍々々　圓長々々　貞敏々々

成賢々々　珍賀法橋大威儀師　雅圓法橋　季嚴々々　乘信々々　範晴々々

尋惠々々　善宗大法師　辨忠々々　晴辨々々　增寛々々　寛任々々　有覺

觀俊　顯圓　定範　信弘　聖覺以上已講・已灌頂。　信兼　訓慶　覺尋　尋曉　珍譽　慶仁　辨寛

勤榮　聖順　範有　永幸　堯延　濟春　靜賢　藏信　增辨　淸慶　尊榮　隆慶　盛恩

隆曉　永尊　堯永　賢基　睿基　義深　勤曉　賢覺　智玄　興深　興尊　隆恩　尊玄

智•、原作知•、據上文改

儀、意補。

弘・、原作於・、據東大寺供養請僧交名案改

術・、原作衍・、據同上改

良恩　範基　堯海　晴慶　覺圓　濟兼　辨詮　顯秀　成叡　濟弘・　有諶　榮盛　安融
勝春　善有　玄眼　穩慶　增慶　尋延　長信　尋諶　憲尊　良信　千玄　長榮　善圓
教詮　審懸　晴範　慶榮　聖緣　聖救　教尊　信長　寛尹　尋千　範忠　榮賢　晴尋
高演　願眞　叡慶　實圓　顯榮　堯俊　俊曉　教俊　範救　仁圓　安曉　圓詮　耆覺
尋玄　重勝　彥耀　忠恩　忠延　覺集　教超　範允　章淵　盛曉　義覺　光詮　順信
心覺　眞宗　公曉　俊成　聖恩　覺接　舜榮　緣忠　睿恩　忠永　覺宴　實遲　禪延
寛勝　實有　靜禪　玄智　勢仁　晴照　相譽　義陽　延宗　辨基　義實　融西　永教
堯賢　聖心　勝遲　睿信　隆圓　隆曉　快算　玄眞　隆任　圓金　俊好　睿教　林祐
春隆　戒信　行遲　淨恩　術・慶　勝俊　運賀　俊義　教心　信嚴　勢珍　俊遲　長秀
有嚴　仁壽　隆心　幸玄　隆胤　有延　慶深　文信　圓盛　尋嚴　理曉　寛詮　藏諶
蓮榮　勝榮

已上興福寺。

甲衆

弘慶　覺言　善信　春恩　良印　忍榮　顯尋　章宣　覺藝　義範　長延　鎭詮　經玄
了寛　慶諶　良弘　寛救　信彥　遲賢　覺舜　理慶　睿惠　圓覺　智弘　勝信　有信

良慶　安詮　慶詮　命範　良詮　榮辨　教辨　俊陽　春智　善俊　晴嚴　珍尊　睿詮
良諶　順懐　隆範　有榮　範豪　覺章　千榮　慈珍　良忠　縁朝　琳曉　藏憲　圓忠
教言　尋長　嚴俊　蓮覺　俊寛　信遍　忠慶　英辨　喜慶　賴詮　晴・有　公尹　俊辨
長尹　興實　眼操　春覺　覺明　英弘　興玄　覺訓　實縁　縁藝　順圓　慶圓　勝嚴
勝榮　賢信　宗順　圓海　榮基　慶勝　範耀　慶實　相儼　喜敏　範詮　晴兼　尊玄
晴允　長教　印範　尋長　智海　長舜　範英　範湛　教藝　興有　尋縁　信允　了恩
祇詮　春信　顯詮　集範　覺縁　榮舜　寛榮　勝心　堯範　諶慶　堯禪　信尊　顯覺
尋乘　堯實　堯慶　堯縁　章慶　惠章　慶賑　尊詮　乘詮　章叡　尊辨　弘詮　覺弘
盛舜　良玄　院覺　識淵　賴深　範仁　顯豪　宗詮　春興　顯諶　辨敏　成詮　顯言
成玄　惠雋　隆諶　善敏　榮曉　長盛　尊英　源章　圓永　増英　宗圓　永圓　順圓
慶睿　相賢　慶證　辨秀　淨増　勝縁　永安　善任　春榮　淨圓　嚴勝　勝賀　永勢
千運　行憲　幸深　順超　淨嚴　長祐　賴金　辨慶　聖圓　有順　信曉　賢珍　賢義
盛圓　林榮　隆永　隆實　幸順　理盛　永允　幸有　勝全　實盛　興慶　信盛　願與
仁壽　觀深　淨尊　慶義　信思・

已上興福寺。

晴・、原作暗・、據同上改

思・、或恩・歟

梵音衆

定玄頭。縁成　玄信　信經　重圓　圓雅　禪覺　明辨　嚴證　智憲　靜遍　理恩　堯辨
善諶　有增　隆延　訓永　成圓　增遍　堯眞　明縁　晴長　忠寛　聖言　勝盛　英寛
聖憲　長辨　覺縁　榮眞　興信　弘辨　成覺　幸圓　忠圓　堯高　長印　順遍　章圓
定恩　堯寛　辨豪　頼恩　辨恩　興弘　縁辨　訓曉　學詮　章俊

以上興福寺。

延祐東大寺。

錫杖衆

定乘頭。覺遍　覺範　禪珍　隆縁　禪長　昌俊　玄遍　顯縁　圓慶　圓寛　壽範　圓經
堯圓　覺遍　圓寛　璋圓　覺眞　圓俊　壽圓　永雅　範信　行乘　圓永　縁圓　信海
珍範　貞實　寛圓　禪辨　永圓　圓遍　圓叡　宣經　仁圓　基圓　頼縁　圓辨　隆憲
良禪　良基　信良　良尊　信詮　圓高　憲雅　頼憲　圓尹　憲遍

以上興福寺。

良寛東大寺。

建久六年三月十二日

東大寺供養會定者交名

東大寺供養定者交名

左方

貞實　定實　貞詮　增恵　玄眞以上咒願師相具之。

右方

縁基　春朝　高明　學春　慶實以上導師相具之。

東大寺供養會布施目錄

國以下十五字、原在前行下、意改

東大寺供養布施目錄

合

國絹百疋三寶布施。　綿六十屯佛布施。

證誠料

國絹三十疋　綿十五屯　白布三十段　供米十石

導師料

國絹十疋　綿十屯　白布十段　供米三石五斗

咒願料　同上

僧綱四十八口內十口唄。　十口散華。　二口引頭。

一以下四字、原割註、意改

以上口別國絹一疋四丈　綿二屯　白布二段　供米一石
衲僧廿六口　口別國絹一疋四丈　白布二段　供米一石
梵音百口　口別國絹一疋　白布一段　供米一石
錫杖百口　口別國絹一疋　白布一段　供米一石
甲衆四百口　口別國絹一疋　供米一石
衲衆三百五十二口　口別國絹一疋　供米六斗
定者十口　口別國絹一疋　供米六斗
威儀師六口　口別國絹一疋　供米一石
從儀師四口　口別國絹一疋　供米六斗

右。注進如レ件。

建久六年三月十二日

東大寺供養會勸賞目錄

勸賞

二品道法法親王（守覺）檢校法親王賞讓。

從二位藤原兼光行事賞。　正四位下藤原定經同。

從四位上藤原信雅七條院院司賞。　同淸信次官賞。
從五位上三善信重行事史仲康賞讓。　大江國通造佛判官賞。
追敍レ之。
中原基康判官。　同資經上卿經房卿賞讓。
藤原家經七條院々司賞。
從三位藤原經子七條院御方賞。
權律師理眞寺家賞。　定範(勝賢)別當賞讓。
法眼運慶法眼康慶賞讓。　法橋良延經師良嚴華嚴經賞讓。
院永法印院尊賞讓。
大和尙南無阿彌陀佛(重源)　右衞門少志紀兼康行事賞。
李宇筑前國內可レ充ニ給俸田伍町一。
檢校左大臣
上卿大納言藤原實宗　權大納言同定能
參議同定長　同公繼　辨同親經　外記良業
史小槻隆職　檢非違使源季國　造佛次官小槻有頼
陳和卿　道々工　以上追可ニ申請一。

康、原作廣、意改
俸、原作捧、意改
次、原作江、意改

懸、此下或壁脫歟

兩、此下當補面

壇、原作增、據傍註改

建久六年三月廿二日

前一日堂莊嚴。大佛殿母屋・廂每間懸彩幡・華鬘代等。上下二層四角各懸寶幢。南廂西三箇間中央柱南假構天井。敷板爲御在處。四面懸廻御簾其內敷滿弘莚。西第三間張承塵敷繧繝端帖二枚。其上施東京錦茵爲御座。北面三箇間御簾內懸代卷之。其前幷御座西邊立亘大宋御屏風。西軒廊代舍十箇間南北西三面懸廻御簾。母屋南面東五箇間爲御休息所。東第二間敷錦毯代。（有鎭子。）立大床子其上供菅圓座。同第三四五間南邊敷兩端帖。東西北三方立廻大宋御屏風。北廂東五箇間爲內侍・女藏人等候所。東軒廊代舍西六箇間四面懸廻御簾爲七條院御所。西第一間設御座。（院司裝之。）同第二間以東五箇間爲同女房候所。佛前供香花擧燈明如恆。其南邊竝立大花盤十四基・大花瓶七口。（插造花。有臺。）同南廂中央柱北立供花机八脚。（在地敷。東西妻。）同柱南佛面東腋間東邊立黑漆床一脚。（南北妻。）其上敷兩面端帖一枚爲證誠座。最中間立同床四脚敷緣端帖四枚。（東西妻。）爲唄師座。南榮西第三間以西敷滿弘莚。自第二間敷兩面端緣端半帖・黃端長帖。爲公卿座。南階西壇下西退敷黃端帖。爲上官座。同東壇下東退敷同帖。爲殿上侍臣座。東軒廊代舍南壇下敷同帖。爲七條院殿上侍臣座。南中門內東西腋相對敷同帖。爲辨・少納言幷式

丈、原作大、據傍註改、以下同
机、意補
南、此下或各敷脫歟
廿、原作女、意改、
東大寺供養圖作十
門、原作間、意改
○纐、原作纈、意改、以下同○幄、原作堀、意改、以下同
漆、原作添、據傍註改
戶、此下或以脫歟
○箇、原作簡、據傍註改
子、此下當補所○箇、原作簡、意改、以下同

部・彈正省臺出居座。（省東。臺西。）南階南去三許丈相當佛面東西間。立蓋高座各一脚。其中央立禮盤二脚。高座南去五許丈立舞臺。（其北庭燈爐如本。）其上北端立佛布施机。（安金銅壺。）其東西立行香机各一脚。（件机倚御願文・咒願杖等。）其南相分各立草墪代十脚。佛殿壇下并東西廻廊代前・舞臺左右立亘龍頭形棹懸絲幡。舞臺東西各立散華机四脚。（在覆・地敷等。南北行。）其東西各去丈許敷小莚一枚。爲圖書官人座。其南黃端長帖爲堂童子座。舞臺南去丈許立金鼓臺一基。其南頭敷小莚。爲圖書官人座。其南差退左右相分各立白木床子廿脚。爲和舞內舍人・東舞左右近衞等座。（陪從近衞座在後。）其南去五許丈南中門東西腋立纐纈五丈幄各二宇。（東西妻。雙立。）各四面引廻同幔爲四部樂屋。（東第一幄爲高麗樂座。同第二幄爲林邑樂座。西第一幄爲新樂座。同第二幄爲古樂座。）幄前去一丈二尺各立大鼓二面・鉦鼓二面。其前各立桙九柄。高麗樂屋檐立竝狛桙竿。東西第一幄前各立黑漆机四脚。其上居供華四十坏。（東西各二十坏。）佛殿第二層上南面設天人衆舞臺。南東西三面廻廊代二行立長床。其上敷帖爲衆僧座。（僧綱綠端。凡僧黃端。）南中門外東西廊前去砌一許丈。各立三丈紺幄一宇。爲積御誦經物所。南大門內東西腋立式部・彈正幄。（式部東。彈正西。）同門外左右相去各立纐纈十五丈幄二宇。（南北妻。）其內立竝床子爲衆僧集會所。西廊代中央戶北西面五箇間設公卿饗座。（西庭立斑幔。）其北五箇間爲侍從及上官座。次四箇間爲殿上人饗座。次三个間爲藏人所。其北戶以北四箇間爲御廚子。次三箇間爲御輿宿。北廊乾戶以西四箇間爲中宮々司座。次五箇間爲

軒、原作斬、意改
○門、原作間、意改○衞、原作殿、意改
兵、原作丘、意改
○去、或立歟○三、或誤歟
使、原作便、意改
服、原作眼、意改
宸、原作震、意改
故、或誤歟

同女官候所幷御廚子所一。次十箇間爲二內藏・大膳・典藥・內膳・主水等座一。次七箇間爲二官行事所一。東廊代中央戶以北東面四个間爲二七條院殿上人饗座一。其北戶以北四箇間爲二內御廚子所一。東西軒廊代北壇下去三許丈各立二幄幔一。東中門外腋立二左近衞幄一。其東立二左衞門・左兵衞幄一。（衞門在レ南。以上南北妻。）西廊西壇下去十五丈大藏省三幔。（相二當軒廊代一設二幔門一。）幔門內南腋立二右近衞幄一。同門外南北腋立二右衞門・右兵衞幄一。（衞門在レ西。以上南北妻。）同日行幸。着二御寺內頓宮一。（裝束使奉二仕御裝束一。其儀如レ常。）當日寅剋。發二小音聲一。（神分。）卯剋。分二迗法服一。同剋。打二衆僧集會鐘一。僧侶着二南門外幄一。威儀師召二計之一。辰剋。大駕臨幸。鸞輿暫留二西幔門外一。以下納言爲二院司一之者上被レ申二事由一。可許之後入御。（此間亂聲。）到二西廊西壇上戶間一下御。（所司豫供二莚道一。）經二軒廊代北廂一入二御于御休息所一。（近衞將候二劔璽一。）公卿着二西廊座一。式部・彈正着座行事。（少納言・辨以下加着。）左右近衞陣二壇下巽坤一。（立二胡床一。）宸儀着二佛殿御座一。次公卿着二堂前座一。（藏人頭召レ之。）次和舞內舍人・東舞近衞各廿人（陪從近衞等率レ之。）入レ自二南中門一。東西相分着二舞臺南頭床子一。（內舍人在レ西。近衞在レ東。陪從在二其後一。各北面。）次殿上五位左右各六人舁二舞臺一。舁二佛布施机一立二佛前一退下。次內舍人舁二舞臺一左右分立。奏二和舞一退下着二本座一。次近衞相替舁二舞臺一。奏二東舞一退下。于レ時內舍人起座。相二引近衞等一自二南中門一舞出故。次發二亂聲一。（先新樂・高麗・古樂・林邑各三節。次四部樂共又三節。振桙。）師子臥二舞臺巽坤一。次吹二調子一。（壹越調。）次雅樂寮率二林邑・古樂二部樂人一。左右相分。（林邑東。古樂西。）出レ自二南中門一。到二集會幄下一發二音聲一。（古樂安樂鹽。林邑鳥破。）從僧等入レ自二同中門一。敷二草座於東西廊一。威儀師預立二標各座前一。樂人經二本道一到二樂屋前一立。北面。樂所止二師子舞一。治部・玄蕃省寮各五位二人。六位二人。率二衆僧一。經二同道一東西相分參入。省寮留三立標下一。僧侶到二座前一而立。樂止。衆僧着座。引頭者衆僧着訖後着レ之。省寮引還。雅樂寮率二新樂・高麗二部樂人一。東西相雙。高麗東。新樂西。至二前所一發二音聲一。新樂河曲子。高麗延喜樂。歸三入從二本道一立二樂屋前一。師子立舞如レ初。省寮前行。導師・咒願駕輿到二舞臺巽坤一。省寮留立。導師・咒願下レ輿經二舞臺一着二禮盤一禮佛。諸僧惣禮。訖登二高座一。樂止。省寮執蓋者引還。樂人歸三入樂屋一。威儀師二人進レ自二東西一昇二舞臺北階一。取二願文・咒願一授二導師・咒願一。次堂童子左右各廿人。圖書爲レ先。入レ自二東西中門一進三着庭中座一。次圖書寮打二金鼓一。次古樂發音。十天樂。菩薩廿人・迦陵頻十人・胡蝶十人各捧二供花一。二行相分經二舞臺上一到二佛殿階下一。傳三授僧一訖。樂止。迦陵頻・胡蝶次第退。着二舞臺上草墪一。菩薩留三立舞臺一。樂人發樂。菩薩供レ舞訖退入。次迦陵頻。次胡蝶。各隨二音樂一舞。次天人衆發二音聲一。天人樂。廻三行佛殿第二層上一。留三立南面舞臺一雙舞。次打二金鼓一。林邑發音。陪臚。唄師十人起座。經二舞臺一參上着二佛前座一。樂止。次定者沙彌十人進レ自二東西一。昇二舞臺一禮佛。訖各就二案下一取二火舍一立。次打二金鼓一。唄師發音。定者隨レ音徐行。次堂童子取二花筥一分行。訖復座。次散花十人昇二舞臺一北面而立。引頭率二衆僧一隨レ之。此間四部樂人相引東西分立。散花發音。樂人發樂。新樂詔應樂。古樂湛河鳥。高麗長保樂。林邑拔頭。左右相對。舞人爲レ先。取物爲レ後。新樂・高麗二部樂人昇二舞臺一。進レ自二衆僧之中一加三立定者前一。師子在レ前。定

蝶、原難讀、意改、以下同

天以下三字、原本文、意改

古樂、意補

北、原作此、據東大寺供養次第改
訖、原作說、據傍註改、以下同○衆、衍歟
切、原作功、意改
辛、原作章、意改
遞、原作通、據東大寺供養次第改

感、原作盛、意改
甲、或誤歟○益、此下有脫歟

者・散花・引頭・衲衆・梵音・錫杖等僧次第行列。左右相分。古樂・林邑二部樂人各從二其後一。降二舞臺北階一出二東西廊代艮乾戸一。北行至二僧房東北一左右一行步列。經二東西中門一大行道一匝。訖更歸入復座如二初儀一。（定者各立二案下一。衆僧着レ座訖置二火舍一。加二錫杖衆末一。）樂人先列三立樂屋前一。衆僧衆着訖。（樂止。）歸三入樂屋一。次打二金鼓一。新樂發音。（鳥向樂。）梵音衆昇二舞臺一唱二梵音一。（音頭持二香鑪一。自餘持二花筥一。）誦訖又發音。（白柱。）梵音衆復座。次舞二萬歲樂一。次打二金鼓一。高麗樂發音。（地久破。）錫杖衆昇二舞臺一供二錫杖一。（各持二錫杖一。退時倒三持之一。）訖又發二音聲一。（登天樂。）退歸如レ初。次舞二綾切一。次堂童子收二花筥一退去。次打二金鼓一。導師表白。次有二御誦經事一。（若賜二度者一此間可レ仰レ之。）咒願。訖賜二衆僧布施一。（先レ是昇三祿辛櫃一立二僧座前一。侍從給レ之。）導師・咒願降二高座一。新樂・高麗發樂。（新樂千秋樂。高麗林歌。）兩師着二禮盤一禮佛。退出。二部樂人并省寮相引退如二入儀一。次打二金鼓一。左右遞奏レ舞。此間賜二寺僧祿一。次樂人賜レ祿。訖乘輿還御。樂人奏レ樂。（蘇合急。）

後鳥羽天皇東大寺供養願文

夫以一身三身之相卽。皆出二本覺眞如之中一。大乘小乘之區分。何求二圓融法界之外一。洒知隨二機緣一而利レ物。設二方便一而濟レ生。東大寺者。感神聖武帝。天平勝寶四年。初顯二烏瑟一以傳レ世。後白河法皇。聖曆文治元年。自開二蓮眼一以續レ之。莊嚴具足。百億悉見二一華葉之周匝一。威光照臨。人天皆仰二千日月之霽來一。毫相甲二于碧虛之下一。利三益于環海之外一。是以殊俗之堪二巧手一也。渉二蒼波一而致二新瑩一。高僧之住二慈心一也。抽二丹石一而模二舊製一。運二誠於一處一。竭二力於吾寺一。彼　法皇叡情之慇懃。佛像開眼之鄭重。累聖尊崇之至。萬邦歸敬之趣。已詳二於前一。不レ須二復記一。朕猶思二堂構之未一レ復。重割二州縣一而修繕。新造三立大佛殿一宇一。基跡無忒。奉レ治三鑄盧舍那如來一。妙相早成。金姿仍舊。以坐二蓮華臺一。紺殿揆日。以終二杞材構一。又光中奉レ造三顯半丈六化佛像十六躰一。云レ佛云レ寺。雖レ出二禪皇之願一。經レ之營レ之。只任二庶民之子來一。奉レ書三寫金字紺紙大方廣佛華嚴經一部八十卷一。思二其草創之講說一。在二此華文之頓教一。率三由舊式一。以致二恭敬一。同如法奉レ書三寫妙法蓮華經一部八卷。無量義經・觀普賢經各一卷一。不慮有二夢相之告一。如說寫二開蓮之偈一。蓋謁二玄風於衡嶽一。更瑩二金雨於櫟陽一。今日之軌儀。諸天之隨喜。繹之燭然。以之可以。奉レ模三寫素紙墨字大小乘經律論集六千六十七卷一。斯經者太宋國祕本也。緬自二彼土一。傳二于本朝一。誠是無レ羽而來格。世雄不レ可レ量レ之謂レ之。其外中門一宇。彩色多聞・持國二天像。奇肱增レ華。毘首究レ藝。方今乙卯之歲。暮春吉曜。千口之緇徒圍繞。四部[之]清樂旁陳。以二梵唄一而讚歎。以二歌詠一而稱揚。甘露之法鼓和鳴。莫レ柰二釋梵宮之新聽一。臥雲之禪衣旋轉。不レ異二王舍城之昔儀一。非三只一寺之究二勝概一。有三萬僧之集二諸處一。況亦廻二翠華於春寺一。則風薰二善根之林一。禮二丹巢於露地一。亦月映二頻梨之閣一。茯山之移二仙蹕一也。庭粉澤。竹園之居僧也。人仰二銀漢一。百司

詳、原作評、意改
忒、原作或、意改
願、此上或此下有脱歟
來、原作未、意改、以下同
陽、原作湯、意改
○繹以下八字、或有誤歟
之、意補
而、原作面、意改
○莫、原作某、意改
有、此下有脱歟
庭、此下有脱歟○
僧、此下有脱歟

緣、此下有脫歟
識、原作淺、據傍註改
懷、原作壞、意改

威、此上或此下有脫歟○恤、原作鹽、意改
之、意補
圖、原作面、意改
黍、原作參、意改
○嵐、此下有脫歟
闢、原作扇、意改
姮、原難讀、意改
○娥、原作如、意改○闈、原難讀、意改○姙、原作娐、意改
疆、原作彊、意改
○永、此下有脫歟
葵、原作蒼、意改
寺、原作等、意改

千官之從レ事。錦幡繡蓋之盡レ善。整ニ有司一擬ニ齋會式一。差ニ近將一賜ニ度緣一。慧業之趣。猗矣盛哉。加以十方雲集焉。每レ物爲ニ舍那宿世之知識一。四海風靡矣。擧レ國致ニ無遮同日之精勤一。在々專ニ願緒一。面々瑩ニ戒珠一。斷ニ葷腥於三七之光景一。抽ニ勇猛於無貳之襟懷一。昔釋尊之放ニ瑞光一。以照ニ萬八千土一焉。各於ニ世界一以說ニ正法一。今眇身之頒ニ詔命一。以整ニ一百餘寺一矣。悉排ニ道場一以啒ニ衆僧一。凡聖雖レ異。希幾惟同者歟。凡自ニ造營之初一。臨ニ供養之今一。勤非レ採ニ一丘之木一。功已費ニ萬民之草一。因レ茲宥威而施ニ仁恩一。賜ニ賑恤一而優ニ窮困一。遍禁ニ漁獵於山水之阿一。剩遂ニ性命於飛沈之類一。是依ニ法雨之普潤一。旁有ニ皇澤[之]廣被一者也。仰三願三寶一。護ニ持九禁一。蘿圖之運是久。契ニ松花十廻之色一。風人之頌旁聞。獻ニ天子萬年之影一。殊擎ニ功德一。奉レ資ニ神祇一。黍稷曉露超。以レ之法味羞レ氣。枌楡晚嵐。以レ之眞理添レ薰。亦分ニ勝因一。同賁ニ山陵一。　聖武天皇父祖兩帝三陵。各坐ニ菩提樹之陰一。一時雨、、、道之果。開闢已來登遐先靈。依ニ此餘薰一。併證ニ九品一。重請。　國母仙院姮娥讓レ術。正后中闈姙姒比レ祥。院宮公主。春秋之富無疆。博陸太閤。柄執之用永。槐位棘卿。類ニ霜竹之持節一。遐方近土。如ニ陽葵之傾心一。民復民。皆化ニ堯舜無爲之民一。年有年。永誇ニ羲皇向上之年一。結緣與善之尊卑。一日三拜之道俗。其願隨レ心。皆令ニ滿足一。仰ニ本願聖主語一曰。以ニ代々國王一。爲ニ我寺檀越一。若我寺興復者。天下興復。朕德雖ニ庸虛一。志仰ニ佛法一。且訪ニ本願之遺誡一。且答ニ

法皇之曩志一。再排二十二丈之露軒一。忽移二四百餘載之風儀一。然則佛法彌弘。王法中興。政反二淳朴一。人多二歡華一。天枝帝葉。同二父王之子孫一。主壽國富。徧二起祖之神仙一。願令三鳳甍之勢遠附二龍華之初一。願令三香花之勤必及二星宿之刼一。乃至二九法界一。皆證二一實相一。稽首和南。敬白。

建久六年三月十二日皇帝　　敬白

葉、原作茱、意改　○父、或誤歟

後鳥羽天皇東大寺供養咒願文

西法東流　化度雖廣　日本朝廷　利益殊勝　佛陀之中　盧舍那佛
皇王之際　感神天皇　凝其叡情　造彼靈像　金姿誕照　寶相高懸
便架仁祠　更爲佛殿　稱東大寺　甲南浮州　治承季年　安寧暮律
欒巴忘術　回祿成祅　爰有上人　偸語宋客　爲復舊製　專致新功
卽降絲綸　廣勸法界　亦勅州郡　令貢土宜　自西自東　自南自北
以施以與　無盡無量　作治無休　修繕匪懈　鑄鎔早畢　土木甫成
本尊月客　莫不具足　梵宮雲構　出自奇肱　華嚴眞乘　蓮偈妙典
紙染紺色　字瑩金泥　一代敎文　六千餘卷　宋朝監本　慇懃傳持
起立中門　蓋載反宇　多聞持國　新造奉安　建久六年　發生三月

情、原作清、意改　○姿、原作恣、意改　稱、原作構、意改　祅、原作祓、意改　○復、原作複、意改

、、、當作千僧
、、、原作々々、當作殺生
陵、原作淩、意改
帝、或重歟
北、原作此、意改
辮、原作辨、意改
骨、或貴歟○無、原作舞、意改
厥、原難讀、意改

良辰吉曜　供養讃歎　車駕親臨　鐘鼓惟聒　躡天平跡　添露地華
百辟群僚　部伍旁列　母儀仙院　帷帳是移　樂舞合調　幡蓋添飾
准御齋會　致崇重儀　先一、、　斯寺延啒　殘九千口　諸國召請
遠近風來　緇素雲集　左旋右顧　疊跡駕肩　禁斷、、　令致齊肅
受十善戒　運三拜心　二所神宮　八幡宗廟　以此景祐　增其威光
本願御陵　祖考兩代　同賴福惠　彌添莊嚴　殊捧勝因　奉祝國主
德四三象　齡六五龍　禁樹陰繁　帝葉帝茂　御溝浪靜　皇流永傳
國母床前　廡姑獻算　春秋永富　日月不傾　正后宮中　松子連袖
芣苡成詠　螽蜇比譽　瓊萼金枝　宴遊日久　博陸太閤　輔佐運遙
文職武官　持郎北面　鑾阪夷落　解辮子來　舜曆風和　堯旬雨若
民皆骨悅　國悉考槃　杜礎無搖　佛法彌盛　代々護國　永永無窮
乃至天衆　及以地類　併增法樂　皆蒙惠薰　凡厥群生　獲得善利

建久六年三月十二日

（本奥書）
與二建久記一同也。

（書寫奥書）
于レ時文明十九年丁未林鐘下旬第二天終レ功訖。翼日一ニ校之一。

東大寺

諸會篇

大佛殿修正

自㆓正月一日㆒至㆓同七日㆒夜勤㆓行之㆒。酉刻終。別當以下學徒・禪衆皆令㆓參堂㆒。

徒、原作從、意改、以下同

裝束

僧正香法服。　法印以下法服。紫甲。　已講法服。青甲。　得業・闍梨・五師・三綱・勾當各法服。平袈裟。

中臘鈍色。五帖。　方廣衆付衣。五帖。　禪衆四人大法服。平袈裟。　律宗鈍色。五帖。　方廣衆付衣。

別當幷良家僧綱自㆓正面㆒令㆓出仕㆒。已講・成業以下自㆓東西戸㆒出仕。

東西各在㆓二行床㆒。

別當着㆓西前床㆒。以下僧綱・成業・五師・有職守㆓臘次㆒着㆑之。後床中臘以下着㆑之。東前床僧綱・成業・五師等着レ之。後床西端三綱着レ之。其次床中臘等着レ之。禪衆分。東西。兩方着座。

自二持國天之後一至二多聞天之東一在二二行床一。法華堂衆着レ之。

自二增長天之後一至二廣目天之西一在二二行床一。中門堂衆着レ之。

持國天前蓋高座邊。樂人令二參候一。

諸僧參堂之後。初夜導師（法服。青甲。）進二佛前一。唄。當座一臘勤レ之。散華。導師勤レ之。在二大行道一。一行一反之後。導師登二禮盤一。

行二如意輪悔過一。（作法如レ常。）初夜式事畢。

後夜導師進二于佛前一。在二登樂一。其後登二禮盤一。唄。（同前。）散華。梵音。錫杖。（禪徒勤レ之。）初夜導師役也。

表白以下作法如レ常。

華嚴會式（建暦二年。）

別當前法務權僧正成寶。爲下繼二絕跡一興中廢會上。可レ有二下向一之由風聞。長官右大辨（藤原）宗行朝臣悅二此子細一。同可レ令二下向一之由。被レ申二送寺務一。仍不レ似二例式一可レ被レ刷歟之由。二月下

聞、原作門、意改

儀・、原難讀、意改

旬之比。召ニ執行法橋尊信・寺主光信一。內々及ニ御評定一。且爲レ持ニ成長官一。童舞一兩及ニ結構一。寺家驚ニ此儀一又喜悅。卽大衆蜂起。可レ被レ行ニ尋常一之由。同及ニ沙汰一之所。仙洞最勝講。自ニ三月十四日一被ニ始行一之間。長官辨依レ爲ニ彼奉行一無ニ下向之儀・一。依レ之童舞又被レ止云々。爰自ニ大衆中一三月九日以ニ成業二人一（乘惠・成延。）爲ニ使者一。猶可レ有ニ童舞一之由申ニ別當一。返事不ニ分明一之間。以ニ辨修得業一同十一日重又申請之刻。遂以領狀。別當十三日有ニ下向一。乘レ輿。但二位阿闍梨（親寶。）・兒共・修學者等乘ニ車二兩一同共奉。宿所尊勝院。未刻下着。爲ニ此會興行一可レ有ニ下向一之旨。十一日被レ經ニ上奏一之間。蒙ニ一日法務宣一。可レ召ニ具綱所等一之由依レ被ニ申上一。鎰取・綱掌等同令ニ下向一。

當日（十四日。天晴。）　大會次第

先樂人參入。（寅一點。）

次亂聲。（神分料。）

次槌ニ集會鐘一。（行事所司召ニ仰下部一。）

次衆僧集ニ會于北中門一。

　今年大佛殿白床舁出。（別當・僧綱以下假座用レ之。）

諸僧集會之後。行事所司勸㆓申別當之出仕㆒。

出仕次第

先所守二人。（二行。持ㇾ杖。）　次堂童子六人。（二行。）

次綱掌六人。（同。）　次小綱六人。（同。）

次前驅六人。（左勝慶・靜尊・祥守。右禎延・慶祐・成源。）

次三綱四人。（左上座隆玄・寺主光信。右權上座兼乘・寺主範慶。）

次威從四人（左威儀師寬慶・從儀師善慶。右威儀師覺勝・從儀師永範。）

別當。　次上童三人。（龜王・長壽・彌若。）

次鎰取八人。　次里僧綱二人。（法橋珍嚴・法橋宗運。）

次從僧二人。（成慶・信幸。）　次大童子四人。

次法師原等。

自㆓尊勝院東對南面㆒乘㆓手輿㆒。歷㆓南庭㆒出ㇾ自㆓四足㆒登㆓鼓坂㆒。歷㆓西室西面㆒入ㇾ自㆓西軒廊之戶㆒。於㆓壇下㆒下ㇾ自ㇾ輿。廊中行列次第同ㇾ前。自㆓入廊之刻㆒在㆓亂聲㆒。

次北中門亂聲三節。

先仕丁。　次勅樂人等。

列、原作烈、意改、以下同

仕丁、原割註、據下文改

皮、原作彼、意改、以下同

次衆僧前威儀師。西寛慶。東覺勝。　次衆僧引列。二行。
次從僧引列。引頭假從儀師。但近來無レ之。二行。　次引頭。西法眼實寶。東光寶。
次定者。　次散華師。
次衲衆。　次甲衆。
次分經頭。　次梵音。頭。西信海。東宗濟。
次錫杖。　次中樂仕丁。　次師子。　次菩薩。
次天人。　次舞人・樂人。
次衆僧着レ床。中樂人着二樂屋一。
別當御前。三綱四人二行。・威從二人二行。勤レ之。前々者別當廊之檐也。而今年御前二行之間。以二廊中一爲二列之道一。所守・仕丁・綱掌・小綱・前驅・鎰取・大童子等者。自二北中門一至二于西軒廊一以レ檐爲レ道。廊中之庭爲二深泥一之故也。但童子・雜人等猶經二其庭一。自二西軒廊一以南者。副二廊之壇下一參三勤之一。上童・里僧綱・從僧者參二御共一。至二于南廊一。左方御前者經二廊檐一。右方者經二廊中床之間一。上童者御座之東南中門之西壇敷レ皮居レ之。向レ西敷レ皮。從僧成慶取レ之敷レ之。里僧綱二人者上童之南。高麗一帖・紫一帖。切床之上敷レ之着レ之。三綱者着二中門之床一。威從二人者引三頭中門正面東西之柱本一。任レ例儲レ案着レ之。殘二人者行事鐘之邊徘徊。前驅・綱掌・鎰取・仕丁・所守・大童子等者廊之壇下。奉レ向二別當一敷レ皮着レ之。小綱者任レ例候二中門一。抑列之時。三綱・威從等參二御前一之條有無兼評定。而不レ可レ有二其苦一之由落居。仍各參三勤之一。

次振桙。左右中樂。幷四節。

次勅樂人迎二前囀・後囀一。乘レ輿。導師・咒願也。

次着二禮盤一禮佛。催二衆僧一惣禮。行事以二小綱一催レ之。

次供花傳供。左右傳供。十天樂。中樂。

先菩薩十二人。二人持二香呂一。十人大寶。

次蝶・鳥十二人。左鳥。右蝶。各染佛供。小供是也。

次小加多彌花持レ之。

次登腰・奚婁。中樂。　次舞二曾利古一。右勅樂。

次打二金鼓一。　次奏二鳥舞一。中樂。在レ祿。小綱役也。

于草熟。役職掌。

此間菩薩・蝶等退二下舞臺一。其邊居三儲別座一。但今年自二樂屋一出レ之。

次打二金鼓一。　次奏二蝶舞一。中樂。在レ祿。小綱役也。

導、原作道、意改

天、原作二人、意改

腰、此下下文有鼓

熟、或整歟

次打二金鼓一。　次捧物。但隨レ時。若有レ之時者先奏二音聲一。
次唄師進。持二香呂一。　廻坏樂。中樂。
次大行道一匝。
先勅樂仕丁。　次同樂人等。
次衆僧前威儀師。　次散花師。
次定者。　次引頭。
次衲衆。　次甲衆。
次分經頭。　次梵音。
次錫杖。　次中樂仕丁。
次師子。　次菩薩。
次天人。左鳥。右蝶。　次舞人。
次衆僧着二本座一。
政所御前。　從儀師二人。一行。壇上。
綱掌。　鎰取。
仕丁・所守。一行。壇下。　御前從儀師立二于引頭之次一。

仕丁、原割註、據下文改

次唄師復ニ本座一。次打ニ金鼓一。
次發樂。慶雲樂。左勅樂。次梵音衆進。音頭持ニ香呂一。
次奏舞。萬歳樂。左勅樂。次打ニ金鼓一。
次發樂。都儞志。右勅樂。次錫杖衆進。
次奏舞。延喜樂。右勅樂。次打ニ金鼓一。
次前囀・後囀表白。說經。次與ニ色衆手水一。但今年錫杖以後進レ之。
次分經。照應樂。左勅樂。假從儀師持ニ香呂一立ニ舞臺上一。
幷蝶・鳥等迎ニ御經一。卽分經又奉ニ納返一也。
次打ニ金鼓一。分經之後。次奏ニ菩薩舞一。中樂。但今年不レ舞レ之。
次打ニ金鼓一。但依レ無レ舞不レ打レ之。次左右迎ニ供舞一。
先左方。賀殿。勅樂。次打ニ金鼓一。
次右方。地久。次打ニ金鼓一。
次奏ニ左舞一。五常樂。中樂。但今年不レ舞。次打ニ金鼓一。依レ無レ樂不レ打レ之。
次四色退出。今年分經以後退出狼藉歟。但政所幷僧綱者猶御着座。
次勅樂左右引去。

・復、原作複、意改、以下同
・右、原作左、意改、以下同
・賀以下四字、原本文、意改
・五以下三字、原本文、意改
・藉、原作籍、意改

別當・權大僧都定範・法眼光寶・法眼道性・權律師尊玄・權律師重喜立レ座欲下令レ向二堂前一給上之時。見物裹頭於二中門一以三光信一申二政所一云。今年花嚴會。儀式越二前代一。嚴重絕二古今一。寺之繁昌。所之面目也。爰粗如二承及一者。御共少人中廻雪落梅之達者令レ坐給。枉欲レ申三請童舞一。若又有二許容一者。如レ然事ニハ必魔緣相競。押男舞先可レ有候也。以二此次一又申二東南院大僧都(定範)一云。今年會式長吏興行。其上申三請童舞一兩一。而雖レ爲二本寺貫首一。自二洛陽之邊一御下向。寺家爭不レ奉二持成一哉。然者以二長壽殿一爲二對揚一欲レ申三請散手一。可レ有二其用意一云々。

別當御返事云。今年長官右大辨可二下向一之由被二示遣一。彼下向聊又爲二持成一童舞一兩俄令二結構一之處。自二今日十四日一。仙洞最勝講被二始行一之間。相三當奉行之仁一。不レ及二下向一。仍止二童舞之儀一了。本自率爾之上。止二其儀一之後。未練之條勿論也。定見苦事候歟。可レ爲二何樣一哉云々。東南院大僧都御返事云。散手事醍醐櫻會之時舞レ之。其後打捨畢。定不具事候歟。但可レ依二重衆命一歟云々。

此上猶押返申二可レ有由一之間。各領狀。一會大衆・見物諸人入レ興含レ咲。

寺務被レ着二堂前一之次第

自二南中門內一。令レ歷二庭西之置路一給。御前如レ前。各留二于大佛殿西面之壇下一。

長、當作定

置、原作量、意改

禮堂西儲ㇾ座。
高麗一帖。小文。敷二圓座一。　別當座。
高麗三帖。同文。　僧綱五人座。
屛風二帖。兼別當座之東面立二彼後一。座前在二差筵一。
上童三人者。爲ㇾ着二陵王・落蹲之裝束一。被ㇾ遣二法橋尊信房一。三綱者如ㇾ本着二南中門床一。威從者別當座之西候二禮堂之大床一。不ㇾ敷ㇾ疊。但一人永算候二堂前一。共奉僧綱・從僧者候二別當座後之堂前一。前驅・小綱・綱掌・鎰取・仕丁・御童子等者候二堂前之壇下一。
入調始ㇾ之。兒共着二樂屋一之間。且始二男舞一。
先安摩二人。　次二舞。
次散臺。　次皇仁。　次太平樂。
此舞終。仰二小綱俊增一。召二一物光眞(狛)一。給二紺二衣一。役人法橋珍嚴於二堂前登橋之下一。給二取繼從僧信幸一。
次胡德樂。此舞之間。兒共廻二西廊之外一。自二南中門一着二樂屋一。
次陵王。龜王殿。　次落蹲。長壽殿・彌若殿。
次散手。定壽殿。此兒者於二東南院一着二裝束一。

差、原作着、意改

散、或輪歟〇太、原作大、意改

施、原作旋、意改

別當退出。
自二堂前一出二西軒廊之戶一。如二出仕之路一退出。御前同レ前。但行事三綱參二御共一。三綱者公文所。威從者着二侍廊一。申レ假各退出畢。
近代入調之舞。相三具一舞十二一歟。而今年爲下被二興行一之折節上。仍陳二舞今六許可レ舞之由一。大衆兼日申三送年預五師權律師尊玄之許一。而日及二晩景一之上。乘レ興之餘。見物大衆於二樂屋一始二延年一。自二興福寺一結三構之一。對揚別當方兒共。幷云二白拍子一。云二猿樂等一。及二夜陰一在レ之。抑醍醐前權僧正勝賢。之任。云二此大會一。云二臨時法會一。其時童舞及二數度一。雖レ然不レ立レ座。於二樂屋之前一不レ及二延年一。今度見物大衆。如レ雲如レ霞。群三集樂屋之邊一。而無二左右一揚二一聲一之條。非三只施二寺之面目一。當時之勝事。向後之美談也。延年之間杜松等仰二修理目代一雖二用意一。十四夜之月殊晴。殆同二三五之夕一。但當二于勸修寺得壽殿白拍子之時一。俄雲一村覆。詠レ月和哥云。白拍子之哥云。
てりもせす　くもりもはてぬ　春の夜の　おほろ月よに　しくものそなき
此時不レ論二老若一。不レ謂二貴賤一。褒譽銘レ肝。感涙餘レ袖云々。如レ此之興凡雖レ難レ盡。終日之會顧二譏謙一。各及二初夜一退散畢。爰入レ興之餘。自二興福寺一猿樂今ノ亂舞。往古ハ猿樂ト云也。六七人今夜又參二尊勝院一。於二南庭一企二延年一。見物之大衆又以成レ市。對揚別當方。及二曉更一

以、原作次、意改
○路、或洛歟、以下同
其、或無歟
幔、原作縵、意改
○上、原作己、意改
落、原作蕗、意改
仕、或布歟

各退散畢。此延年以前大衆蜂起。明日十五日御上洛者。枉可レ有二御延引一。卽可レ申二童舞一之由。以二使者一申二寺務一畢。十五日御上路。三綱等爲二御共一參二手搔門一。又爲二見物一寺僧其數令二群集一。爰御共之彌若殿取天返天射二笠懸一。此之間爲二衆徒之使者一。兼乘・光信參二佐保河之邊一。於二今日御上路一者。枉可レ有二御延引一之由申レ之。其上隆玄・嚴盛・隆嚴等又參上。然而猶上洛。三綱數度渡二佐保川一。重申二延引之由一間。還入二尊勝院一。但猶可レ有二上洛一云々。仍大湯屋大衆參二尊勝院一。又見物裹頭成二群衆一。卽儲二舞臺於南庭一（無足切床五寄二合之一。）樂屋東對與二中堂一之間南寄引二幔二帖一。打板之上敷レ疊。已上寺家沙汰。未時許始二童舞一。裝束布衣。樂人左右合十人許參上。裝束狩衣・袴。

別當・東南院大僧都・左衞門督法眼（光寶）・尊勝院法眼（道性）。東對下二御簾一。堂ニハ懸二御簾一上レ之。

見物大衆候レ庭。

先陵王。（龜王殿。）　次落蹲。（長壽殿・彌若殿。）

此舞以後兒共爲二見物一。爲二大衆之沙汰一。仰二雅樂屬有方一舞二還城樂一。舞以後入二樂屋一之時。自二東對御簾之中一。別當沙汰仕衣一領被レ出レ之給。于レ時長壽殿取レ之給。有方懸レ肩入二樂屋一。

次延年。一方東大寺。一方興福寺。但當寺白拍子四人（勸修寺。）皆以殊勝。仍白拍子以後。自二

流、意補
渴、原作竭、意改、以下同
元、當作觀

滿寺一出二猿樂許一。舞曲之皃。猿樂四人。每度各入レ輿出レ之。延年無雙。見物輩成二不可說之思一。入レ夜終畢。延年之時者。別當幷僧綱着二座堂東西妻戸間一。十六日上路以前大衆參二尊勝院一。於二中門廊一。云二大會興行之儀式一。云二一日法務之珍事一。以二權律師一尊玄。殊悅申。謂口貞辰・實親。御返事之後大衆退散。但欲レ令二出給一之時。自二大衆之中一申云。爲レ申二請彌若殿之笠懸一未二罷歸一。而於二手搔門之邊一。枉欲レ預二御許容一云々。不レ能二左右一之由在二返事一。仍於二彼門內一。向二鼓坂一立二的三枚一。被レ射二笠懸流鏑馬一。馬場之體其程近。而雖レ不レ能二流鏑馬之會一。其骨稟性。此道究身之間。非二只被レ射二落三之的一。當時之有樣。馬上之振舞。無レ比二于取レ喩。大衆感悅之餘。立レ扇申二今一番一。一的紅扇。大衆隨一東南院定壽殿。着二甲冑一立レ之。二・三的。自餘大衆立レ之。於二一的一存二故實一不レ射レ之。二・三的者共以射落畢。其興不レ盡。餘味雖レ多。依レ及二午刻一。於二四足前一揚二一聲一。卽上洛。權律師尊玄。・法橋尊信。可レ參二兒送一之由。依二大衆之催一參二石墓之邊一畢。

原夫西天瑞呈。東漢夢驚。以來惠日照二於震旦一。法水流二於扶桑一。至二于感神聖武皇帝御宇一。興隆超レ古。高崇惟新。遂使下建二立二階九間之大殿一。冶中鑄一十六丈之靈像上。金姿誕照。光二曜百億之中一。寶相高開。震二動三千之外一。人神感慶。華夷渴仰。車駕親臨。供養甫訖。次淸和天皇御宇。貞元三年三月十四日。遠尋二天平勝寶之軌儀一。忽莊二金光護國之香場。重開二蓮眼一。新講二華嚴一。瓊廡清英之地。鷲鷺成レ行。琪樹恢廊之庭。絲竹合レ調。然後御願爲二恆規一。其儀及二當世一。勅使之銜二鳳詔一也。飛二羽衣一以豫參。伶人之奏二鸞舞一也。飜二霓裳一以婆娑。法會之儀可レ謂二鄭重一者歟。

華嚴會式近代作法。

先巳時槌二集會鐘一。下部役。

次色衆幷樂人等北中門集會云々。

諸色皆參之時在二亂聲一。

但寺務出仕之時奏レ之。

前後囀參二東西樂門一。前西。後東。

次引列。

先仕丁。左右各一人。名勅樂御前。

次勅樂舞人・樂人等。但左方勅使爲レ前也。

已上勅樂人々各留二東西樂門一。

次威儀師引頭各一人。

恢、原難讀、意改

巳、原作已、意改、以下同

使、或樂歟

次、後筆、衍歟、以下同

次色衆之引頭。
次定者。　次散華師。
次衲衆。　甲衆。
分經頭。　梵音。
錫杖。
已上各立二東西床前一。待レ調之後同時可レ着レ床。
次中樂仕丁各一人。卽立二中樂屋之前一。
次師子。登二舞臺一。左右對伏。　次菩薩・天人。
次樂人等。
已上各着二中樂屋一。
衆僧南中門左右着座。中樂人着二樂屋一。
次西樂門亂聲。次東樂門亂聲。
次中樂亂聲。次同音亂聲。
次前後囀登二高座一。勅樂爲レ前。在二執蓋・輿等一。但舞臺本下レ輿步行。
次前後囀佛前三禮之時。色衆同時惣禮。三度。東西床。以二小綱一催レ之。

若有二供養一之時者此次備レ之。

次登腰鼓・奚婁事。中樂。

次舞二曾利古一。右勅樂。

以前二箇條傳供以後歟之由。樂所申レ之云々。仍當世爲二其儀一歟。

次打二金鼓一。　次華供。十天樂。中樂。左右傳供。

先菩薩十人。二人持二香呂一。八人大寶。青西。黄東。

次天人。左鳥。右蝶。　次小供。傳供次第如レ前。染佛供等是也。

次打二金鼓一。　次奏二鳥舞一。中樂。

次打二金鼓一。　次唄師進。持二香呂一。廻坏樂。中樂。但兼堂内禮盤着レ之。

次定者進。從儀師相副。但自二舞臺邊一退還。　次散華進。

大行道。卽相二觸其由一之後。左右方樂人等進立。行道一匝。

先勅樂仕丁。　次同舞人等。

次衆僧前威儀師。　次定者。

次散華師。　次衲衆。

次甲衆。　次分經頭。

次梵音衆。　次錫杖衆。
次中樂仕丁。　次師子。
次菩薩。　次天人。
次樂人等。　次衆僧着二本座一。
次唄師復二本座一。　次打二金鼓一。
次梵音。發音。在レ樂。慶雲樂。左勅樂。音頭持二香呂一。餘花筥。
次奏舞。萬歳樂。左勅樂。　次打二金鼓一。
次錫杖。發音。都讚志。右勅樂。
次奏舞。延喜樂。右勅樂。
此間於二色衆一獻二手水一。出納役レ之。
次打二金鼓一。　次前囀・後囀說經畢。
次分經。照應樂。左勅樂。假從儀師持二香呂一。立二舞臺上一。
菩薩・蝶・鳥等迎二御經一。卽分經。卽又奉レ返二納之一。
次打二金鼓一。　次菩薩舞。
次打二金鼓一。　次左右迎二供舞一。

打金鼓、原作金鼓打、意改

次左。賀殿。勅樂。　次打二金鼓一。
次右。長保樂。勅樂。或地久。　次打二金鼓一。
　兩師退下。四色退出。
勅樂左右喟・立引二去東西樂門一了。
次勅樂人等自二中門一入渡二中樂屋一。樂頭綱・。本意。但留。
次入調。
　一二舞。如レ常。
　次々左右舞等隨レ召奏レ之。但十許歟。
　或記云。
　　元久二年始興二行之一云々。

喟・、或誤歟
綱・以下五字、或有誤歟

建久三年花嚴會式
　三月十三日寅刻。（後白河）法皇崩御。依レ爲二寺家之歎一。雖レ未レ被レ下二諒闇　宣旨一。以二最略
　式一被レ行了。
先巳・時令レ槌二集會鐘一。

儀式、原本文、意改

諸色集ニ會于北中門假屋一。

次引列。

神分亂聲被レ止レ之了。

先勅樂仕丁・舞人・樂人等。

次色衆。　次中樂仕丁・樂人。

依レ無ニ樂門亂聲一。勅樂人直着ニ左右樂屋一畢。中樂同着ニ樂屋一畢。

前囀・後囀參堂。儀式如レ常。

三禮之時磬一打。諸僧惣禮。

次華供。

菩薩左右各一人持ニ香呂一。以下菩薩・天人捧レ華。蓮華・小籠相交供レ之。在レ樂。中樂役。

次磬一打。

次小供。

菩薩・天人捧ニ佛供一。

在ニ音聲一。左右勅樂。

次磬一打。　次唄師進。

次定者進。　次分經頭相副。
次散華師進。　次磬一打。
次大行道。次第如レ常。
　諸色復レ座。
次磬一打。　次發樂。左勅。
次梵音供養。在二下樂一。　次磬一打。
次發樂。右勅。　次錫杖供養。在二下樂一。
次磬一打。　次獻二手水等一。
次分經。作法如レ例。　次各退出畢。
　依レ無二樂門之亂聲一。今年不レ張二大鼓一也。但南中門大鼓一面張レ之畢。
　當年式以二安元之例一被レ行レ之畢。其後度々有二諒闇儀一。又以二建久式一被レ行畢。例式内
　被レ略事等。
　神分亂聲　集會亂聲北中門。兩方。
　樂門亂聲　梵音舞
　錫杖舞　連舞

次、衍歟

一打、原割註、意改

張、原作帳、意改

入調等也。

安元三年華嚴會式

去年七月八日國母仙院。(平滋子)建春門院。御逝去。以二同廿四日一被レ下二諒闇 宣旨一。仍諸寺皆行二諒闇儀式一矣。

先當日巳時諸職集二會北中門一。依レ爲二拜堂以前一不レ槌レ鐘。以二小綱一令レ催二三面僧房等一。

行事三綱寺主永俊。

次引列。• 作法如レ常。

先勅樂仕丁。　次樂人・舞人等。

次小綱。左右各二人。　次引頭綱所。西權上座威儀師玄嚴。東權上座威儀師宣範。

次色衆引頭・四色衆等。

次中樂仕丁。　[次]師子・菩薩・天人。蝶・鳥許也。

次亂聲。

先西樂門。　次東樂門。

次中樂門。　次同時々々。

次、意補。

振桙。如レ常。

次勅樂人奏二音聲一。列二參樂屋一。

次前後二囀參堂。

在二執蓋・輿等一。如レ常。

至二佛前一三禮之時。磬一打。

諸僧惣禮。

次花供事。

菩薩十人・天人十六人。籠花・蓮華廿八瓶相交供レ之。最前菩薩持二香呂一。

次鳥舞。在二祿物一。　次磬一打。

次小供事。

同菩薩・天人捧レ之。廿八坏。

次蝶舞。在二祿物一。　次打二金鼓一。

次唄師進。但以前着二禮盤一云々。

次定者進。

分經頭依レ爲二從儀師代一相副。至二舞臺階本一。定者昇二舞臺一中央列立云々。

右、或誤歟

央、原作失、意改

帖、當作調

次散華師進。寛勝・禪海。　次金鼓一打。
　右至二舞臺一。唄。散花。
次諸職行道。次第如レ常。
次梵音供養。　次左舞。　次金鼓一打。
次錫杖供養。　次右舞。
次供二手水等一。　次分經。
　頭二人至二舞臺中央一向而立。菩薩・天人迎レ經賦レ之。在レ樂。
次舞二。　次樂人列立畢。
　自餘事幷入帖等併被レ止レ之了。
樂人祿。京下紙二百帖・布廿段也。
　例祿凡絹六十疋。代雜紙六十帖。布廿端。
已上盡レ數出レ之畢。即於二中樂屋一配二分之一。於二八丈一者任二保元・永萬之例一不レ被レ下
レ之。但今度被レ相二具之一也。
天人祿。白布四端。雜役免役。菩薩十人。
樂前四人・師子十二人。下紙內如レ此被レ下畢。各一帖。

一、八幡宮大般若會事

去寛喜四年三月廿三日。於二八幡宮一始三行之一。尼成阿且仰二神託一。且憑二法力一。勸二十方四部之知識一。寫二一十六會之眞文一。即飾二三所之社壇一。新展二一日之法會一。于レ時導師法印賴惠。讀師□。請僧六十口。會式在レ別。

（□、原空白）

八幡宮般若會式

當日三月廿四日。巳刻。聞二集會鐘一。衆僧令レ着二鳥居内兩方幄屋一。相三待樂人一。講讀師可レ臨二其所一。

次衆僧列。但兩師從僧許。

次樂人迎二衆僧一。

發二壹德鹽一列三立樓門下一。其所已狹少々可レ臨也。左右行事三綱引頭。兩師・衆僧各經二西面大床一。入レ自二南北妻戸一着座。其間會行事妻戸東邊立。衆僧守レ標各令二着座一。衆僧着座之後。三綱着座。樂人歸三座樂屋一。

次講讀師着二禮盤一三禮。

衆僧惣禮。行事三綱催レ之。

次樂人發樂。兩師登㆓高座㆒。
次振桙。
次傳供。奏樂。天童役。
次奏舞。萬歲樂。地久。
次唄師發音。
次天童賦㆓華筥㆒。
次行道。其式在㆑別。
次分經。天童左右列立。以㆑東爲㆑上。承仕與㆓御經㆒。天童別六帙歟。
經㆓舞臺上東西大床㆒。入㆑自㆓南北妻戸㆒。安㆓于兩師前机幷衆僧前之机㆒後。經㆓本道㆒復座。

之机、或机之歟

此間奏樂。
次說經。可㆑有㆓誦經㆒。
次咒願。
事訖兩師復座。但此事今年四个舞後在㆑之。畢即退出云々。
次天童如㆑本奉㆑安㆓御經㆒。可㆑經㆓本道㆒。是又隨㆓便路㆒也。
次行香。有無隨㆑宜。

次左右。奏樂。賀殿・陵王・延喜樂・納蘇利。
次緇素退出。奏樂。

成阿彌陀佛八幡宮大般若會供養願文

菩薩戒尼成阿彌陀佛敬白
奉㆓建立㆒大般若臺一宇。
奉㆓安置㆒白檀釋迦牟尼如來像一躰
黃紙墨字大般若經一部六百卷
每㆑軸奉㆑籠佛舍利各一粒
同摩訶般若波羅蜜多心經七十一卷
紺紙金字妙法蓮華經一部八卷
無量義經一卷
觀普賢經一卷
金光明最勝王經一部十卷
臺扉奉㆓圖繪㆒十六善神像各一躰
以前善根甄錄如㆑斯。夫以佛界之垂㆓照臨㆒也。如㆓鏡之寫㆑形。神道之施㆓汲引㆒也。同㆓水之

寫、原作瀉、意改

衣・、或衰・歟

隨レ器。感應之道得不レ可レ稱者歟。弟子受二人身一値二佛敎一。雖レ悦二宿善之貴一。生二邊土一爲二女人一。猶恨二前業之拙一。依レ之永捨二婦女容色之儀一。偏住二佛法修行之思一。去二桑梓一而數百里焉。任レ足尋二歸佛信法之便一。營二功德一而千萬端矣。摧レ骨勵二滅罪生善之業一。今留二此處一。蹔累二薫修一。然間嘉祿三年仲夏八日。或人告云。夢中神人來捧二大般若・法華等本經一。課二于微妾一可二書寫而奉納一云々。當寺八幡宮御使之由。仰信而覺悟矣。靈託有レ限。默而難レ止。然而我身無レ賴不レ足二于言一。宜下祈二神祇一兼勸中緇素上。般若心經者實相之肝要。神明之所レ重也。仍一字三禮而敬書二寫之一。七十一卷卽以轉二讀之一。箇中六十六卷者六十餘洲大小神祇爲レ奉レ副二威光一也。今五卷者三界天衆・四海龍神・琰王・山神乃至魔界爲下除二業苦一而增中法樂上也。各々影二向大願之處一。面々助二成中心之誠一。爲レ此雖レ犯二土地草木一。山祇不レ爲レ祟。爲レ此每レ致二恭敬供養一。龍神令レ調レ節。魔界者多下昔修二行佛法一之人上也。早還二念本心一。不レ得レ爲二障礙一。愚意所レ祈。其旨如レ此。勿レ謂三世及二澆季一。神既垂二冥助一。勿レ謂三人無二信心一。我今果二此願一。歡喜餘レ身。渇・仰徹レ骨。牟尼者般若敎主也。故奉レ迎而安二臺中一。善神者般若擁護也。故令レ圖而顯二扉面一。釋尊證二明之一。天衆護二持之一。必令レ至二弘宣於恆沙劫一。遠可レ施二利益於微塵界一。次最勝妙典者王法要道也。殊瑩二麗水之珍一。奉レ祈二金闕之尊一。遙迨二千劫一而流布。久守二九禁一而不レ衣・。方今衆徒代二神慮一而爲レ感。萬人如二我願一而與レ善。去年今日開題供養。重發二意地之誓願一。欲レ爲二社壇之例事一。於戲。迎二寶臺一而安二寶前一。省入二妙香城之內一。瀝二一心一而儲二一會一。偏效二曇無竭之志一。禪侶之列二羅神一也。相二同于鷲峯之昔一。伶人之鳴二玉管一也。不レ異二于龍翔之古一。善願既滿。能事甫就。所レ生二惠業一。奉レ貢二權現一。佛法弘宣之誓。遠期二千佛之終一。王法護持之計。猶契二百王之後一。所レ羨者萬人巨益也。既於以二衆力一遂二大願一畢。所レ憑者拔苦之妙典也。既於副二冥助一祈二勝利一畢。結緣與善之諸人。悉誇二壽域福庭之樂一。自他法界之衆生。併證二菩提涅般之果一矣。敬白。

寛喜二二年三月廿三日菩薩戒尼成阿彌陀佛敬白

（校合奥書）
一交畢。

異、原作畢、意改
○翔、原作朔、意改
人、此下之脫歟
喜、原作嘉、意改

東大寺續要録　佛法篇

一、世親講始行事

建久七年。一寺之法侶。兩宗之碩才。爲ニ佛法住持一。爲ニ鑽仰稽古一。各相議始ニ斯講一。具見ニ于勸進文・記録狀一矣。

勸進

世親講事

右。會之起源。出ニ興隆之儀一矣。夫世親大士者。化導被ニ五印一。造論及ニ千部一。大乘・小乘仰ニ之高祖一。中土・邊土思ニ之師範一。寔是佛家之柱石。釋門之樞鍵也。所以遺弟廣亙ニ三論・花嚴一。末資遠滔ニ天臺・法相一。味道之士。義學之侶。誰不レ戴ニ恩德一哉。而當ニ道樹變色之日一。無ニ報謝竭誠之營一。思而送年。歎而默止。爰群議云。一寺之間。諸宗之中。撰ニ有志之輩一。展ニ知恩之筵一。就レ中々古以來。此會粗雖レ有ニ興行一。善願難レ成。遂使ニ退

世親講興隆勸進狀

無、原作互、據傍註改

失二云々。先因在レ斯。爾則且不レ耐二報恩之懇念一。且爲レ訪二興隆之勝躅一。每レ迎二三月五日一。將レ修二一會一矣。講二談開示悟入之眞文一。以增二內證之威光一。副二談慧毒門論之玄旨一。以賁二外用之莊嚴一。兼又扣二論鼓一而決二雌雄於才藝一。瑩二惠珠一而鬪二優劣於智辨一。若無二學徒之鑽仰一者。法命爭持哉。既知如來正法。壽漸沈淪。已如レ至二唯卽末世之斯時一也。後學尤可レ傷矣。仍勸進之狀如レ件。

建久六年十月　日

實勝法師　顯運々々　觀慶々々　堯慶々々　延眞々々　聖實々々　貞辰々々　信辨々々
緣永々々　敎玄々々　顯覺々々　圓慶々々　宴信々々　尊詮々々　增玄々々　辨盛々々
辨修々々　重行々々　圓聰々々　貞禪々々　順敎々々　乘信々々　惠賢々々　義海々々
樹慶々々　定慶々々　覺澄々々

世親講興隆條々記錄

條々事

一、興二隆世親講一事

右。當寺者。大小二乘竝レ窓。權實兩敎兼學之地也。所以自二往日一及二當世一。應二　公請一之人。勤二大業一之才。多以出二三論之家一。來二於花嚴之室一。是則依二鎭守　八幡之加護一。

因、原作開、意改
慧、原作惠、據俱舍論記改
無、原作互、意改
沈、原作次、據傍註改

寶・、或保・歟

答二本願　聖皇之叡念一者歟。而近代法侶。纔受二諸宗之流一。雖レ借二修學之名一。勤疎二于稽古一。學倦二于鑽仰一。法水云枯竭。惠命將二終盡一。其哀惜之餘。爲レ勸二後學一。一兩之結構。普驅二諸宗一。始儲二此會一。以備二永代之佛事一。專勤二此業一。欲レ積二學道之勞績一。太概見二于勸進狀一矣。

一、始三行講會一事

右。建久七年春比。欲二始行一之處。自然而延引。漸及二六月比一。別當醍醐僧正（勝賢）入滅。因レ茲冬十月遂三行之一。先爲二日來之沙汰一。奉レ圖三繪世親菩薩三幅像一。依二衆力難一レ及。申三請嶽崎法眼一而加二綵色・軸表紙幷佛臺等一。以二執行法橋尊信。住坊一。爲二政所房一。儲二會場一。講三演之一。次聊遂二開眼一。導師西室得業。賴惠。問者實勝。有二表白詞一。論匠三雙也。於二小捧物一者。寺家沙汰也。別當寶壽院僧正（覺成）兼日被レ下レ之。綾被物一重。開眼布施。雜紙四百帖計歟。講衆曳レ之。爲二會座酒肴之用途一。一結衆等有二少分之合力一。雖レ然爲二執行之私沙汰一。勤三仕執事一之間。以二合力之用途一。買二上紙一。以添曳。滿座之講衆之外。撰二傑出之人一。爲二會座之先達一。即維摩會供奉之已講・成業也。彼大會參勤人之外。更不レ用二先達一。且爲二後代一。永所二定置一也。惣限二人數一。廣三定講衆卅人・先達十人一。設雖レ有二其器一。數滿之上。不レ可二添入一之由議定了。後代以レ之可レ爲二規模一矣。

一、饗膳爲二寺家沙汰一事

右。自二建久八年一。爲二寺家沙汰一。勤二饗膳之役一。所レ切二充諸庄薗一也。惣預二饗膳一者。先達十人・講衆卅人廣定也。之外。承仕二人。都合四十二前也。但於二人數不足之時一者。饗膳內可レ略レ之。講衆多少。隨レ時不レ定也。承仕檢レ之。可レ牒二送執行所一。是爲二用意一也矣。

一、講會繁昌事

右。正治元年八月五日。別當尊勝院法印（辨曉）始被レ行レ之。別當幷東南院律師（定範）着座。西室已講（賴惠）勤二仕論匠之番一給。學徒兼知二講會之嚴重一。殊瑩二螢雪一。實是世諦之添二綺羅一也。爲二興隆之濫觴一者歟。入二夜景一論匠了。其後聽聞衆分二兩方一。始二延年之會一。兒共者盡二歌舞之曲一。大衆者催二散樂之興一。專寺・他寺之大衆荘觀レ之。夜及二深更一。集會退散之後。被レ曳二饗膳捧物一。凡二諦之嚴重超二常儀一。爲レ備二後日之廢亡一。條々事粗記レ之。若觸二此講一有二勝事一者。早爲二年預之役一可レ注二加之狀如レ件。

正治元年八月六日　　年預法師貞辰

爲、原作及、意改

荘、或誤歟

數、傍註云八

座、此下之脫歟

啒、原作崛、意改

一、東南院問題講始行事

右。東南院第十四代院主權律師定範依レ有二佛法興隆之志一。正治三年正月晦日。於二彼院家一。被レ始二行問題講一。卽倶舍一卷中。出二數帖之論義一。卽賦二數輩之學徒一。勵二多日之稽古一。遂展二一日之梵筵一。致二二座疑問一。於二今月一爲二第四卷一。又令レ講二談仁王經上下兩卷一。

上卷講師乘信法師　問者實親々々

互爲義海法師

下卷講師義海法師　問者範眞法師

互爲乘信々々

凡講行之體。嚴重異レ他。能問能答。瑩レ玉瑩レ金。實第一之興法。無雙之勸學歟。首尾一十餘年。勤行無レ懈。論疏二十餘卷。精談悉窮。雖レ撰二啒兩宗之明匠一。不レ被レ立二一寺之學道一。已依二一代勸學之力一。忽有二數輩稽古之侶一。見レ賢思レ齊。後代尤可レ學二此義一者也。

一、大乘義章卅講事

保延二年始行。撰二召三論一宗之學徒一。令レ修二三十座之講行一。一向以二大乘義章一。爲二充文一。分二二百餘科一。令二問答論談一。於二施供等用途一者。□而定範法印院務之時。被レ副二三論疏一了。云二義章之精談一。云二論疏之問答一。共鬪二智辨一。互決二雌雄一者也。

一、三季講始行事

右。去建久七年之冬比。花嚴・三論之明匠始三行世親講一。紹三隆倶舍宗一。竊願二佛法之住持一。專在二此講之鑽仰一者歟。而時屢衰。習學稍疎。就レ中兩宗之法將多以隱去。一寺之惠燈已欲二消失一。因レ茲講衆等互歎二此事一。各相議曰。本講之外。每レ迎二三季一。新修二講行一。欲レ繼二法命一。而諸衆皆同心。一會無二異議一。即相三當倶舍論一卷一。令レ定二每季之所レ談。講問一座・論匠三雙可レ行レ之云々。講師者。先達之中。守二夏臘之次一可レ請レ之。問者論匠者。講衆之內。以二當座之探一可レ勤レ之。然間何同研二一卷之配文一。誰共浮・二數帖之論義一。寔是興法勸學第一之講肆。稽古知新無雙之梵筵者歟。于レ時貞永元年秋八月廿五日。於二尊勝院一始三行之一。

被レ講法花經第一卷

被レ談倶舍論第一卷

□、原空白

浮・、或學・歟

歟・、或耶・歟

講師賴覺大法師　問者運性

問。於二他身見惑一。可レ云レ證二得擇滅無爲一耶。

問。於二菩薩不染無知一。得二非擇滅一事。爲レ限二金剛喩定一。爲レ當レ通二前位一歟・。

論匠三雙

番學修房擬講增玄。

一番光喜法師答　聖禪法師問

問。光（普光）法師意。以二不染無知一三性門中如何判レ之耶。

返問

問。光法師意。染汚無知體性如何釋レ之耶。

二番良忠法師答　尊惠法師問

問。論文。永礙二當生一得二非擇滅一文。爾者非擇滅力礙二未來法一。令レ住二不生一可レ云耶。

返問

問。光法師意。解釋中明二諸論造時一。爾者以二發智論一望二品類足論一時。造論前後如何判耶。

三番良嚴法師答　慶重法師問

問。大毘婆沙論中。述二發智佛說之旨一。爾者今此師意。以二六足論一可レ云二佛說一耶。

返問

問。光法師意。斷二煩惱一得二自性斷無爲一。爾者於二惑能斤邊一得レ之可レ云耶。

于レ時貞永元年八月廿五日。世親講衆等。稽古窓前既挑二螢雪之欲レ消。知新案上忽驚二睡眠之愚鈍一。惣寺本講一季之外。新加二行三季之講經一。爲レ相二續一代之法命一。此儀遙契二後佛之出世一。其勤永彰二上品之蓮臺一者。講衆評定記錄如レ此而已。

年預光慶

長辨　勝辨　玄範　惠舜　景範　重範　光慶　玄淵　實覺　智舜　宗覺　信盛　賴尊

俊慶　圓算

現座交名已上廿二人。皆可レ用二所作人一之由。講衆之議已畢。

光曉　定禪已上二人。維摩會竪者。　繼寬　融慶　賴舜　靜曉　範承　明賢法花會竪者。

不出交名已上八人。

先達交名

修學房擬講增玄。　笠置寺已講　圓成房五師榮源。

上野得業惠賢。　嚴信房得業定慶。

爾。意補〇斤、或誤歟

實、傍註云寬歟

修學、上文云學修

因明講記錄

天福元年八月廿四日。三季講行レ之。
俱舍第四卷
講師尊勝院法眼良禎。花嚴宗長者。良平（藤原）大相國息。
初問分。

一、因明講事

嘉禎三年四月廿五日。於二東南院一被二勤行一。
被レ講法花經第六卷
被レ談疏四種相違義
講師一人。宗性大法師
問者二人。聖禪法師　良忠々々
三季世親講內。於二秋季一者。唯識・因明爲二所立一。可レ有二竪義一之由。或上人頻有レ被二勸進一。仍自二去年秋季一。可レ被二始修一之處。依二興福寺訴訟一。七寺閉門之間。空以延引。而今以二因明一爲レ所レ談。只講問計可レ修二入之一云々。任二群議之旨一。以二嘉禎三年四月廿五日一。被レ修二入之一了。講問共優美。納受定無レ疑歟。重評定云。於二秋季一者無二所作人一。全不

レ可レ立二學道一。見座交名不レ可レ注レ之云々。爲レ散二後代不審一。聊録二書狀一。

嘉禎三年四月廿五日記レ之。

年預智舜法師

凡於二此講行一者。嚴重異レ他。貴種・淸花人々。皆以勤仕。卽嘉禎四年九月廿五日。於二大井坊一。被レ勤二行當季一。

被レ談因明疏四種相違

講師法印權大僧都道寶。八條左府良輔（藤原）息。

問者初問賴舜法師

問。疏文。自所餘法。皆入二同喩一。無二不定過一文。爾者。今此餘法者可レ云二何物一耶。

問。疏文。因亦不レ遍。乍レ似三唯能有二於實句之無實一故云々。爾者。此因不レ遍之樣如何。

次問者良忠法師

問。局通對意。自性差別俱通體義耶。

問。疏文。豈於二眼等一無二能受用一文。爾者。能受用體者。神我・假我中。何耶。

聽聞集奧書云。

今季因明講々師。依二講衆之評定一。奉レ請二定安祥寺法印（道寶）一之處。任二衆議一有二御勤仕一。爲二

之、原作而、意改

意、或誤歟

抃、原作拤、意改

貴人二爲二高位一。令レ勤二仕此講々師一給之條。講行之繁昌。諸人特致二抃悦一。論說共優美。滿寺皆催二隨喜一者歟。就レ中民部卿得業宗性。爲二談義一。講衆故催二出仕一了。問者兩人兼日取レ探。景範・明嚴被レ當レ之。而景範依二所勞一代二良忠一。明嚴憚二講師一代二賴舜一了。見座出仕之輩。可レ立二學道一。其分濟如二倶舍世親講學道一。爲レ散二後日不審一記二錄之一。

年預聖禪

一、新院談義事

當寺別當法務定親。仁治三年六月之比。始被レ建二立一院家一。號二之新院一。卽自二寶治三年正月廿二日一。於二彼院家一。撰二一宗二而崛二二十人之學徒一。點二二季一而始二七十日之談義一。偏歎二三論一宗之衰微一。令レ談二中・百・十二之論疏一。精談窮二淵底一。料簡涌二才智一。每日講問一座。以二當所大事一爲二疑問一。講問之後。談義之前。以二先日披講之所一令二複讀一。其間差二定複讀師・疑問者一。々々一々擧レ疑。講師重々令レ答。加之諸衆同出二不審一。滿座各散二疑滯一。仍氷水當二惠日一而解。朦霧迎二覺月一而晴。三論之法命依レ之可レ繼。一宗之智燈爲レ之可レ挑者歟。

談義間可レ有二用意一條々事

三論談義式

以二舍利講鐘一可二集會一。僧衆皆座之後。承仕可レ置二香於火一。次講師登二禮盤一。磬二打。次唄。散花。（但開白。結願許可レ有レ之。金一丁。於二中間一者。三禮。如來唄也。）次講師表白。神分。三論品釋了。次問者論義二帖。（今日問者可レ爲二次日講師一也。）諸衆極二玄底一談了。（金二丁。）講師自二禮盤一降。次讀師讀二充文一。諸衆彼文料簡。盡二玄底一可レ談レ之。以二燒香盡一爲レ期。諸僧退散。

東大寺新院談義規式

可レ令二存知一條々事

一、談義時剋長短事

前机中央置二副大火舍一口一盛レ香。以二件香燒盡一可レ爲レ期也。有二相殘子細一尚延引者。非二沙汰限一也。

一、講師事

自二上臘一任二臘次一可レ勤二仕之一。於二重役一者。除二上五人一下十五人可レ勤二仕之一。

一、讀師事

於二初日一者。一座之人可レ讀二始之一。於二中間一者。取二孔子一可レ讀レ之。

一、品釋廻向句事

連、原作速、據傍註改○互、傍註云果歟、或未歟

可、衍歟

造、原作迯、據傍註改

以二最略一爲二定物一。可レ書二置之一。

一、問者二帖論義事

當時充文之內。爲二宗大事一之論義可レ爲レ之。

一、日數事

一季各可レ限二三十五个日一。若惣寺別院恆例佛事有者。件日可レ止レ之。以二後日一可二談義入一也。間斷條不レ可レ長。爲二連日一爲二互役一。疎荒最略。甚以不レ可レ有事也。

一、僧衆故障事

於レ現二所勞一者可レ免レ之。於二請用一者。又兼日可レ申二案內一。可レ免レ之。自由不レ出者。可レ有二過怠一也。

一、日記事

造二雙紙一。二帖論義幷談義之間。所二出來一宗大事共可レ註二置之一。

一、日々僧參否事

以二着到一可レ註レ之。

一、奉行人事

談義衆中三人。撰二器量一可レ定レ之。三个年一度。二季談義。爲二年預一可レ奉二行之一。

一、可㆓禁斷㆒事
專他寺人上。惣而別院供料未下事可レ停㆓止之㆒。法文之外。不レ可レ有㆓他事㆒。
一、可レ持㆓十戒㆒事
飲酒等殊可㆓禁斷㆒。於㆓談義道場㆒。不レ可レ破レ之。歸㆓宿房㆒之後者。非㆓沙汰限㆒。
一、以㆓少綱六人㆒可レ召㆓付承仕㆒事
當寺少綱。永停殊不便。仍雖レ爲㆓少事㆒廻㆓充之㆒。上臘五人各六个日。下臘一人五个日。
佛供御明等事可レ致㆓沙汰㆒也。供料事如レ形可レ給レ之。
一、春季談義之間者。南面可レ立㆓明障子㆒。爲レ防㆓寒風㆒也。
一、可レ置㆓火桶㆒事
極寒之時節。尤可レ有事也。炭者下㆓知之㆒了。
一、談義畢諸僧退散之後者。日々佛具等入㆓朱唐櫃懸子㆒。可レ進㆓御前㆒。承仕可レ存㆓知之㆒。
爲㆓盜人怖畏㆒也。
一、僧衆退散之後。火桶火入㆓炎器㆒。可レ移㆓置他所㆒。細々火者可㆓掘埋㆒也。無人之跡。火
事尤可レ恐レ之。承仕存㆓知之㆒。奉行人可レ下㆓知之㆒。
一、嘉祥大師(吉藏)供僧事

人上、或誤歟〇而、或寺歟〇未下、傍註云參會、或米下歟
六、原作之一、據傍註改
永、原作水、意改〇廻、原難讀、意改
掘、原作崛、意改

談義以後。房中談義衆。爲二供僧一。毎日行二論義講一座一。令二供養一可レ行レ之。以二着到一
論義幷僧交名可レ日三記之一。
右。以前條々如レ件。
抑供料事。相傳以二水田一充レ之。若向後自爲二他寺一被レ顚三倒之一。或爲二甲乙人一違亂出來
者。院主已下堂供僧・談義衆。合力分三進得分一。爲二直納一可レ買三具之一。爲二永代興隆一也。
供料事切他號了。但藤井庄加分米損亡年者。遣二檢見一可レ隨二得田一。如二惣寺供料一。被レ懸二
無縁院主一之條者不便事也。必々存二其旨一之狀如レ件。

寶治二年十二月廿九日

法務法印大和尚位（定親）（花押影）

根本談義衆廿口

定佛房僧都乗信。	淨密房擬講範舜。	勝延大法師	光喜々々
嚴範々々	繼寛々々	景範々々	重範々々
信禪法師	圓算々々	印操々々	信遍々々
經舜々々	實守々々	聖算々々	良重々々

供、原作諸、意改
〇養、原作亭、據傍註改
傳、原作轉、意改
〇田、原作口、意改、以下同
號、或誤歟
々、當作可

良兼々々　榮惠々々　定春々々　覺濟々々

此外內大臣僧都(定顯)・大納言得業定□。日々出仕。同交ニ談義一。共勤ニ講問一。自ニ寶治三年一至ニ建長七年一。每年兩季首尾七十日無ニ闕怠一。而院家破却之後。談義又退轉畢。

一、三論卅講被ニ始行一事

右。東南院第十六代院主聖實僧正。爲レ繼ニ無相宗法命一。被レ始ニ行三論卅講一。首尾五个日。講衆十五人。當年以ニ十二門論幷同疏一爲ニ配文一。學徒成レ勇。問答拂レ底。

布施

僧綱・已講等。加分袈裟絹被レ曳レ之。

成業以下能米五斗。等分下ニ行之一。

於ニ此講行用途一者。以ニ院家領內山田庄新田所當一被レ相ニ充之一。卽注ニ田代之員數一。講衆加ニ署判一。調ニ文書一。被レ納ニ于院家經藏一了。是則盡未來際。永不ニ退轉一。爲レ令レ久ニ住當宗之佛法一也。

於ニ此講筵一者。可レ爲ニ恆例不退之勤行一之由。雖レ被ニ定置一。建長七年二月十二日。爲ニ

□、原難讀、或春・歟

他寺大衆二。不慮院主僧正（聖實）被レ切三破山上禪房二之間。奉レ讓二院務於舍弟聖兼得業一。離二寺門一求二山家一。其後隱三居于高野山一。遂被レ渡二大宋國一了。再無レ歸二本朝一。於二異國一入滅。當院務之御時。數十年之間。未レ及二勤行一。人皆忍二僧正一。寺學悲二法滅一矣。

一、四聖講始行事

正嘉元年五月二日。相三當本願　聖武皇帝聖忌一。奉レ圖三繪四聖御影一。（聖武・良辨・菩提・行基。）展二供養一了。三幅御影奉レ安二三面僧房北室一。

導師權律師賴覺（三論宗。）

講師權律師藏圓（花嚴宗。）

問者二人　初問已講聖顯　次問聖禪大法師

講衆十人（僧房衆。）　先達五人（僧綱・已講・成業。守レ次請レ之。）

抑弟子禮二一十六丈黃金之靈像一。拜二廿間四面殊妙之大殿一。是偏四大菩薩之御力也。依レ之且爲レ報三謝四聖之恩德一。且爲レ令レ興三隆一寺之佛法一。每レ迎二四聖之忌日一。令レ修二二問之講行一。問者々當座之探。講師者兼日之用意。講衆者三面僧坊衆也。先達者一寺成業者。即爲二談義一殊啒二二人之明匠一。爲二彼役一出二四條之問題一。其外先達三四輩。守二臘次一巡請

守、原作寺、意改

レ之。問答盡レ詞。精談拂レ底。講談者五部大乘經也。每二一季一一經講レ之。承仕一口。世俗者。清澄・藥薗兩庄內以二相傳私領一。寄二進彼料一。有二小捧物一。聖守卽送レ之。爲二恆例不退之勤行一。更不レ可レ有二相違一而已。

一、三面僧房法花義疏談義事

當寺建立之後。雖レ被レ崇二八宗之教法一。天臺・法相削レ名。三論・花嚴纔弘。其中於二三論宗一者。尋二本院之學窓一。僧正（聖實）隱遁之後。傳法永絕。訪二新院之論場一。院家破却之間。談義呑レ聲。法輪已止。宗教欲レ廢。因レ茲且爲レ傳二三論之宗旨一。且爲レ弘二一乘之教意一。崛二請智舜大德一。令レ始二義疏談義一。卽於二三面僧房四聖院一。首尾百餘日。義疏十二卷精談事畢。卽法花一卷疏披講終レ功之刻。當卷論義。或四帖。或八帖。出二其問題一。令レ修二講行一。凡談義之場。問答之筵。一宗之難義悉詳。八軸之大綱忽顯。智舜大德卽列・二梵筵一令二證義一了。談義衆中。殊盡二稽古之志一。專積二鑽仰之功一。實譽・快圓・定春等成業也。依レ之修學盡レ譽。碩才揚レ名。偏是傳法之力也。

于レ時文永元年五月十九日始レ之。沙門聖守勤二行之一。

列・、原作烈・、意改

一、十講始行事

右。別當僧正定濟。殊歎二佛法之衰微一。爲レ勸二學徒之鑽仰一。毎レ迎二春秋兩季一。被レ修二倶舍十講一。卽論疏一卷中出二論義三十帖一。普賦二世親講衆一。各得二其問題一。兼日令レ勵二稽古知新之勤一。逐尋二參勤之人數一。被レ出二請書一。卽講行點レ日。學侶列レ座之後。以二當座之探一。令レ定二所作人一。其後被レ始二講行一。卽散花行道之後。講師欲レ及二釋經一之時。別當以二兩帖之問題一。被レ與二當座之問者一。然間更不レ及二思惟一。件問題令レ擧二疑問一。此儀十座之間。毎座之式也。仍學徒切レ肝。聽衆流レ汗。第一之勸學。無雙之興隆也。卽出仕之輩。以レ涉二十講之類一。副三行三雙之論匠一。令レ鬪二智辨一。仍列二梵席一之仁。爲二講問一爲二論匠一。無レ不レ經二其役一。僧綱以下已講・成業等。撰二其器一。啒三請談義之先達一。但其中非二聖目一之仁。自雖二相交一。棄置之條。可レ遺二其恨一之間。所レ被二召加一也。講衆中於二非器之仁一者。有レ泥二出仕一。是又强不レ及レ被二責出一。凡參勤之輩者。云二寺恩一云二先途一。可レ達二其望一之由。有二其沙汰一。卽立二第一之學道一。被レ准二亭論匠一了。凡近年雖レ有二世親講之名一。非器之類。疎學之輩。相三語講衆一多以補入。然間寄二事於左右一。都不レ行二論匠一。仍佛法忽欲二衰滅一之間。於二講衆一者。爲二寺務之計一。撰二器量之仁一。可レ令二補入一之由。被レ相三觸講衆一畢。於レ無二其器一者。雖レ不レ滿二卅人一。不レ可レ有レ苦之由。有二其沙汰一。只偏興二佛法一。爲レ勸二學

棄、原作奇、意改

滅、或滅歟

侶一。及二此議一。剩爲レ勸二稽古之勤一。被レ始三行此十講一者也。別當房半作之間。西室定縁已講依レ爲二年來之門弟一。於二彼中御門房一。被レ行レ之畢。

于レ時文永六年八月廿二日

被レ講妙法蓮花經

被レ談倶舍論疏第十八卷

開白講師大法師實譽　問者賴承法師
第二座々々賴承　問者實譽大法師
第三座々々覺禪々々　問者快算々々
第四座々々快算　問者覺禪々々
第五座々々永賢　問者玄親々々

第二日

第六座々々玄親　問者永賢々々
第七座々々賢惠　問[者]叡算々々
第八座々々叡算々々　問者賢惠々々
第九座々々親尊々々　問者宗曉大法師

六、原作二、據下文改

者、意補

結座々々宗曉大々々　問者親尊々々
論匠
番定緣已講
一番　快圓大々々　定春大々々
二番　盛玄々々　宗經々々
三番　緣宗々々　經實々々
現座交名
別當僧正（定濟）出仕
先達
聖禪僧都　勝延律師　信禪得業　定緣已講　貞叡得業　賢清得業
實譽得業　快圓得業　定春得業　宗曉々々
講衆
賴承　覺禪　親尊　賢惠　叡算　盛玄　經實　房宗　永賢　宗經
玄親　快算
捧物　紙上積三帖。下六十帖。

論匠衆　袈裟絹

番已講并僧綱開結兩座。加分袈裟絹曳レ之。

饗料不レ被レ充二寺領一。爲二政所之沙汰一。人別二斗下三行之一。

同年十二月　日。於二西南院新房一。十講被レ始三行之一。倶舍第十九卷。問題兼日出レ之。所

作人等。當座探。自餘或皆如レ前。

講行十座。　論匠三雙。

長吏出仕。

先達交名

權少僧都聖禪　權律師勝延　番已講定緣　擬講信禪　貞叡大法師

賢淸　實譽　快圓

定春　開白宗曉　結座定敎

講衆交名

良叡　賢惠　賴承　講親尊　同覺禪　宗信　講盛玄　同快尊　同叡算

同慶實　同房宗　同快算　宗經

論匠以後有二延年一。

別當坊兒二人出仕。毘沙王殿・千花殿。開口猿樂。親尊法師。先達中賢清・定春等答辨在レ之。其後加賀・海藏・琳聖・舜勝等。兩寺狂僧面々出了。毘沙王殿第二番令レ舞了。萬人催レ感。一會入レ興。令レ悅レ目。又肥レ耳畢。今夜延年殊勝々々。超二過先代一。

凡此講自二文永六年一至二同十年一。年紀五个年。勤行十箇度。學徒成レ勇。鑽仰積レ功。而文永十年寺門不レ靜。一類之族違背。冬十二月寺務(定濟)上表。其後恆例之講行。尚以退轉。剩臨時之梵筵。永削二名字一了。衰微之寺門。嚴重之興隆。天魔成レ祟。梟黨致レ妨歟。不便々々。不レ可レ不レ歎而已。

(校合奥書)
一交了。

諸院篇

東南院

當院家者。當寺別當道義律師。延喜四年七月二日夜。發二三百餘人夫工等一壞三渡香積寺一。字佐伯院。所レ建二于當寺南大門東脇一也。其後律師。延喜四年。於二大衆中一付三屬于聖寶一爲レ備二後代之龜鏡一。卽請二寺司之署判一。但道義律師壞三取香積寺一之條。理不盡之沙汰歟。然而氏人尫弱不レ陳二子細一。隨又氏人故參議正三位大宰帥佐伯宿禰今毛[人]曾孫等。深案二由來一。所二壞渡一堂幷佐伯院敷地。永付三屬于聖寶一。仍得二兩方之讓一爲二萬代之證一。五間檜皮葺藥師堂一宇。安三置金色丈六藥師像一躰。同日光・月光像各軀。檀相十一面觀音像一軀等一也。次乞三請當寺破壞悲田院屋一宇一。以爲二代々院主房舍一。御門御脇。此處號二東南院一。永傳二于門跡一。次妙音寺者。會藝大法師所レ建之私領也。買三取此所一加二院家領一。次三論長者。諸宗・三論宗中殊撰二器量一。以二官符一所三補來一也。而延久三年。永以二東南院々主一可レ爲二此

人。意補

次、原難讀、據傍註改

宗長者一之由被二宣旨一以來。于レ今無二違亂一矣。次中築地以南敷地者。本是嚴調已講相傳領也。慶信任。爲二白川院御臨幸一買二取之一。白川天皇御幸之時。建二殿舍一爲二御所一。其後累代相傳可レ爲二御所一之由被レ定畢。

治承四年十二月廿八日。爲二平家逆臣一被レ燒二失大佛以下諸堂等一之剋。東南院同成二灰燼一畢。所レ殘纔院主房・經藏等是也。而建久元年十月十九日。大佛殿上棟。兼被二宣下一。即後白川法皇可レ有二御幸一。任二先例一以二東南院一可レ爲二御所一。仍期日以前可二建立一之由。被レ仰二下第十三代院主勝賢僧正一了。仍首尾五十个日之間令レ造二營一院家一了。八月廿五日擬二上棟一。十月十七日御幸。速疾之營作萬人之所レ感也。寢殿一宇。五間四面檜皮葺。公卿座。中門廊。殿上廊。中門。隨身所。車宿。對屋等。房宇竝レ檐莊嚴盡レ美。仍往還之客驚レ目。見聞之類傾レ首畢。

東南院々主次第

第一根本法務僧正聖寶（三論兼眞言。顯願曉資。密源仁資。）

東京人。姓王氏。白壁天皇苗裔。

亂、原作禮、意改
〇調、僧綱補任長德四年及長元六年條作瑚
密、原作蜜、意改、以下同
裔、原難讀、意改

十二月十三日、日本紀略延喜九年七月六日條及聖寶僧正傳云七月六日

統、原作緣、據東大寺別當次第改

的、東南院務次第作狛

建二院家一弘二佛法一。

延喜九年十二月十三日入滅。七十八。

第二法務權少僧都延敒聖寶弟子。

左京人。俗姓長統氏。

延長七年十二月十三日入滅。

第三權大僧都觀理延敒資。

左京人。姓平氏。

天延二年三月　日入滅。年八十。

第四權律師法緣延敒・觀理弟子。

姓的氏。

貞元二年　　日入滅。七十。

第五權少僧都澄心觀理資。

伊賀國人。同國筏師子也。

長和三年二月五日入滅。七十六。

第六權律師濟慶澄心資。

俗姓藤原氏。有國宰相子。
永承二年十月四日入滅。六十三。
第七權大僧都有慶濟慶資。
有國子。濟慶舍弟。
延久三年二月廿日入滅。八十六。
第八法印慶信有慶資。
俗姓藤原氏。中納言公成子。
嘉保二年五月九日入滅。五十五。
第九前權少僧都覺樹慶信弟子。
右大臣源顯房息。
保延五年二月十四日入滅。
第十權少僧都惠珍覺樹弟子。
俗姓源氏。少將顯國子。母右府・(藤原)宗忠女。
嘉應元年十月十五日入滅。五十二。
第十一大法師聖慶惠珍弟子。

府、原作符、意改

大藏卿師（源）行息。
承安五年三月往生。
第十二大法師道慶聖慶弟子。
俗姓源氏。中將有房子。
文治五年讓二勝賢一。密籠三入音伊山二了。
第十三權僧正勝賢
俗姓藤氏。中納言通憲子。
建久八年六月廿二日入滅。年。
第十四法印權大僧都定範勝賢・明遍資。
俗姓藤氏。民部卿成範子。
嘉祿元年二月廿五日入滅。六十一。
第十五法眼道快後轉二僧正一。定豪僧正弟子。
前右大臣藤原道經息。
寶治二年二月十二日入滅。年四十。
第十六權僧正聖實于レ時。道快資。

音伊、東南院務次第作高野。

中、當作少

第十七權僧正聖憲于レ時。

嘉祿元年官符宣被ニ書載一分。

末寺庄園貳拾捌箇處

山城國參箇處

宇治庄　狛野庄　槻村庄

大和國拾壹箇處

虛空藏寺　安隆寺　角庄

和邇庄　白土庄　別符庄

檜垣庄　會喜庄　櫟庄

中門庄　大槻庄

攝津國貳箇處

頭成庄　長洲庄

伊賀國柒箇處

簗瀨庄　阿波庄　山田庄

官宣旨拔書

末、原作未、據嘉祿元年十一月五日官宣旨案改

拾壹箇、原作十一個、據同上改

符、同上作府、以下同

垣、原作桓、改據同上

箇、原作个、據同上改、

壹、原作一、據同上改、以下同

廣瀬庄　湯船庄　富永庄
別符庄
伊勢國壹處
安樂寺
越後國壹處
豐田庄
丹波國壹處
曾我部庄
備前國壹處
陰陽頭位田
周防國壹處
宮野庄
嘉祿元年十一月五日　左大史小槻宿禰（季繼）在判
右少辨平朝臣（有親）在判

播州大部庄・防州椹野庄者。大和尚南無阿彌陀佛(重源)被レ寄二-付東南院一了。而定範法印有二子細一
令レ讓二-與定勝法印(西室院)一了。但於二大部庄一賴惠法印(西室院)知行之時。奉レ讓二聖實僧正一(于レ時若君。)了。其
後又成二院家領一了。

和邇庄　白土庄　櫟庄　虛空藏寺

已上四个處。聖兼僧正院務之時被レ沽二-却甲乙人一了。

防州宮野庄者。依二供料懈怠一被レ避二-出寺家一了。

彼此五个處。當代離二院家之進退一畢。

付・原作符・意改

尊勝院

太政官符

太政官符大和國司

應下以二新造尊勝院一爲二東大寺一院一。置二智行僧十口一。令上レ修二御願一事

建立五間四面檜皮葺堂一宇(在二禮堂一。)

十三間僧房二宇

奉レ造金色毘盧遮那佛像一躰

金色釋迦如來像一躰
金色佛頂尊勝如來像一躰
金色藥師如來像二躰
金色十一面觀世音菩薩像一躰
金色延命菩薩像一躰
梵天・帝釋・四王像各一躰

右。得二彼寺別當律師法橋上人位光智去天德四年十一月廿八日奏狀一偁。件堂舍佛像。爲レ奉レ誓二護公家一。殊致二忠誠一所二建立一也。謹檢二案內一。東大寺者感神聖武皇帝發二菩薩之大願一。爲下鎭二護國家一利中益法界上。被二建立一也。光智幸蒙二　天恩一拜二別當職一之後。殊歇二身力一勤二仕寺務一。而間更廻二私計一寺內擇レ地。建二立堂舍一刻二造尊像一。結爲二一處一號二尊勝院一。是專遠期二永代一。爲下奉レ祈二　聖朝之寶祚一。及攘中除天下之災變上也。因レ茲以二十口僧一。於二件堂舍一可レ勤二仕　御願一之由。經二上奏一畢。卽撰二定智行僧一。始レ自二十月廿八日一勤二修其事一。晝則轉二讀仁王般若一。夜則轉・二念尊勝・大日・藥師・觀音・延命・不動眞言一。精勤無レ私。冥助何空乎。望請。特蒙二　天裁一被レ賜二官符一。以二件尊勝院一爲二寺家一院一。置二十口僧一將レ期二永代一。殊令レ勤二仕　聖朝安穩・國家豐樂之　御願一。但其院司撰二智行之者一。師資相傳令レ勤二

・轉、下文作稱・

行件事一。抑以二花嚴宗一爲二院住僧一者。花嚴敎者抽二大日如來之肝心一。聚二普賢薩埵之行願一也。圓融之理甚深難レ測。利生之誓廣大無レ際。仍爲下立二第一之宗一興中廣大之敎上也者。左大臣(藤原實賴)宣。奉レ勅。依レ請者。國宜承知。依レ宣行レ之。符到奉行。

從四位下行左中辨兼內藏頭美作權守藤原朝臣(文範)、、　正六位上行左少史笠朝臣、、

應和元年三月四日

奉行同年八月十八日。

守高階眞人、、　權大掾佐伯

介橘　大掾巨勢

權大掾文

權少掾藤原

仲・

日置

丹比

下・、原作上・、據下文及公卿補任康保四年條等改

仲・、或件・歟

日。、意補

太政官牒

太政官牒東大寺

應ㇾ置ニ尊勝院拾僧ㇳ事

律師法橋上人位光智年六十七。臘五十二。　花嚴宗

傳燈大法師位慈高年七十三。臘五十八。　花嚴宗兼律宗。

傳燈大法師位仁範年五十五。臘三十六。　花嚴宗

傳燈大法師位仁鑑年五十二。臘三十三。　花嚴宗

傳燈大法師位法秀年四十一。臘二十五。　花嚴宗

傳燈法師位平州年四十二。臘二十四。　花嚴宗

傳燈法師位法春年三十五。臘二十。　花嚴宗

傳燈滿位僧神蓮年三十。臘十七。　花嚴宗

傳燈滿位僧賴算年二十八。臘十三。　花嚴宗

傳燈滿位僧松橋年二十六。臘十二。　花嚴宗

右同上。

應和元年三月四日正六位上行左少史笠朝臣、、牒

從四位下行左中辨兼內藏頭美作權守藤原朝臣

東大寺別當光智置文

正以下十八字、原在勅字下、意改

緘、或誠歟

天暦十年歳次丙辰三月十四日丁未日巳時記。右。（村上）帝王以二去天暦九年十二月廿五日一。正五位下山城守左中辨藤原朝臣文範傳宣。正三位中納言兼民部卿藤原朝臣在衡宣。奉レ勅。宜仰二東大寺別當光智一。爲二帝王繼一レ位。太后・皇太子繼レ榮。朝中第一伽藍之內。可レ令レ建三立一院一者。蒙二勅宣一後。光智勸三請大日如來・三世十方諸尊聖衆・天神地祇・伽藍本願三代聖靈一。誓願云。蒙二宣旨一卜下建三立御願一之所上。自有二三所一。卽一寺家戌亥地。二同寺政所上地。三同寺唐院西方地也。之中如二宣旨一。帝王・太后・皇太子及藤原氏繼レ榮可レ及二龍花一之地。現三示瑞相一者。爰有二觀念緘一。件戌亥地與二三所聖靈御陵地一立三亘紫雲三時一也。卽卯辰巳。仍爲レ後記。

記置東大寺別當傳燈大法師光智

大和國牒

當國牒　東大寺尊勝院衙

衙牒一紙被レ載乙欲レ被下任二省符一。早加中擧常燈・佛供料稻伍仟束上狀甲。

牒。去月廿三日衙牒偁。件佛供・常燈料加擧省符。以二先日一副二寺牒一進送了。乞衙察レ狀。早欲レ被二加擧一者。依二省符幷衙牒旨一加擧已了。乞衙察レ狀。今勒レ狀。以牒。

應和三年四月廿三日　權少目紀良種

守藤原朝臣安親・　　　　権大掾大藏

（親、原難讀、據公卿補任永延元年條等改、以下同）

権介伴朝臣　　　　　　追捕使大掾巨勢（忠明）

介藤原　　　　　　　　権大掾文

権少掾日置

丹比

大目佐伯

権大目忍海

権少目大中臣

少目佐伯

民部省符

民部省符大和國司　　　　案

應下混二合正税一。加中擧東大寺尊勝院常燈・佛供料稲伍・仟束上事

（伍、原作俉、意改）

右。被二太政官去月十五日符一偁。得二彼國去年九月三日解一偁。彼院今年四月十一日牒狀偁。謹檢二案內一。件尊勝院。別當律師法橋上人位光智。殊爲レ致二奉公之忠誠一。奉三爲公家一所二建立一也。爰蒙二今年三月官符一撰二智行僧十口一。晝轉三讀仁王般若一。夜稱三念諸尊眞言一。奉下祈二

聖朝寶祚一。護中天下太平上。所レ傳者花嚴圓融之教法。八萬法藏第一宗也。所レ守者大日如來之肝心。三世諸佛最大尊也。寔雖レ修二御願之卷一。未レ有レ備二供燈之儲一。方今以二私人本穎一言二上公家一加二擧正稅一之例。或進二自解一奏聞。或以二國解一言上。隨即給二官符一。古今其數巨多。不レ可二勝計一。今件院。奉レ造安置諸尊其數巨多。結構造立之堂舍復以有レ數。爲レ充二諸尊常燈・佛供料一。雖レ儲二穀一千斛一。非二永代計一。恐不レ經二幾程一盡失歟。仍准下加二擧正稅一傍例上。爲レ言二上公家一。件穀以二去三月一貯二納當國一已了。仍牒送如レ件。乞商察レ狀。因二准件等傍例一。早被二言上一。以二件籾一准二成穎一。混二合正稅一加二擧之一。雖レ云レ經二永代一不レ朽不レ減。以二每年之利一。充二終御願之常燈・佛供料一。然則坐禪勤修之間。六時之燈常明。終夜行道之曉。五更之光鎭朗。況五味之備。佛鉢無レ塵。八供之勞。法喜有レ餘者。望請官裁。依レ件加擧者。左大臣（藤原實賴）宣。奉レ勅。依レ請者。省宜承知。依レ宣行レ之者。國宜承知。依レ件行レ之。符到奉行。

從四位下行大輔源朝臣保光　正六位上行少錄吉志宿禰公胤

　應和二年三月二十八日

奉行。到來同三年三月廿三日。正文續二收於國一已了。

守藤原朝臣安親　權大掾大藏

卷、原作局、意改

置、此下之脫歟

終、或給歟

権介伴朝臣
介藤原

追捕使大掾巨勢（忠明）
権大掾文
権少掾日置
丹比
大目佐伯
権大目忍海
権少目紀良種
大中臣
少目佐伯

尊勝院根本所領員数

大和國
添上郡
平城左京三・四條等田畠有レ之。具如二留記一。

大僧都光智田地等施入状

長井庄　簀河庄　和邇庄　櫟北庄　多富庄　大岡庄
添下郡
深溝庄
山邊郡
新富庄　横路庄　隱岐庄　長屋庄
城上郡
椿富庄　薦堤燈油園
城下郡
內田家壹處　遠南庄
十市郡
社本庄
高市郡
長富庄　宮富庄　田倍・庄　山本庄　近坂庄　八多庄
葛下郡
田邊庄

倍・、下文作部・

宇智郡
　家地一處
宇陀郡
　草薬園　竹田庄　橘庄　萩原庄
山城國
相樂郡
　舊鑄錢岡田庄
泉鄉
　家地等有レ之。
綺鄉
　家地等有レ之。
祝園鄉
　家地等有レ之。
綴喜郡
　清水庄

久世郡

石田庄

右。件田地限二日月一。奉レ施三入於東大寺尊勝院一如レ件。以二其年輸地利一充三用大佛殿常燈一備幷當院常燈・佛供・造佛・寫經百部・法花八講・傳法會料・修理作料・供僧住僧等隨分供料一。若後代邪見之輩。破二此願一妨二此田地一者。梵王・帝釋・四大天王・閻魔獄卒・五道冥官・勸請大菩薩・大明神等國内普天一切神祇冥道。令レ蒙下破三滅三寶一之災禍上給。依二此功德一者。令三願主得二現世當生之利益一。御弟子門徒廣多令レ榮。各々得二佛法興隆之便一。上天下界・四恩法界。無差平等利益。但弟子等中無二爭乖一而一心皆同各攝レ心。爲二上之人一者爲レ下垂二慈悲一。爲二下之倫一者可レ致二禮議一。又於二院司等一者。經二知院事一之人。必撰下可レ出三仕　公家一之輩上。可レ定三補上職一也。又律宗弟子等不レ可レ補二院司一也。更莫二違背一。敬白。

康保四年七月三日

願主大僧都法眼和尚位光智

奉レ敎院司法師等

知院事法師慈鑑

知院事法師圓算

卒、原作率、意改、以下同

勾當大法師
勾當修御願十禪師法春
勾當修御願十禪師成法
檢校修御願十禪師松芳
檢校修御願十禪師
檢校修御願十禪師神連・
別當修御願十禪師

治承四年十二月廿八日。爲二平家逆臣清盛入道一。大佛殿以下東大・興福兩寺諸堂・諸院悉爲二灰燼一之剋。尊勝院內堂閣・僧院同交二炎火一畢。而當院家第十三代院主辨曉僧都。發二再興之願樂一。企二一院之土木一。即建久年中始二造功一。正治二年終二營作一。正治元年補二寺務職一。同二年令レ遂二拜堂一。期日以前勵二造營一。即臨二拜堂之期一。中門一宇・中門廊九間・渡廊二間・二棟廊三間四面・侍廊三間・釣殿二間三面・東面平門等。至二正治二年十月廿二日拜堂之當日一令二造畢一。

藥師堂本尊廚子內記錄云。

連、上文作蓮・

尊勝院主辨曉置文

天曆御宇當院草創之日。從二公家一所レ被二安置一之佛像。盧舍那佛一躰・尊勝佛一躰(已上丈六。)・釋迦一躰・藥師二躰・十一面・延命・梵王・帝釋・四大天王各一躰。(已上等身。)惣是十三躰也。寛弘五年六月四日。堂閣雖二燒失一佛像免二煙焰一。今度治承四年十二月廿八日。一躰不レ殘併爲二灰燼一。公家尋二舊跡一雖レ被二造立一。當二于大佛殿營作之時一奏聞有レ憚。但付二十三躰內一。藥師像靈驗掲焉宛如二生身一。仍此一佛先可レ被二忩造一歟之由。院家經二　天奏一之處。忝有二勅許一。卽募二內舍人一人功一。今之佛像并廚子等被二造送一已畢。自餘佛像猶伺二便宜一可レ申二成功一也。後代爲二用意一。記錄如レ件。

建久七年五月十三日

院主權大僧都法眼和尚位辨曉記レ之。

康保年中所レ被二定置一庄薗・家地等多以顚倒。或令二沽却一歟。而至二近年一尚被二領知一者。橘元眞所二寄附一五箇庄是也。

大和國內　田部庄　差柳庄　櫟庄　清澄庄

山城國內　錢司庄(已上五所也。此內尚以或沽却。或顚倒而已。)

伊賀國　財良寺　同杜庄(爲二國衙一顚倒。)

眞・、天德二年十二月十日橘元實伊賀國玉瀧杣施入狀案作實・

五・以下十五字、原本文、意改

同・、或圓歟

新、此上當補黑田
○領或預歟

同國　鞆田庄（重源）大和尚之時。經二天奏一申三寄之一。大佛殿修正壇供勤レ之。

同國　玉瀧庄　同符玉瀧寺沽却云々。

槇山庄　新庄與二別相傳領所俊快一大略被二中分一。又除二學生供米一云々。宗顯之沙汰。

末寺

山城國

海印寺宗性法印院務之時被レ返二付之一。

後嵯峨上皇院宣

戒、原作或、意改

被二院宣一偁。山城國海印寺者。道雄僧都之建立。嘉祥明時之定額也。而草創年積花構空廢。剰近年以降。或爲二寮領一疲二力役一。或入二人家一令二相傳一。以二佛地物一爲二他用一者。戒律之所レ禁。格條之所レ誡也。自今以後。如レ元宜爲二東大寺別院尊勝院末寺一。早企二蘭寺一字之營作一。可レ致二花嚴三昧之練行一者。院宣如レ此。悉レ之。謹狀。

文永二年十一月廿二日　左大辨雅言（源）

謹上　尊勝院々主法印（宗性）御房

表書。民部卿法印御房云々。

尊勝院々務次第

第一　光智大僧都院家建立本願也。

第二　法春大法師依二光智付屬一。

第三　松橋大法師依二法春讓一。

第四　運幸大法師依二松橋讓一。

第五　觀眞權律師依二運幸死去一松橋還二補院主一。其後讓二觀眞一了。

第六　良眞權律師依二觀眞讓一。其時雖レ有二上臘千猷一。不レ成レ妨。

第七　千猷大法師依二良眞讓一。

第八　延幸權律師依二千猷讓一。

第九　深幸法橋依二延幸讓一。彼時雖レ有二上臘觀圓・延觀等一。各不レ成レ妨。

第十　延尊大法師依二深幸讓一。彼時雖レ有二上臘延快一。不レ致レ訴。

第十一　定暹大法師依二延尊卒去一。深幸還令二院務一。然後讓二定暹一了。

第十二　隆助大法師依二定暹讓一。其時雖レ有二上臘覺嚴已講一。依二付屬之理一。隆助管二領院家一了。

第十三　辨曉法印

俗姓隆助法橋子

第十四　道性法印依二辨曉讓一。

俗姓

第十五　良禎僧正依二道性讓一。

俗姓太政大臣良平(藤原)息

第十六　勝信阿闍梨依二良禎讓一。

俗姓法性寺禪定殿下(藤原道家)息

第十七　宗性僧正依二勝信讓一。道性弟子。

俗姓

唐禪院

右。大唐龍興寺鑑眞和尚依二　聖武天皇勅請一。爲レ弘二五篇七聚之戒法一。陵二一十二年之留難一。天平勝寶五年。持二三千粒舍利一來朝。同六年甲午四月。初於二盧舍那殿前一立二戒壇一。天皇初登壇受二菩薩戒一。同年五月一日。被レ下二戒壇院建立之　宣旨一。寄二附廿一个國一被レ立二戒壇一。同十月十三日。儲二大會一展二供養一。導師權少僧都鑑眞任二大僧都一。同七年。依　レ勅被レ建二和尚修練之道場一。號二唐禪院一。

堂舎

僧房

東西一町。南北一町。南面伽藍也。

唐禪院師資次第

大僧都法進。

弟子十人

一、惠雲律師唐。　弟子藥上　弟子勝高　弟子濟古　中安等　勝道弟子興智已講。　弟子慈識

朝宗等

二、賢亮

弟子道雲入道出家之師也。

三、惠基唐。

弟子豐實　弟子眞藏　弟子權僧正聖寶

四、安暨

弟子道雲　弟子濟棟已講。東大寺法相。　延暨　壽福　仁俊　弟子峯仁　弟子延惟　泰智

唐禪院師資次第

一、原在唐字上、據要錄諸院章改○雲、同上作聖、以下同○中安、同上作安中

入以下七字、原本文、意改

豐實、要錄諸院章作實々○弟以下四字、同上無

弟以下四字、同上無

弟以下十六字、同上在弟子榮澄上〇慧、同上作惠、以下同〇福、同上作審〇尺及玄良、同上作務及良言恩、同上作因〇津、原作澄、據同上改

已、同上作也

澄浄　弟子聖勢　弟子観道　禪基等　弟子慧福　弟子慶洪　濟慶　延尺　玄良　明俊

五、景深

弟子榮澄　勝操　平仁已講。　慶恩　平智　平基　弟子玄津律師　慶泰　豐榮律師

已講。

六、肆開

弟子慧應　慧美

七、慈賢

八、位浄

弟子善基　願雲　弟子勝古　弟子神焉

九、法印

十、慈愍

以前。師資相傳。爲㆓後代㆒大略記出如㆑右。願已後裔爲㆓指南㆒耳。

延喜五年三月廿七日

建治元年三月十四日。爲㆑築㆓々地㆒。曳㆑地堀㆓竹根㆒之處。奉㆑堀㆓出數百粒佛舍利㆒了。聖守

即參向。悉奉請畢。希代珍事也。就レ中寺僧等兼感ニ夢想一云々。御舍利之神變條々注ニ別紙一畢。此事忝達ニ叡聞一。忽在ニ御奉請一。於ニ嵯峨仙洞一御如法經之次。被レ展ニ供養一。剰數粒被ニ分留一畢。委細如ニ別記一。倩案ニ事之次第一。若再興之時節令レ然歟。
建治三年九月六日。經ニ奏聞一。使者三綱圓眞寺主。任ニ勅定一。同九月十七日。大勸進初任事始遂行了。

一、知足院
當院者。寛平二年高雄昇嚴十禪師建立也。而星霜屢遷。院家皆荒。仍濫僧多以住。俗人又卜居。爰別當法印定親。建長第二年。一向以ニ此砌一被レ定ニ清淨之地一。淨行寺僧可レ造ニ房舍一。且又營作之間可レ有ニ助成一之由。被ニ相觸一畢。本住濫僧等。賢覺五師・道源得業・明眞・良榮・增全充ニ給餘敷地一。移ニ遣他所一畢。隆圓得業且爲ニ重代之居所一。且爲ニ堂舍之敷地一。於ニ女人一者不レ可ニ入居一。枉可レ被レ許ニ居住一之由雖ニ歎申一。恐ニ後代之相濫一。更無レ有ニ許容一。仍堂舍房宇同破出畢。其後或學徒或禪衆僧行輩。以ニ寺務之資助一各移ニ造房舍一。遂寄ニ附田薗一被レ定ニ置院僧一。此內在ニ別所一。宗春上人之建立也。隱遁之禪侶令ニ止住一。在ニ堂舍一在ニ僧房一。彼所止住侶者尤學ニ戒律一。可レ與ニ戒法受戒一之由。上人之素意也。當寺蔑如之輩又破戒濫吹之類。難ニ居住一者歟。

向、原作同、意改
○變、原作反、意改
留、原作篇、據傍注改
任、原作住、意改
僧、或淨歟

建長五年二月五日。以二法相堂一被レ移二知足院一。同十一日上棟。寺務之沙汰。此堂本在二中門堂西一。號二阿彌陀院一而已。

一、新院

斯所者。天慶元年戊戌明珍僧都所二建立一也。本名二念佛院一。號二新院一。而當寺別當僧正于レ時法印。定親。仁治三年六月之比。忽立二-去俗舍一新拓二僧院一。永爲二一院家一令レ崇二三論宗一。而建長八年五月八日。爲二興福寺西金堂衆一被二切拂一畢。其後雖レ有二再興之企一。未レ遂二營作之功一。僧正空入滅。定濟僧正相傳之後。聖守相二-博西南院之敷地一。即文永四年十一月　日。自二西南院一移二-渡房舍等一。令レ建二-立今此地一。寢殿一宇五間四面。三間中門廊。部屋町一宇。四間屋後造二-繼三間一畢。庫院一宇五間四面。雜屋一宇五間。

文永五年五月　日。自二京都一一間四面堂左右在レ廊。一宇運二-渡之一。自二同廿六日一建二-立之一。檜皮葺。又在二二間透廊一。

同十年夏比。建二二間四面禪場一。以二一方一爲二經藏一。以二一方一爲二禪室一。

定濟僧正寺務之始。西南院未レ被レ終二造功一間。入二-住當院家一。被レ行二寺門一了。於二當院一者。於二彼門跡一爲二代々之吉所一也。先師僧正維摩遂講之年。昔爲二賢忠得業住房一

拓、原作祏、意改、以下同

長、原作久、據經俊卿記建長八年五月十日條改

昔、或者歟

之時。出レ自ニ此砌一經ニ羅苑之講匠一。定濟僧正維摩遂講之時。先師始被レ建ニ此院家一之刻。同自ニ當院一出仕。今又執務之始爲ニ豫禪房一之處。幸住ニ此室一被レ執ニ行寺門一了。聖守爲レ達ニ先師定親僧正素意一。屈ニ智舜大德一。令レ談ニ中論疏一畢。然間寺門學徒實譽・快圓・定春等。連日列ニ其席一。面々受ニ法訓一了。

建治三年。建ニ一宇經藏一。安ニ八宗法文一。瓦葺。

列、原作烈、意改、以下同

龜山院廳置文

院廳

可下早任ニ沙門聖守寄附一。以ニ東大寺內新禪院一爲ニ御祈願所一。奉上レ祈ニ天長地久一事

右。去四月　日彼聖守解狀偁。請下特蒙ニ院廳裁一。以ニ東大寺內新禪院一永被レ定ニ置仙洞御祈願所一。安ニ長齋梵行淨侶一。可レ致ニ長日不退御祈禱一由。下中賜御下文上狀。建ニ立堂舍・經藏・僧房一。安ニ置佛像・聖敎・影像一。建ニ立一間四面檜皮葺堂一宇一。南北兩面在レ廊。安ニ置多寶塔一基一。奉ニ納佛舍利一。同安ニ四天王像一。同安ニ極樂曼陀羅一幅一。圖ニ寫當麻曼陀羅一。槌鐘一口。建ニ立五間四面僧房一宇一。安ニ置釋迦如來像一躰一。模ニ嵯峨像一。同安ニ十大弟子像一。同安ニ金剛・胎藏兩部曼陀羅各一鋪一。同安ニ金色三尺阿彌陀如來像一體一。同安ニ三論宗祖師一。自ニ馬鳴菩薩一至ニ聖寶僧正一。已上十八鋪。建ニ立三間瓦葺經藏一宇一。安ニ置一切經

齋、原作齊、意改、以下同

鋪、原作補、意改、以下同

律論并顯密聖教・内外典籍等一。目録在レ別。同安二四天王三尺像一。同安二佛菩薩・明王・天等并十六羅漢・祖師等像六十餘鋪一。同安二眞言道具等一。目六在レ別。建三立七間僧房一宇・談義所住侶寮一。建三立二間四面小菴一宇一。安三置如法造立金色阿彌陀如來像一躯一。在二廚子一。三方立レ屏。正面當寺大佛并脇士・四天等像圖レ之。八幡大菩薩社壇并地形等圖レ之。左方聖德太子・聖武天皇・菩提僧正・鑑眞和尚・良辨僧正・行基菩薩等御影圖レ之。右方龍樹菩薩・羅什三藏・嘉祥大師・善導和尚・弘法大師・聖寶僧正等影圖レ之。同安二金色阿彌陀如來・觀音・勢至像一。模二善光寺像一。同安二三尺地藏菩薩像一體一。同安二尊勝曼陀羅一鋪一。同安二不動明王像一。同安二等身弘法大師御影一鋪一。起三立寶篋印石塔一基一。其中奉三納三十二粒佛舍利等一。建三立五間四面庫院一宇一。浴室造三加之一。建三立僧侶齋粥所一。三間僧房庫院之中間造レ之。建三立雜屋二宇一。資財帳在レ別。樂器箏一張。琵琶一面。鞨鼓一。鉦鼓一面。長日修二舍利講一之時。適伶人來而奏二管絃一。有レ調二供養一。爲二彼講一令二施入一之三寶通用田地等。一處合參町肆段。在二大和國山邊郡田井庄內一。劵契寄附狀等在レ之。一處合參名。在二山城國相樂庄內一。寄進狀等在レ之。一處合玖段。在二大和國添上郡東大寺領河上并件寺領內一。累代劵契等在レ之。右謹考二舊貫一。當院家者本願聖武皇帝御宇。爲二鎭護國家一被レ建二十二堂一之砌也。卽弘法大師。依二嵯峨明主之勅請一移三住當寺一之日。

來二入此所一號二南院一是也。而星霜多積。堂舍皆破。至二天慶元年一。明珍僧都再拓二道場一奉レ祈二國家一之處。從二治承年中一以降。聖跡埋レ礎。俗舍竝レ甍。而去仁治二年。定親僧正買二取一所之敷地一。建二立三論之道場一。卽修二長日之勤行一。奉レ祈二一天之安寧一。而去建長八年。院家忽破壞。談論空廢怠。定濟僧正讓二得彼舊跡一。欲レ建二立禪房一之剋。聖守永立二替西南院一。令レ傳二領斯靈地一。相博狀明白也。劵契等相二副之一。僧正已營二作西南院一。申二成舊院御願一畢。是又訪二三代之芳躅一。爲レ祈二百王之聖運一。去文永之寶曆建二立堂舍僧房一。安二置經論章疏一。卽專二三時之妙行一。敬祈二萬歲之寶祚一。剩却二異國異賊之凶惡一。爲レ致二王法佛法之護持一。新造二立四天王形像一。令レ講二讀金光明妙文一。素願無レ私。以二國土靜謐一爲レ望。玄感有レ憑。以二佛法弘通一爲レ最。凡厥堂舍房舍之建立。顯敎密敎之安置。更不レ假二他人之資助一。偏成レ從二一身之願念一。三寶之加被已有レ驗。四海之泰平更無レ疑。佛法僧之住持雖レ成二其願一。香花燈之料物未レ及二彼構一之處。今依二無相之願樂一。聊得二有緣之檀那一。各施二入小田一令レ與二同大願一。永任二施主之寄附一。可レ莫二後代之違亂一。但院家管領之仁。佛法住持之器。當時尙以稀。後年尤難レ測。廣訪二累代之聖跡一。竊尋二八宗之法門一。權者化人書寫之經論。被レ侵二雨露一兮朽損。先德明匠安置之聖敎。交二塵土一兮失滅。見レ彼聞レ此。肝消眼暗。縱不レ知下雪童之投二半偈一之志上。復雖レ忘下常啼之凌二百城一之功上。遠非レ可

交、此上或被脫歟

今、或令歟

大、據勘仲記弘安六年三月二十九日條補

帥、原作師、意改

レ尋近皆有レ聞。大師漂二蒼波一而求二佛法於異朝一。高僧凝二丹露一而傳二顯密於吾國一。因レ茲。不レ越二山河一飽得二諸宗之教一。不レ分二風波一已値二一代之法一。尤慕二累祖之芳德一。可レ崇二三學之妙道一。而人以二世財一爲レ珍。世以二佛教一不レ重。是雖レ爲二末世之儀一。尙悲二法滅之瑞一。但於二戒律護持之僧一。皆有二佛法崇重之志一。能撰二定器量一。可レ委二附眞俗一。若權勢之仁・破戒之輩於二相綺一者。還招二門跡之衰滅一。可レ致二聖教之散失一。口稱二興隆之由一。心插二扞妨之思一歟。諸處多以如レ斯。此條堅可二停止一。望請恩裁。偏爲レ護二王法佛法一。今崇二顯教密教一。早以二院家一被レ定二姑射山御願所一。而朝暮奉レ祈二千秋萬歲之仙算一。又於二住侶一必安二菩薩戒比丘僧一。欲レ修二習三論四曼之教法一矣者。早任二沙門聖守寄附一。以二東大寺內新禪院一永爲二御祈願所一。可レ奉レ祈二天長地久一狀如レ件。

弘安四年後七月　日　　主典代修理權亮安倍朝臣（資遠）在判

別當權大納言兼春宮大夫藤原朝臣（實兼）在判　　判官代勘解由次官藤原朝臣（雅藤）在判

權大納言藤原朝臣（經任）在判　　兵部權大輔平朝臣（仲兼）在判

前權中納言平朝臣（時繼）在判　　防鴨河使左衞門權佐兼春宮權大進藤原朝臣（定光）在判

前大宰權帥源朝臣（雅言）在判　　右衞門佐藤原朝臣（俊定）在判

陸奥出羽按察使源朝臣（資平）在判　　右少辨兼春宮大進藤原朝臣（爲方）在判

前權中納言藤原朝臣資宣在判
大藏卿高階朝臣邦經在判
參議修理大夫兼美作權守藤原朝臣隆康在判
參議兼備中權守藤原朝臣賴親在判
造東大寺長官參議右大辨近江權守藤原朝臣經長在判
權右中辨藤原朝臣經賴
左少辨平朝臣

一、眞言院

眞言院者。弘仁第十三之聖曆。　嵯峨天皇之御宇。　勅ニ　弘法大師（空海）一撰ニ甲勝之地一。新拓ニ灌頂之道場一。令レ祈ニ國家之安寧一。則官符偁。拔苦與樂佛乘是在。至心鑽仰何事不レ成。宜於ニ東大寺一爲レ國建ニ立灌頂道場一。夏中及三長齋月。修ニ息災增益法一。以可レ鎭ニ國家一云々。因レ茲點ニ大佛大殿之前一。當ニ東塔西塔之中一。忽建ニ五間四面之灌頂堂一。令レ安ニ兩部九幅之曼陀羅一。定ニ置二十一口僧一。勤ニ修息災增[益]法一。而建立之後。星霜多移。破壞之間。蹤跡空絕。般若開演之場。荊棘成レ林。寶玉安置之處。莓苔埋レ地。密壇何在。春駒徒嘶ニ

益、據傍註補
棘、原作棘、意改

廻、原作遂、據傍註改

東大寺眞言院敷地避文

建長六年三月二十一日東大寺眞言院敷地避文（東南院文書）參照

經、原難讀、據同上改

與、此下原有隆、據同上削

三、原作五、據同上改

今以下五字、同上無

賴以下三字、同上無

荒原之風一。禪床更空。秋鹿獨鳴二故苑之露一。而沙門聖守。且續二先王之御願一。奉レ祈二金輪之平安一。且崇二祖師之遺跡一。爲レ興二鐵塔之教法一。再欲レ拓二基趾一。竊令レ發二誓願一。仍跪二高野山之苔洞一而多年。泣請二大師之加被一。籠二大神宮之叢祠一而數廻。深仰二尊神之冥助一。而機感時至。靈託日新。依レ之亦擺二荒蕪之跡一。令レ始二土木之構一。不レ得二 勅施一不レ費二寺物一。只假二三寶之威力一。新企二一院之興行一矣。

避與

眞言院敷地事

右。眞言院者。 嵯峨天皇之御願。弘法大師之聖跡也。而顚倒經レ年。蹤跡空絕。爰中道上人（聖守）。且崇二祖師之遺跡一。且存二寺門之興隆一。忽尋二礎石一建二佛閣一。宜下勸二有緣一興中密教上云々。此條無レ極之願念隨喜尤深。已爲二寺中之莊嚴一裁許有レ便者歟。仍勒二子細一。永所二避與一之狀如レ件。

建長六年三月廿一日

別當前法務權僧正（今熊野定親）在判

大法師（賴詮歟）在判

宗覺　大法師在判

瞻尊　大法師在判

大法師

慶算　大法師在判

權寺主大法師在判

慶快　寺主大法師在判

寺主法橋上人位

定嚴　上座法橋上人位在判

嚴安　上座法橋上人位在判

抑東南院々僧智舜（尊良房。）竊起二再興之願一。爲レ築二々地一立二眞言院南垣形一之處。別當法務內大臣法務定親。自二新院一被二入堂一之時。依二便宜惡一。仁治四年九月五日忽被レ取二捨件垣形一了。依二此妄執一。智舜上人卽令レ籠二居光明山一了。依レ之爲レ斷二向後之煩一。所レ申二請別當等去狀一也。彼智舜上人者。依二一旦之惡望一令二隱遁一。愚質中道者（聖守）。果二多年之宿願一致二再興一了。

宗、以下二字、同上無

瞻、以下二字、同上無

慶、以下二字、同上無、以下同

位、同上紙背有聖守及花押

定、以下二字、同上無

嚴、以下二字、同上無

妄、原作忘、意改

惡、或怨歟

大聖之方便。順逆共蒙二利益一者歟。
建長六年六月十九日。自行二向淀津一買二取料材一了。下向之時。奉レ圖二大師御影一令レ懸レ頸了。色紙形之銘。行遍僧正十九日朝被レ書レ之。於二此材木用途一者。前下總守行經（惟宗）朝臣百五十貫令二施與一。自二大神宮一令二下向一之後。纔經二十餘日一不慮奉加。偏起レ自二神慮一歟。
同六月廿七日。柱虹梁以下大物。百廿餘物運二上眞言院跡一了。一寺令二歸伏一萬人擧感嘆而已。
同六年七月廿三日。廻廊檜垣始レ之。
同八年八月十六日。事始。
木工卅餘人。當寺新本兩座也。
大工三人。宗重　助延已上本座。　行成新座。
正嘉元年七月乙卯三日。眞言院僧房上棟。五間四面屋一宇。五間庫院一宇。五間對屋一宇。
大工助延。祿物以下。注二別紙一。
同二年十月十五日。灌頂堂上棟。
・大工宗重。
祿物。馬二疋。一疋置レ鞍。錦被物一重。捻重一領。

・大以下四字、原在前行下、意改

助延
馬二疋。一疋置レ鞍。捻重一領。縫一在二縫物一。
行成。同レ前。
權大工九人。各馬一疋。生衣一領。
引頭九人。各綾被物一重。
長六人。各紺布紫等染物等。
連七人。紺布各一反。
奉行。三綱。實祐法橋
役人。大童子瑠理王丸
陰陽師。散位資（安倍）朝。馬一疋引レ之。
爲二見物一兩寺大衆。濟々群集。
弘長二年　月　日。一間四面堂閣。令レ建二眞言院一號二舍利殿一。奉レ安二東寺御舍利一。件御舍利。去年三月廿九日。一長者實瑜僧正之時。開田准三后（法助）沙汰經二上奏一。奉レ入二當院家一了。
其式具載二供養篇一
上棟大工助延。馬一疋。生衣一領。淺黃直垂。吳綿十兩。地白一反。細布一反。

在以下三字、或有誤歟
布、原作面、意改

滞、或滴歟

□、原難讀

弘長二年正月十六日。眞言院東面四足建レ之。顛倒之後。都不レ知二其跡一。而自然懸二今所一建二彼門一之處。雨滞石疊。築垣土居等。忽堀二出之一了。不レ違二尺寸一。在二今門幷築地下一。可レ謂二奇特一。冥感之至。行遍僧正殊拭二感涙一。

同七月廿四日辛未上棟。

資朝。擇二進吉日一了。

懸レ額號二眞言院一。近衞殿(藤原基平)。、、。但打□了。

文永五年十月　日。眞言院本僧房。依レ爲二板屋一壞二去之一。建二三間四面檜葺僧房一了。

上棟。

大工助延。馬一疋。丸柄太刀一腰。

但依二所勞一一日雖レ不二參仕一。以二年來之功一召二付大工一。又給二被物一了。綾。

權大工二人。被物一重。丸柄太刀一腰。桑孫四丈。

引頭十人。衣一領。錢八百文。

文永六年五月十一日。僧房內室禮始作レ之。巧匠七人。

自二男山御社殿一奉レ移二三所御性體一。幷圖二等身大菩薩御影一。奉レ崇二此僧房一。仍准二社壇一號二神護殿一。在レ額。前內大臣(藤原基家)、、。書レ之了。

文永六年八月　日。眞言院庫院。造三替之一。五間三面屋一宇。
同九年。眞言院七間僧房造レ之。以二北端二間一爲二僧堂一。在レ額。號二眞言雲堂一。左京大夫（藤原）經朝書レ之了。
文永十一年十二月。鐘樓造レ之。同懸二鐘一口一了。

太政官牒東大寺
應丁任二弘仁官符一。以二眞言院一爲二鎭護國家道場一。令丙長齋梵行淨侶勤乙修息災增益法甲事
右。太政官今日下二治部省一符偁。得二沙門聖守去年十一月　日奏狀一偁。東大寺眞言院者。去弘仁第十之聖曆嵯峨天皇之御宇。勅二弘法大師一撰二甲勝之地一。新拓二灌頂之道場一。令レ祈二國家之安寧一。則官符偁。拔苦與樂佛乘是在。至心鑽仰何事不レ成。宜於二東大寺一爲レ國建三立灌頂道場一。夏中及三長齋月修二息災增益法一。以可レ鎭二國家一云云。因レ茲點二大佛大殿之前一。當二東塔西塔之中一。忽建二五間四面之灌頂堂一。令レ安二兩部九鋪之曼陀羅一。定額廿一僧守二勅命一而修二息災增益之祕法一。御願千萬代任二叡慮一而勤二天長地久之精祈一。爾時。鳳城塵收。百王偏馮二護持之力一。鯢海波閑。萬民併仰二修念之德一。四曼荼之尊。始開二於斯地一。兩部界之月。新耀二于當院一。君臣尤可レ被二崇重一。緇素豈以不二歸敬一哉。就レ中摩尼之寶玉云埋。遺

左、原作右、據公卿補任弘長元年條改
太政官牒
今、原作令、據傍註改
十、上文云十三〇拓、原作袥、意改
勅、此上奏上案有闕字
叡、此上同上有闕字〇鳳、此上同上有闕字
荼、同上作陁

金、此上同上有闕字〇拓、原作袥、意改、以下同
冥、原作宜、意改
跋、奏上案作跋
復、原作複、意改
〇仁、此下之脱歟
依、奏上案無〇蓋、同上作盍
天、此上同上有闕字〇專以下十六字、據同上補
修、據同上補〇聖、此上同上有闕字

身之舍利同納。而建立之後。星霜多移。破壞之間。蹤跡空絶。般若開講之場。荊棘成ㇾ林。舍利安置之處。苺苔埋ㇾ地。密壇何在。春駒徒嘶㆓荒原之風㆒。禪床更空。秋鹿獨鳴㆓故苑之露㆒。然而高祖日々之影向。猶無㆓闕怠㆒。舊跡連連之檢知。頻示㆓靈異㆒。重源和尚參詣之剋。鈴音親韻㆓于瑜伽壇之上㆒。聖慶得業瞻禮之處。瑞光正現㆓于灌頂堂之蹤㆒。加以正治之秋天。紫雲屢聳。建保之春日。金篋忽彰。雖ㇾ爲㆓末世㆒。非ㇾ無㆓奇特㆒。爰聖守且續㆓先王之御願㆒。奉ㇾ祈㆓金輪之平安㆒。且崇㆓祖師之遺跡㆒。欲ㇾ興㆓鐵塔之敎法㆒。然則再爲ㇾ拓㆓基趾㆒。竊令ㇾ發㆓誓願㆒。仍跪㆓高野山之苔洞㆒而多年。泣請㆓大師之加被㆒。籠㆓太神宮之叢祠㆒而數廻。深仰㆓尊神之冥助㆒。而機感時至。靈託日新。依ㇾ之去建長第七之曆。暮春三月之天。始擺㆓荒蕪之地㆒。令ㇾ跋㆓土木之構㆒。不ㇾ待㆓勅施㆒。不ㇾ費㆓寺物㆒。只假㆓三寶之威力㆒。速遂㆓一院之興行㆒。佛閣僧院皆復㆓弘仁往蹤㆒。本尊道具悉同㆓大師之在世㆒。剩安㆓數ロ之淨侶㆒。令ㇾ修㆓兩部之大法㆒。但三衣一鉢之資緣依ㇾ令㆓闕乏㆒。二十一ロ之定額雖ㇾ不㆓滿足㆒。漸致㆓其勤㆒。蓋成㆓彼願㆒。抑至㆓當院止住之緇徒㆒。宜守㆓高祖遺誡之玄旨㆒。最護㆓持五篇之禁戒㆒。可ㇾ修㆓行三密之祕法㆒。若不ㇾ全㆓身器㆒。爭可ㇾ受㆓法乳㆒。世雖ㇾ屬㆓末法㆒。人莫ㇾ忘㆓本敎㆒。破戒無戒之輩。更不ㇾ可ㇾ住㆓當院㆒。淨行梵行之仁。尤可ㇾ令ㇾ居㆓今砌㆒。望請天裁。早任㆓弘仁之官符㆒。專守㆓承和之宣旨㆒。永爲㆓鎭護國家之道場㆒。安㆓置淸淨持律之僧侶㆒。令ㇾ勤㆓修息災增益之祕法㆒。可ㇾ奉ㇾ祈㆓聖朝安穩之御

全、原作令、據同上改
小、原作少、意改

願一之由。被二宣下一者。彌全二三長齋月之妙行一。遙祈二千秋萬歳之寶祚一。幸奉レ値二黄河一清之聖代一。久欲レ湛二青龍三密之法水一者。正二位行權大納言藤原朝臣信嗣宣。奉レ勅。依レ請者。省宜承知。依レ宣行レ之者。寺宜承知。牒到准レ狀。故牒。

弘安四年四月六日　修理左宮城判官正五位上行左大史兼備前權介小槻宿禰（秀氏）在判牒

從四位下行左少辨平朝臣（信輔）

左大史返事

小槻秀氏書狀

依レ無二指事一。未レ申二案內一候之處。悅承候了。於二向後一者。細々申承可レ爲二本意一候。抑眞言院興隆事。隨喜申候。官牒一通。內々令二召獻一候。每事期二後信一候。恐々謹言。

（弘安四年）四月十八日　左大史秀氏

逐申。

請印政昨日被レ行候。相二待政一候之間。愚報遲々。以外候。

西南院

檐、原作模、意改
可、原難讀、意改

右件院者。如意寺本願女親王・藤原貞子。爲二鎭護國家一。以二天平神護年中一。圖二一院一所二草創一也。委見二要錄一。而顚倒之後送二年序一之間。佛場削レ跡。人屋竝レ檐。而沙門聖守。令レ興二靈場一爲レ建二僧院一。對二于六人之領主一買二取一所之敷地一。卽弘長三年八月五日壬子。一間四面堂舍一宇建二立之一。

文永元年九月三日。五間四面僧房造二立之一。

同年。五間四面庫院同營作。

同二年十月比。立二經藏一。爲レ遁二火難一。只如二土藏一。

定親僧正入滅之後。定濟僧正被レ傳二領新院舊跡一之剋。卽可レ被レ再二興彼院家一之處。聖守申云。新院者爲二寺中之屛所一。强非二寺門之莊嚴一。西南院南大門之脇。大佛殿之前。當寺眼目揭焉之院家也。就レ中善無三藏止二宿于此砌一。弘法大師來二住于此場一。其上寺門最初之僧院。鎭護國家之道場也。早以二當院家之敷地一。被レ立二替西南院於此砌一。可レ被レ建二院家一云々。仍感嘆隨喜進相二博敷地一。被レ拓二一院一了。

文永四年六月　日。西南院事始。

同六年。造畢。

寢殿一宇。五間四面。公卿座。中門廊。殿上廊。

小房一宇三間四面。先師僧正(定親)被レ造二今熊野之南一了。而入滅之後。被二移渡一了。
侍所。對屋幷部屋町一宇。御廚子所。
車宿所。隨身所等未レ被レ造レ之。
同年三月二日。移徙。
同年冬十月。新院本堂舍被レ曳三移于西南院一了。緇素成レ群。兒童付二轆轤一之間。兩寺五師
成業被レ付二大繩一。或押二轆轤一了。院主僧正(定濟)于レ時依レ爲二寺務一。同十二月九日。自二此院家一
遂二拜堂一了。翌日十日。有二延年一。成業田樂。有二童舞一。遂以二當院家一被レ申三成　法皇(後嵯峨)御祈
願所二了。

徙、原作從、意改
兩、或當歟

後嵯峨院廳置文

院廳
　可下早任二權僧正定濟寄附一。以二東大寺內西南院一爲二御祈願所一。奉上祈二天長地久御願一事
右。去二月　日彼定濟解狀偁。請下殊蒙二院廳裁一。以二東大寺內西南院一被レ定三置一院御願
所一。永爲二不朽道場一。可レ致二鎭護國家御祈禱一由。被上下二廳御下文一狀。建立安置堂舍・僧
房・佛像・經典等。一間四面檜皮葺堂一宇。安三置丈六釋迦如來像一躰。脇士普賢・文殊
像各一躰。三論列祖影像二十鋪。壁圖レ之。三間木瓦葺經藏一宇。納二眞言三論等諸宗聖

矣、或兮歟
聞、此下或之脫歟
缺、原作欲、意改
擅、原作檀、意改

敎一。五間四面檜皮葺寢殿一宇。在二具屋一。三間四面檜皮葺僧院一宇。五間四面僧房一宇。土間屋一宇。右。謹考二舊貫一。當院家者天平神護年中。隣二大伽藍一矣卜二甲區之地一。發二大誓願一兮拓二締構之基一。異朝本朝之高僧多來至二于彼砌一。顯宗密宗之深法專弘二傳此場一。當寺最初之別院。國家鎭護之道場也。而星霜屢推遷。佛閣悉顚倒。聖跡跡埋兮法音久絕。人屋屋竝兮俗語頻囂。止住之侶。往還之客。見レ之聞莫レ不二傷嗟一。然而唯有二慙愧哀歎之詞一。敢無二修治興復之人一。爰定濟。智行共缺而寫瓶之水雖レ難レ澄。官祿惟重而 皇澤之雨遍相濕。思二此事一顧二涯分一。偏以二法力一非レ聞二榮運一。只浴二聖仁一飽レ擅二名望一。欲レ奉レ報二此皇德一。不レ如三只假二佛威一。因レ茲今攤二荒蕪之聖跡一。幷跂二土木之新功一。萬德之尊容映二秋月一兮耀輝。數字之僧院混二春華一兮添レ飾。加以始修二長日數箇之勤行一。奉レ祈二聖朝萬歲之延祚一。即撰二二十口之白足一致二七十日之玄談一。講二讀三論宗之章疏一。令レ鬪二諸大乘之奧義一。兼又屈二十八人之學徒一。朝暮講二讀法花・仁王之兩典一。以二三七口之禪侶一。晝夜勤二修法華三昧之行法一。抑此堂舍之構。講論之勤者。先師定親僧正。平生發二勇猛精進之懇願一。雖レ充二置供佛・施僧之資貯一。不レ圖令二廢怠一。空以送二居諸一。爲レ答二謝其曩意一。重興二行此善業一。往日之勤。當時之功。只偏奉レ祈二朝家之安全一。爲レ添二露地之潤色一也。相二思願念之無一レ私。足レ爲二鎭護之道場一。且例不レ可レ求二于當寺一。尊勝院者光智僧都寺務之時。勵二花構一所二草創一也。爲レ傳二未來際一。申二寄御願寺役一者。天曆明主之上計也。依レ請下レ詔。此者當代仁君之德化也。以レ古模レ今。望請恩裁。任二申請一。下二廳御下文一。被レ定二置御願寺一者。佛閣之行法契二龍花一兮無二退轉牢籠之期一。守文之紲體超二鳥紀一兮誇二理世安樂之俗一。佛法者依二我君之崇敬一梁棟永不レ傾。我君者依二佛法之加護一玉體彌無レ動。衆海因レ之靜謐。異賤為レ之攘除。然則昆閬之庭。千秋之月影遙照。射山之麓。萬歲之嵐聲常聞矣者。早件西南院任二僧正定濟寄附一。永為二御願所一。可レ奉レ祈二天長地久御願一之狀如レ件。

文永七年四月　日　　主典代大藏大輔兼日向守皇后宮大屬安倍(資俊)在判

別當兵部卿藤原朝臣(隆親)在判　　判官代右衞門佐兼春宮權大進藤原朝臣(俊定)在判

權中納言兼大宰權帥藤原朝臣(經俊)在判　　右衞門權佐兼春宮權大進藤原朝臣(定藤)在判

權中納言藤原朝臣在判　　防鴨河使左衞門權佐朝臣在判

權中納言藤原朝臣在判　　右少辨藤原朝臣(兼賴)在判

正二位藤原朝臣　　左少辨兼春宮大進藤原朝臣(經長)在判

參議丹波權守源朝臣(資平)在判

正二位藤原朝臣在判

造東大寺長官左大辨兼長門權守藤原朝臣(資宣)在判

賤、或賊歟

倍、原作部、意改

佐、此下有脫歟

修理宮城使左中辨藤原朝臣（經業）在判
權右中辨兼皇后宮大進藤原朝臣（光朝）在判

（校合奧書）
一交訖。

新熊野法務定親拜堂記

列、原作烈、意改、以下同

新熊野法務定親。拜堂記

仁治二年十月廿六日

一、當日天晴。政所房中御門房。

臨二御出之期一。三綱等退二座所一下三向南庭一。以レ東爲レ上。威従等同下二庭前一。房官徘三徊中門内一。綱掌蹲三居南庭一。仕丁・小綱・所守・鎰取等候二于門前一。

御出。自二寝殿日隱間一下御。沓役能玄。

威儀僧下三向于車宿前庭一。各臨レ期仰首。

一、行列次第奉行三綱寺主定嚴。

先仕丁一人。持二白杖一。着レ褌。　次仕丁一人。捧二御幣一。着レ褌。

次引二神馬一。褐冠職掌二人引レ之。　次仕丁四人。二行。退紅。

次所守二人。二行。　次綱掌六人。二行。

次小綱六人。但雖レ有二七人一。尊慶雖レ給二裝束一。依レ爲二末座一不レ立二御前一。　次下所司二人。二行。
次前驅六人。二行。　次三綱六人。二行。
次從儀師二人。二行。　次威儀師二人。二行。
前代五師成業等勤二前驅役一。中古卽仁安顯惠・治承禎喜等拜堂之時。召二具五師・成業等一了。而近代被レ止二其儀一了。
次政所。
御共次第
先鎰取八人。二行。鎰取行列依レ爲二御後一爲二上童一無骨之間。立去而行列了。仍上童前無レ人。神妙之儀也。
次上童六人。一行。龜若・土用石・惣持王・得王・有王・乙鶴。
次扈從一人。定濟。內大臣得業。定通(源)內府息。上童一人。藥王。
次威儀僧。
僧綱・已講・成業等。廿一人。各椎鈍衣。五帖。
五師五人。各法服。平袈裟。
草座・居箱役人各一人。
次中童子。二人。二行。次大童子六人。二行。

去以下二字、或有誤歟
定通、原本文、意改○府、原作符、意改、以下同
服、原作眼、意改、以下同
居以下七字、原割註、意改

次法師原。十二人。

一、御ニ參大佛殿一。

自ニ中御門房一至ニ于西廊一。入レ自ニ南中門一御參堂。仕丁・小綱・綱掌・前驅等徘ニ徊壇下一。所司・上童幷役人・前驅・威儀僧等悉昇ニ壇上一畢。

御幣。留ニ南中門一者。成就院僧正(寛助)以後例歟。

入堂之剋置ニ物具一。

御座。正面內重敷ニ小文高麗二枚一。

見ニ辨曉例一。敷ニ大文二帖一云々。大文之條如何。

導師座。御座西脇床高禮一枚敷レ之。

御着之後被レ行ニ誦經一。槌ニ大鐘一。三聲。

誦經物一裹。准布十五反。置ニ佛前一。在ニ御諷誦文一。

導師權少僧都乘信。法服。紫甲。

御誦經事畢。導師復ニ本座一之時。給レ祿。綾被物一重。龜若取レ之。裹物一。得王取レ之。

當寺拜堂雖レ及ニ數十代一。兒童勤ニ此役一事。先規未レ勘レ之。無レ例之珍事。有レ興之次

復、原作複、意改、以下同

第也。仍萬人驚レ目。一會動レ意也。可レ謂二後代之美談一歟。

次八幡宮。

御殿御簀十一間被レ懸二改之一。幷若宮・武內・伽和良・松童等御簀同被レ懸二替之一。當社御遷宮之後。當寺拜堂今度始也。

出レ自二南中門一御二參八幡宮一。圓成寺大僧正（寛遍）・尊勝院法印（辨曉）任。自二東廊一被レ出了。

御前等次第。如レ前。

御座。正面舞殿高麗二枚敷レ之。小文。在二差莚等一。

御幣七捧。先例雖レ爲二五捧一。今度遷宮之後武內・高良兩社造二加之一。仍令レ增二二捧一。

寺主定嚴持參。再拜二段之後給レ之。與二神主延久一令レ申レ之。

膝突白布。大童子取レ之。

神馬一疋。大童子二人引レ之。辨曉・定範等任。侍引レ之。

祝師祿。綾被物一重。能玄上座取レ之。

次御退出。行列如レ前。

次食堂。故大和尚（重源）堂也。

御佛觀音。磬・禮盤立二儲之一。

令レ立二正面外一之間。上座法橋範慶請二取官符一。入二堂内一讀レ之。退出之時賜レ祿。綾被物一重。惣持王取レ之。

次御着座。

正面内。足高切床高麗二枚敷レ之。小文。向レ東。

次三綱着座。南床。下司所司着座。北床。

御誦經導師着二北中床一。但兼參儲二高麗一。

御誦經物一裹。佛前置レ之。在二諷誦文一。大鐘槌レ之。

導師定慶擬講。法服。青甲。

御誦經事畢。導師復二本座一之時。給レ祿。綾被物一重。有王取レ之。裹物一。乙鶴取レ之。

次床下僧等引レ袋。近年後日引レ之。

其後御退出。

次竈神殿。

自二本食堂西壇下一經二亭屋之跡一御二參竈神殿一。御着之時。樂所發二亂聲一。馬道横東間

簾張二三間幄一爲二樂所一。

次御着座。御物具如レ前。

着以下四字、原割註、意改〇參、衍歟

簾、或簷歟

御座。馬道西妻戸間。無足切床小文高麗二枚敷レ之。三面在二差莚一。御後絹屏風一帖立レ之。

三綱座北庇。西上。二行。東西行。高麗一帖・紫三帖。

勾當座三綱座後。一行。東西行。

綱所座三綱座東。副レ東儲レ之。

而威從等申云。被レ設二綱所座於三綱次座一事。未レ得二其意一。爲二法務一被レ賞二綱所一之日。既於二行列一三綱前列行畢。至二座席一何可レ爲二下座一哉。仍及二猶豫一之所。進以着座。但以レ中爲レ上。凡此事綱所訴訟更非二新議一。卽宮僧正（道尊）房御任。去承元二年爲二法務一被レ遂二拜堂一之日。如二今度一被レ儲二座席一之間。申二子細一不レ被二着座一。當時沙汰之次第。頗令レ存二穩便一。若不レ辨二先規一歟。

次房官取二御幣三捧一。授二寺主定嚴一。々々持參而進二之於差莚上一。御拜。其後定嚴給レ之。與二神主延久一。次房官取二軾布一反一給二延久一。其後祝令レ申レ之。

祝祿。綾被物一重。房官取レ之。

宮僧正任。御拜之間。三綱不二着座一。各座下畏蹲。此儀彼時始例也。

卽於二八幡宮等御拜座一高麗二帖重敷レ之。而於二御拜座一者諸所大略敷二半帖一。然者可レ供二半帖一之由被二仰出一之間。莚二枚竝敷レ之。其上敷二半帖一枚一了。大文。其後必不レ守二彼例一歟。仍今度兩所共高禮二帖重敷レ之。

次舞四。襲裝束。先例多用二蠻繪一。是陵忌基歟。

左　萬歳樂　賀殿

右　延喜樂　地久

斯間下司竈神殿御幣三捧在二膝突布一。幷祿物等相具。以二下司所司榮久一爲二御使一令レ供畢。光(狛)成申レ之。

次上司廳。自二竈神殿一至二廳檐一敷二莚道一了。

出二竈神殿馬道一令レ向レ廳給。入レ自二廳中間一。通二中北床之際一着二御東床一。小文二枚敷レ之。三面差莚。御後絹屏風立レ之。入御之時役人置二物具一事如レ前。

六人上童中土用石一人參二御共一。自餘留二竈神殿邊一畢。

次三綱着座。北床。東上南向。

中床

南床

於二此二行床一。雖レ無二着人一可レ敷レ疊。卽圓成寺日記可レ敷二高麗一云々。但近代用二紫緣一。

無、原作不、意改

廳南庭引レ幔。在二幕柱一。

扈從人幷威儀僧等徘二徊于廳西檐邊一。先例上下幔外徘徊云々。

次上司目代上座法橋範慶下レ床。於二中床巽角間一仰下可レ奉レ渡二印鎰一之由上。出納任レ例開二印藏一。登レ倉前申二奏開由一。二聲。其後令レ開レ藏。奉レ出二印鎰櫃大小五合一。在レ覆。出納八人舁二出南庭一。居レ案。廳中上下首頭請二取之一。舁二寄中床東間一。爰下司目代兼俊下向。與二上司目代範慶一但代二都維那慶快一。依レ爲二僧綱一。又是例也。相具請二取之一。居二置御前中床上一之後。各次復二本座一。

次小綱二人。內一人硯役レ之。折敷居レ之。筆二管墨一廷。水入置レ之。一人紙置レ之。蘿箱蓋入レ之。上紙五枚。持參共置二辛櫃面一。硯等執筆三綱沙汰歟。

次寺主定嚴渡二居中床一。開二唐櫃一成二吉書一。美作國御封返抄也。其後入二蘿筥蓋一具レ筆。自二床上一廻二唐櫃南一膝行。申二御判一。給二御判一之後。三綱次第加署。以二小綱一取レ之。加判事畢。返二于執筆三綱一。卽取レ之成二正印一之後。申二御封一付二印櫃一。於二鎰箱一者吉書三綱付レ之。

次第綷畢。下座之時給レ祿。

綾被物一重。土用石取レ之。

次備二酒肴一。上司目代役。但近來被レ略レ之歟。

抑廳屋吉書事。以二權上座法橋隆嚴一兼日被二仰付一之所。聊依二訴訟一不レ待二出仕一之間。

幔、原作縵、意改、以下同

任、原作在、意改

待、或得歟

微、原作嚴、據傍註改

當日始被レ仰ニ付奉行三綱定嚴一也。

次廳屋式事訖。政所令レ立給之時。草座役人置錢下文置レ之。乃米一石下文也。

還御次第。經ニ本路一自ニ大佛殿一直至ニ中御門一。入御畢。御威儀人々退散了。

次還ニ入政所房一。

御座。母屋小文高麗二枚敷レ之。（御後立ニ絹屛風一帖一。在ニ差莚一。）

政所御着座之後。上下首頭・出納等持ニ參印鎰櫃大小五合一。

下司首頭光成參ニ立南庭一申云。印鎰令ニ渡御一。于レ時政所御答云。吉時者。（微音。御動座。）

次上下目代昇ニ上之一。置ニ御前一。（上司慶快・下司兼俊。）

凡上司目代昇ニ上手一事。是例也。而上司目代法橋範慶依レ爲ニ僧綱一。以ニ子息慶快一爲ニ代官一之間。兼俊上座申云。代官之仁已以下臘也。兼俊雖レ爲ニ下司目代一。對ニ慶快一之日。是上臘也。尤可レ昇ニ上手一之由。令レ申之間。以ニ上司目代々官一爲ニ下臘一。此事先例尤可レ尋也。

一、各給レ祿。

目代二人（範慶代慶快・兼俊。）各綾被物一重。（役人。）

先上司目代々官給レ之。次下司給レ之。

首頭二人（延久・光成。）　各合衣一領。
出納八人（上・下。）　各白布一反。
次拜禮。（在㆓莚道㆒。二行。三綱東。五師西。以㆑中爲㆑上。）
先三綱六人。　五師五人。（一行。中高。）
勾當二人。（後莚立㆑之。同時拜禮。）　次小綱七人。（一行。）
次職掌廿二人。（二行。）
先例。拜職掌廿人也。而今度久(多)行・久(多)定父子共在㆓子細㆒被㆓召具㆒之間。所㆑增㆓廿二人㆒也。是依㆑難㆑捨㆓住寺職掌㆒歟。次先代一物以下。隨㆓位階㆒雖㆑令㆓列立㆒。今度久行雖㆑爲㆓右方二物㆒。對㆓左方一物近眞(狛)㆒之日。依㆑爲㆓座席之上臘㆒。列立上下聊令㆓相論㆒之間。唯五師・三綱以㆑中爲㆑上令㆑拜畢。仍無㆓違亂㆒。

一、拜祿

三綱六人　五師五人
各綾被物一重。（役人房官。）
　三綱中依㆑有㆓僧綱㆒先給㆑之。次五師。彼此各度相交給㆑之。
勾當二人　同綾被物一重給㆑之。

小綱七人　各單衣一領。

職掌廿二人　各單衣一領。

小綱如レ例召ニ立南庭一給レ之。役房官。職掌召ニ寄東面一給レ之。

一、着座

僧綱三口　已講一口

五師五口　三綱六口

勾當二口但依ニ座狹一不ニ着座一。是先例也。

已上法服。平袈裟。

成業十二口。

已上鈍色。五帖。

次權上座兼俊成ニ下司吉書一。目代。

硯・墨・筆・紙等儲ニ置之一。小綱役レ之。

成ニ吉書一訖。入ニ蘿筥蓋一持參。膝行而直申ニ御判一。執筆三綱復ニ本座一之後。三綱次第加署。

以ニ小綱一取レ之。但不レ成ニ正印一。近代例歟。

次着ニ饗膳一。黒田庄役。御着座以前居ニ儲之一。

座、原作庄、意改

御料十二本在ニ打敷一。副御料一前衝重六本。
請僧料廿七前　御料手長上座能玄。
僧綱・已講・成業・五師・三綱役人。初獻ニ御盃一。一臘三綱範慶參寄時。手長擧ニ折敷一給レ之。
第二獻。出仕一臘乍レ着ニ本座一給レ之。第三獻。一臘三綱如レ前。
斯間舞四奏レ之。衣冠。
左　萬歲樂　賀殿
右　延喜樂　地久
但今日當（藤原兼經）殿下依レ爲ニ春日御參宮一。舞人等聊指合之間。被レ略レ之了。且尊勝院任。依レ指ニ合仁和寺舍利會一被レ略。斯日舞事在レ之。尤可レ謂ニ先例一歟。
但樂人饗卅前。庄役內下レ之畢。
次被レ曳ニ祿物一。
僧綱三口　已講一口　五師五口
三綱六口　成業十一口　勾當二口
已上廿八人綾被物各一重。役人房官。
次被レ牽ニ御馬一事。

奏之、原割註、意改

祿、原作錄、意改

僧綱三口（貞禪・聖玄・禎助。）　已講一口（定慶。已上役人房官。）

樂人別祿事。

將監十人　將曹十一人

府生四人　無官六人

例祿白布卄端

裝束預三人（白布。）

抑樂人祿物事。奉行三綱召三立庭上一守二座席一給レ之者先例也。而今右方久行乍レ為二二物一。依レ為二一物左方近眞之座席上臘一。給レ祿前後聊論申之間。祿物悉被レ送三遣樂所一。仍無二召立之儀一。只以二樂頭光成之沙汰一引レ之畢。次近眞依レ為二一物一一重別給レ之。是例也。而又久行為二近眞一為二座席上臘一之上。為二樂所勾當一之間。同可レ預二別祿一之由依レ令二訴申一。重一重給レ之。此事東南院（定範）任有二如レ此例一之由依レ令二勘申一歟。

小綱七人（白布各一反。於二東面一給レ之。）

已上給レ祿之後入御。

上下職掌・木工・葺・鍛冶・瓦工・下部・作手・主典・銅細工・佛師・經師。如二此等一之諸職在二饗膳一。庄々幷庄官役。於二小綱一者毎日給レ之。

第二日廿七日。天晴。

第二日御入堂者先例也。而今日殿下自二黑木御所一依下令レ參二春日社一給上。事々指合之間。

被レ止二今日儀一畢。

臨二未剋一廚饗膳居レ之。笠間庄役。

御料以下儀式。如二初日一。

但政所無二御着座一。

僧綱三口　五師五口

三綱六口・　勾當二口

成業十一口

各給レ祿。

綾被物一重。役房官。

次被レ引二御馬一。房官引レ之。

僧綱三口祐明・定寛・宗性。

於二南庭一引三給之一。

三綱六口範慶・嚴宴・兼俊・定嚴・俊快・慶快。

口・、原作日・、意改

式如レ前。
今日及ニ夜隱一之間。庭前立明儲レ之畢。褐冠職掌役レ之。

第三日廿八日。天晴。
先御入堂。巳刻。
自ニ中御門房一入ニ大佛殿西軒廊一經ニ壇上一御入堂。扈從僧・威僧・上童・勤レ役房官等
登ニ壇上一。自餘候ニ于壇下一。

行列次第
公人・小綱等前行。裝束如ニ初日一。
次政所。椎鈍衣。五帖袈裟。歩行。
上童四人有王・毘沙熊・金剛・駒王。
扈從一人　定濟內大臣得業。
從僧四人
威儀僧如ニ初日一。
中童子二人　大童子二人　力者十二人

從、此下或々脫歟
○威、此下或儀脫歟
王、原作石、據下文改

政所御着座之後。被ㇾ行二御誦經一。

導師權律師宗性法服。紫甲袈裟。

御誦經事訖給ㇾ祿。

綾被物一重。有王取ㇾ之。裹物一。毘沙熊取ㇾ之。

大佛殿式事畢。出ㇾ自二南中門一御三參八幡宮一。其後還御。式如ㇾ前。

御入堂間居三儲廚饗膳一。

御料式。如二前々日一。

政所御着座。

僧綱二口　五師五口

三綱六口　勾當二口

成業七口　大四口

中臘一口依二老耄一不ㇾ能二出仕一。唯見座。

三獻事畢之後被ㇾ引二祿物一。

各綾被物一重。役人房官。

但五師・三綱・勾當等除ㇾ之。

御、原作佛、意改

取、此下有脱歟
駲以下三字、或有誤歟
飜、原作乙、意改
○首、此下或而脱歟○隱、原作蘟、意改
音、或童歟
曲、此下之脱歟
絲、此下之脱歟○妍、原作奸、意改
雪、衍歟
具、原作日、意改

次被レ引ニ御馬一。役人房官。僧綱二口・五師五口。各請取從僧・大童子畢。
給レ祿撤レ饗退出。

今日儀式事訖。有ニ童舞之駲一。數策少人皆列ニ堂上一。七寺大衆集ニ庭前一。而刷ニ花顔月貌之姿一。互飜ニ廻雪飄雲之袖一。若老叩レ首振ニ感興之聲一。貴賤鳴レ舌而吐ニ稱美之詞一。漸及ニ夜隱之程一。有ニ延年之沙汰一。是西室定顯得業之結構也。而時刻推移。會場物舞之間。或抑レ鼻重動ニ童舞一。或揚レ聲聒催ニ猿樂一之處。及ニ深更一色衆始來臨之間。諸事無レ興也。自ニ延年者方一出ニ若音兒一令レ舞畢。其後雖レ有ニ猿樂一不レ覺ニ人眠一。而今自ニ翠簾之中一出ニ千王君一令レ舞之間。一會不レ惜レ聲。萬人催ニ感興一之所。重出ニ有王君一。而囀ニ郢曲詞一。揚ニ迦陵之聲一了。凡姿是嚴。似ニ織錦之萩嫋レ露。心實妙也。有ニ展絲薄靡レ風。詞花鮮妍。梅嶺之雪慙レ色。言葉婀娜。柳門之煙徧レ陰。色衆饒レ之。振ニ狂言倚語之才藝一。狂僧乘レ興。廻ニ雪秀句答辨之風情一。

入物事

小綱裝束七具如レ常。　堂童子裝束六具。如レ常。
下部當色十四具如レ常。

一、綾被物百廿六重

二重食堂官符・誦經導師。　二重上下竈神殿祝師祿。
二重上下吉書。　一重大佛殿誦經料。
一重八幡宮祝。　二重上下目代印鎰祿。
六重三綱六人祿。　五重五師五人祿。
二重勾當二人祿。　五十九重三日廚着座僧祿。
卅三重樂所祿。　一重入堂誦經料。
一重執行祿。　一重惣奉行三綱祿。
二重樂頭二人祿。　一重出世後見料。
一重執行別祿。　四重木工大工料。
一、合衣六領
二領上下首頭。　四領府生四人祿。
一、單衣五十一領
七領小綱七人祿。　廿二領職掌廿二人拜祿。
六領無官六人。　四領檜・皮葺大工。
四領鍛冶大工四人。　六領兩座木工權大工各三人料。

檜・、原作禬・、意改

單衣不足代紺面・一切給レ之。還過差歟。

一、白布

二六丈禪料。　五端鐘木緒。

三端膝突。　八端出納八人。

三端裝束預。　廿端樂人例祿。

七端小綱七人。　四端葺兩座。

一端瓦權大工。

一、馬廿五疋

一疋。神馬。顯・惠任始レ之。　十疋僧綱・已講十人。

六疋。三綱六人。禎喜僧正始也。　五疋五師五人。定豪僧正始也。

一疋。修理目代。　一疋同小目代。

自餘入物等不レ能ニ委記一。且守ニ先師僧正之例一。且任ニ代々拜堂之記一。具見ニ于用意記錄・。一

東大寺拜堂用意記

面・、或布・歟

顯・、原作公・、據傍註改

錄・、原作祿・、意改

東大寺拜堂用意記

料、或誤歟

本以下三字、或有誤歟

條々事

一、祿物

被物百三十二重

二重　食堂官符祿幷誦經導師布施。

一重　上司廳吉書祿。

一重　八幡宮祝師料。本合衣。宮僧正御任料一重。

八重　三綱拜祿。員數隨レ時不レ定。

二重　勾當二人拜祿。本合衣。宰相僧正任成二一重一。

成業被物顯惠任始レ之。

卅重　三日廚初日着座衆料。被レ盡二成業一事東南院（定範）任始レ之。勾當分本合衣。　宰相僧正任依レ訴成二一重一。

十四重　三日廚第二日着座衆料。

十四重　三日廚第三日着座衆料。本師合。尊勝院任依レ訴成二一重一。本合衣。

一重　惣奉行三綱祿。宰相僧正任給レ之。

一重　出世後見祿。宮僧正御任始給レ之。

二重　上下竈殿祝師祿。本合衣。宮僧正任成二一重一。

一重　大佛殿誦經導師料。

二重　上下目代印鎰昇料。

五重　五師五人拜祿。

一重　下司吉書祿。

卅八重　樂人祿。加二一物加分一重一定。員數隨レ時不レ定也。

一重　後日御入堂誦經導師料。

一重　執行祿。

二重　樂人二人祿。

一重　執行祿。宮僧正御任給レ之。

木、原作本、意改
衣、此下或十二領脫歟

四重木工大工祿。本合衣。尊勝院任成二一重一定。

合衣

二領上下首頭二人祿。

十領樂人府生祿。員數隨レ時不レ定。

單衣四十四領

六領小綱拜祿。隨レ時不レ定。

廿領職掌廿人拜祿。

五領無官樂人祿。員數隨レ時不レ定。

三領木工權大工三人料。

四領葺兩座大工料。四人。

一領瓦大工料。

一領檜皮大工料。

四領鍛冶兩座兄部四人料。

白布五十一端二六丈。

細美二六丈褌料。

五端鐘木緒料。

三端上下竈殿幷八幡宮軾料。

八端上下出納八人料。

四端裝束預四人料。

廿端樂人祿。

六端小綱六人祿。

四端葺兩座權大工料。

一端瓦權大工料。

印鎰櫃覆料

唐綾一端表料。　　染絹四丈裏料。

赤絹一丈五尺帶料。

馬廿七疋

一疋八幡宮神馬。顯惠任被ㇾ引ㇾ之。　　十疋三日廚着座僧綱料。尊勝院始ㇾ之。員數不ㇾ定。

八疋三綱料。員數不ㇾ定。　　一疋執行別祿。尊勝院任始給ㇾ之。

五疋五師料。新熊野（定豪）任始給ㇾ之。　　一疋修理目代。醍醐幷宮僧正御任給ㇾ之。

一疋修理目代。

御誦經物三手作布三百反。御誦經文三通。

裹物三同導師料。

御幣十一捧八幡宮五捧。上下竈殿各三捧。上紙三帖。但遷宮之後二捧副ㇾ之。

一、裝束等事

小綱裝束六具

具別表衣・裳・五帖袈裟・狩袴・下袴・鼻廣・袙。但先例未ㇾ有ㇾ之。然而幼稚之間一物可ㇾ給ㇾ之。

堂童子裝束六具　退紅

具別狩衣・尻長・褁袴・袙醍醐任給ㇾ之。・下袴・帶・烏帽子。

理、此下當補小

幼稚、原作初堆、意改

退紅、或割註歟○

紅、原作仕、據傍註改、以下同

尻、原作尾、意改

下部當色十四具退紅・。　尊勝院給レ之。
具別狩衣・狩袴・帶。
一、八木等事
袋米三百石寺斗。　袋布二百五十端准布。
神供米一石上司・鐘堂各五斗。　置錢米一石寺斗。石・下文執行成レ之。
八幡宮御簾　若宮御簾。
武内一間　伽和良一間
松童一間　大佛殿禮盤大半帖二枚大文。方四尺五寸。
一、鋪設・祿物・幔等事
大佛殿
高麗三帖御座二帖。導師一帖。　御誦經物一裹
綾被物一重　裹物一導師布施料。
八幡宮
高麗二帖御座料。　差・莚四枚
御幣七捧　膝・突白布一端

石・、或在・歟
差・、原作着・、意改
膝・、原作滕・、據傍註改、以下同

神馬一疋　被物一重（祝師祿。）

食堂

高麗四帖（御座二帖。導師一帖。三綱一帖。）

紫三帖（三綱二帖。下所司一帖。）

幔八帖

御誦經物一裹（在二御諷誦文一通一。）

綾被物二重（官符讀祿一重。導師一重。）　裹物一（導師料。）

竈殿

高麗五帖（御座二帖。三綱一帖。威儀僧座二帖。）　紫八帖（三綱三帖。勾當一帖。威儀僧四帖。）

差莚四枚（御座廻料。）　屏風一帖

壁代（但此一兩代不レ懸レ之。）　幔九帖（南北幄四帖。樂屋五帖。）

樂屋布設（樂頭沙汰。）　御幣三捧

膝突白布一端　被物一重（祝祿。）

下司御幣三捧　膝突一端

被物一重（祝祿。）　莚道長莚三枚

在、原作右、意改

讀、原作請、意改

一帖、原割註、意改

懸、原作態、意改

上司廳

高麗三帖御座二帖。三綱一帖。　紫八帖北床二帖。南床四帖。中床二帖。

差莚四枚御座廻料。　屛風一帖。

壁代近來不レ懸レ之歟。　幔五帖幕柱。

綾被物一重吉書祿。

都合高麗十七帖　紫十九帖

莚十九枚　屛風二帖

幔二十帖　誦經物二裹

被物七重　裹物二

白布二端　御幣十三捧

神馬一疋

一、政所房鋪設

高麗廿枚寢殿。　同六枚二棟廊。

同疊四帖壁障子上。　紫六枚殿上。

同疊五枚公文所。　黄緣五枚殿上北面。

九、或五歟

十、此下或二脱歟

二、或三歟

都合高麗廿六枚　紫十一枚
黃縁五枚　幔四帖 內樂所二帖。
門內二帖 幕柱四本。　差莚三枚
高燈臺三本 二棟・殿上・中門廊。　燈爐二
燈カキ六枝

一、拜堂袋事

上分

八口　大佛殿 三尊・四王・觀音歟。而近來觀音不レ御。可レ爲二七口一者歟。

六口　六堂各一分 講堂・食堂・法華堂・戒壇・御塔・僧正堂。

二口　餘堂二所各一分 二月堂・三昧堂。

一口　本院 東南院。

五十四口　上司五十四所各一分。

或人云。大佛殿八分・餘堂六口等。卽上司五十四所內云々。而今相二尋大膳延久幷三綱等一之處。彼五十四所都以不二辨存一。不レ足レ言事也。

十一口　下司八所幷三所各一分

廿六、或誤歟

都合八十二口

衆分

賓頭盧一口　僧綱各三分

已講各三分　五師

有職成業各一分　法華會以上方廣未業各一分

密宗供僧內　山寺非寺僧各一分　大十師以下禪衆各一分

戒師維那四人各一分　三昧僧六口各一分

堂司一口各一分　三綱各三分

勾當各三分　小綱各二分

已上口別一斗入レ之。但九升入レ之事在レ之。

從分

本寺有ニ住房一僧綱者。寺住房僧・法師原注ヨ出其交名一。隨レ員請レ之。

無ニ住房一僧綱者。

僧正・法印七口　僧都・法眼六口

律師・法橋五口

山以下八字、原割註、意改

一、或誤歟

當、原作堂、意改

六口、原割註、意改

古今間所レ被レ定員如レ斯。
已講從分四口　成業・五師・有職四人・大三綱各三口
法華會以上律宗各二口　方廣以下各一口
已上從分入二八升一事在レ之。

諸職

木工兩座加二木津木守一。　鍛冶兩座
葺工兩座　上下職掌
繪佛師兩座僧綱大佛師下二從二口一了。　木佛師
經師　瓦工
檜皮工　主典
銅細・工　朱工近來出レ之。
作手　石造
神人　薄師
色紙漉　寺山巡檢
山陵守　里工不レ定。

細・、原作納・、意改

新本田樂　　八女・神樂男
本堂童子　　諸堂童子
新藥師寺　　大慈山已上兩末寺依二四至內一・列レ之歟。
筆數一口　　物曳二口
勸進所木守七人　　檜物
已上如レ斯。
此外或先例不レ定輩有レ之。或臨時所望之類濟々。用否隨レ時。取捨依レ樣。尤任二道理一可レ有二成敗一事歟。

一、諷誦文詞云。
東大寺政所
請二諷誦一事
三寶・衆僧御布施
右。諷誦所レ請如レ件。
年號　月　日　　某甲奉

一、置錢下文狀云。

東大寺政所下

乃米壹石者。

右。置錢料可二下行一之狀如レ件。

年號　月　日　都維那法師　在判

上座、、　在判

一、三日廚請書云。（出世後見成レ之。）

請定

政所房三日廚初日請僧事（而東南院任。三日廚衆申。）

年號　月　日

第二日・第三日如レ前。

僧綱・已講書二假名一。成業・五師・三綱等載二實名一。三綱雖レ爲二僧綱一書二實名一。

（申、或事歟）

一、三日廚饗膳事（庄々所課廻文。執行可レ成レ之。）

合

御料十二本。在二打敷一。　副御料一前六本。

請僧三十前朱懸盤。

初日黒田庄　第二日笠間庄薦生庄。

第三日北伊賀庄

右。依二政所仰一。支配如レ件。

年　月　日

三日厨御料十二本。三箇杣合力調レ之。以二一具一三个日通二用之一。此條甚孫飾也。近代新儀歟。請僧饗已毎日勤二替之一。御料何可二通用一哉。仍此儀自二辨曉任一被レ止畢。即三个日各調二替之一畢。其後皆任二此例一。

一、諸庄課役廻文內

三日廚饗膳等事　諸職料饗膳事

雜事支配事　雜學差莚之道長莚事

簾支配事

孫飾、或誤歟

役、原作設、據傍註改

學、或誤歟、傍註云不審

已上執行成レ之。

一、御拜堂料材木杣々支配修理目代支配。
食堂假屋七間料材事
上司戸屋修理料材事
一定可レ被レ渡レ橋事
竈神殿南北橋　　高橋
廰屋前橋
大佛殿辰巳角橋
都任ニ行道路一橋等悉可ニ渡替一。
已上此等料材・丹・白土等。修理目代可レ成ニ廻文一。

一、代々參堂次第
成就院僧正（寛助）大佛殿。八幡宮。食堂。竈神殿。廰。
醍醐寺權僧正（勝覺）食堂。竈殿。廰。大佛殿。八幡宮。

醍醐前大僧正（定海）　食堂。竈神殿。廳。大佛殿。八幡。
勸修寺法務（寛信）　八幡。食堂。竈神殿。廳。大佛殿。
白川法印（顯惠）　食堂。竈殿。廳。八幡宮。大佛殿。
侍從大僧正（禎喜）　食堂。竈殿。廳。八幡宮。大佛殿。
保壽院僧正（覺成）　同前。
尊勝院法印（辨曉）　如二成就院一。
宮僧正（道尊）。　同前。
東南院法印（定範）　如二醍醐僧正一。
新熊野僧正（定豪）　如二成就院一。
新熊野法務（定親）　同前。
尊勝院法印（宗性）
勸修寺僧正（聖基）
醍醐寺僧正（定濟）　大佛殿。八幡。食堂。竈神殿。廳。

一、御誦經導師先例事

醍醐權僧正淸覺任大佛殿慶照。食堂覺嚴。
侍從大僧正任大佛殿理眞已講。入堂辨曉律師。食堂章緣。
醍醐僧正任大佛殿理眞已講。食堂。入堂。
保壽院僧正任
大佛殿隆祐擬講。食堂寬幸擬講。入堂貞敏律師。
尊勝院法印任
大佛殿寬幸擬講。食堂隆祐々々。入堂
六條僧正任(延杲)
大佛殿寬幸々々。食堂尊玄。入堂顯範々々。
宮僧正任
大佛殿尊玄擬講。食堂顯範。入堂定範僧都。
勸修寺僧正任成寶。
大佛殿顯範々々。食堂尊玄。入堂無レ之。
東南院法印任定範。
大佛殿秀惠擬講。食堂尊玄律師。入堂無レ之。

淸、東大寺別當次第作勝

成寶、原作戊亥、據傍註改

豪、原作亭、據傍註改

印、此下當補任

新熊野僧正任定豪。
大佛殿聖詮法眼。　食堂乘信擬講。　入堂貞禪律師。
新熊野法務任定親。
大佛殿乘信僧都。　食堂定慶擬講。　入堂宗性律師。
尊勝院法印宗性。
大佛殿權少僧都。　食堂聖禪擬講。　入堂導師法橋宗覺。
勸修寺前大僧正任（聖基）
大佛殿　　食堂
醍醐僧正任定濟。
大佛殿　　食堂

一、代々吉書筆師事
吉書案文
東大寺返抄　美作國
檢二納封戸百烟調庸雜物代米一事

右。任二式數一檢納如レ件。以返抄。

年　月　日　都維那法師　在判

別當權僧正法印大和尚位　在判

上座法眼和尚位　在判

權上座法眼和[尚]位　在判

寺主法橋上人位　在判

權寺主大法師位　在判

都維那法師位　在判

成就院寛助僧正任

上司　下司

權僧正（勝覺）任

上司權寺主威儀師　下司

白川法印顯惠任

上司權寺主威儀師宣範　下司權上座

侍從大僧正禎喜任

尚、意補。

遲、原作還、據下文改

吉、原作者、據傍註改○與、原作守、意改○語、或論歟

返、原作反、意改

除之、或誤歟

々、原作之、意改

上司權上座威儀師玄嚴　　下司寺主遲寛

保壽院覺成任

上司寺主隆玄　　下司權上座法橋聖玄。於ニ本座一成レ之。

尊勝院辨曉法印任

上司寺主隆玄　　下司寺主隆玄成レ之。目代。

宮僧正道尊任

上司寺主光信　　下司權上座隆玄

東南院定範任

上司權上座光信　　下司寺主範慶

今度兩所吉書筆師。上座隆玄上司目代。執行一臘。與ニ權上座光信一第三臘。相ニ語之一。隆玄申云。吾身既重代也。是一。度々又經ニ其役一。是二。上司吉書者上司庫返抄也。目代尤可レ成ニ下之一。是故下司吉書目代多成レ之。是三。先々非ニ目代一勤ニ此役一者。即依ニ目代之擧狀一。是四。身已爲ニ一臘一尤所望之日。更不レ可レ被レ准ニ餘人一。是五。今以ニ條々道理一致ニ除之所望一。

又光信申。爲ニ代々身一經ニ其職一事。子細只同前。更無ニ差置一。其上光信者已生ニ始々

支、或家歟
堂、原作當、意改
□、原空白
而、此下有脫歟
云、原作之、意改
淸、以下四字、或有誤歟
別、原作引、意改
除、或誤歟

重代之家一。長吏數代之間。所レ成二吉書一之硯相傳而在二我家一。尤可レ異二于他支一。次上司返抄目代可レ成之事。先例如レ不レ然。勿論之申狀也。又依二目代擧狀一之事。又以不レ然。上司目代多執行兼二帶之一。執行者寺家便宜事計申上故。長吏被二仰合一之日聊計申許也。全不レ可レ爲二擧狀之儀一。所詮爲二一臘三綱一成二初任吉書一之輩。成二此吉書一事。先例無レ之。就レ中成就院已後別當十八代。其中三代者不レ被レ遂二拜堂一。殘十五代拜堂之時。爲二一臘一而讀二官符一之三綱。未レ成二上司吉書一。此則於二食堂一讀二官符一而預二纏頭一。又於二廳屋一成二吉書一給二祿物一。事々已重□。還仰無レ人。其外定有二深故一歟。尤可レ被レ依二先例一之由申。兩方申狀中。光信所レ申多以有二先例一。仍以二光信一被レ仰二其職一畢。而

又下司吉書事。見二古今例一。多爲二下司目代役一成レ之。而當目代兼乘。其身既不レ堪二執筆之職一。仍不レ成レ之。然間寺主範慶云。第二臘目代依レ不レ堪不レ能レ成レ之。又第三臘光信成二上司吉書一畢。今第四臘範慶當二其仁一之由令レ申。而又都維那隆嚴申云。雖レ爲二末座之身一。已是重代之家。淸檢之所。是非二其仁一哉。就レ中於二範慶家一未レ成二上下吉書一。當二其仁一之由令レ申歟。頗似レ無二思慮一云々。而別當仰畢上司吉書事者。先例事有二其沙汰一。於二下司吉書一者。除不レ撰二其仁一歟。範慶已爲二上臘一。申狀似レ有

事、或誤歟〇卽、此下原有卽、意削〇意也、或進之歟〇之及又、或足歟事、或畢歟、以下同豪、原作京、據東大寺別當次第改

レ謂。若手跡不レ可レ事。範慶可レ為ニ其仁一也。仍彼者手跡卽書意也。雖レ為ニ左道一之。又僅右筆之役。仍被レ仰ニ付之一事。

新熊野僧正定豪任

上司寺主隆嚴　下司勸寺主兼俊

新熊野法務定親任

上司寺主定嚴　下司勸上座兼俊目代。

尊勝院法印宗性任

上司上座法眼定嚴　下司上座法眼兼俊

勸修寺前大僧正任

上司　下司

醍醐寺前大僧正定濟任

上司上座法眼定嚴　下司寺主慶舜

一、拜堂所々行事

大佛殿　八幡宮　食堂

竈神殿　　廳屋　　　政所房

已上六所。以二各三綱一人一爲二行事一。任レ例可レ致二沙汰一。雖レ非二臘次一隨二器量一可レ被二仰付一歟。

所々掃除　所々修理行事

已上行事等可レ爲二勾當二人一例歟。

已上事同可レ有二廻文一也。

一、政所房三日廚之時。五師望帶二僧綱一同體事

定範法印任。尊玄律師爲二五師一。仍雖レ爲二正員僧綱一。以二五師懃一同令レ拜畢。今度始例也。

一、代々寺務爲二法務一被レ遂二拜堂一時。開二綱符藏一先例事

一、大僧正禎喜治承二年十二月十七日拜堂。

第三日十九日午刻。入堂。

同申刻綱封倉。

望、或兼歟

尊、原作高、據上文改○懃、或勤歟

符、當作封

政所依レ雨不二令レ着レ廳給一。
使綱所二人実雅・相慶。
寺家使執行静寛
下司目代暹寛　勾当二人珍幸・永慶。
首頭光行（狛）。出納・小綱等宝物少々持二参西室一。勾当善慶取二上之一。房官執二次之一。経二御覧一
之後。一々被二返納一畢。
権上座威儀師玄厳合奉行事。
御倉封任二綱所幷参仕三綱等一付レ之。
被レ付二法務封一事又有レ例。

一、僧正覚成

建久八年十二月九日拝堂。
第三日十一日。入堂。
期日被レ開二綱封倉一。
別当無二出仕一。近来依レ無二廳屋一也。

使綱所　威儀師慶寛　從儀師但不參。

三綱出仕　權上座法橋聖玄　寺主隆玄

權寺主光信

都維那永慶

在二假屋一。旅絹屋。切床二行。北綱所。南三綱。開二御倉一之時。如レ形奉レ幣。首頭清(狛)光。代官光成申レ之。寶物被レ出レ之。大赤皮面一頭入二長櫃一持三參之一。權寺主光信相具令レ參二寶物一。少々被二御覽一之後。悉返納畢。

一、宮僧正道尊

承元二年十一月十四日拜堂。

第二日十五日。入堂畢。

同日未刻。被レ開二綱封倉一。

件鎰在二政所房印鎰櫃一。仍隆玄被レ出レ之。

依レ無二廳屋一。政所不レ能二御出一。

使綱所二人　惣在廳俊紹　從儀師相圓

旅絹、或絲絹歟

被、或取歟

三綱出仕。隆玄・兼乘・光信・範慶・嚴盛

開二御倉一之時有二神供一。米五斗。御幣料紙一帖。

首頭清光・出納等之沙汰供レ之。清光參向。寶物少々赤皮一枚・象牙。令レ持二下部等一。相具。權上座隆玄參二

上政所房一。又寶物多入二長櫃一。於二二棟一經二御覽一之後。一々被二返納一畢。卽申二請御封一付二

御倉一。又參會三綱々所之封同付也。鎰ニハ不レ被レ付二御封一。自餘皆付レ之。

（書寫奧書）
于レ時文明十七年乙巳七月廿一日筆終レ之。右筆左道慮外之至極也。有レ憚々々。老雀任憲

（校合奧書）
一交了。

象、原作鳥、意改
令、原作合、意改
等、此下原有梱、意削

東大寺續要錄　寺領章

文首傍註云、續要錄寺領章、

東大寺領諸莊田數所當等注進狀

東大寺

注進　寺領庄々近年田數所當等事

大和國

櫟庄

畠六町五段

所當地子

見作田三十四町二段二百四十歩 建仁三年檢田帳定。

除

三昧田二町　　溫室田二町三段

戒師田一町　　法花會佛供田一町

炷田五段　　二月堂田一町二段

寺主供田二町　　勾當供田一町

顯性房五師給田八段　　林寛房得業給一町

尊明房得業田八段（不レ辨ニ所當一）　　公人給田一町

庄堂三昧田一町三段　　井料二段

預所佃一町　　下司給一町

公文給五段　　職仕免五段

表田二段百四十歩

定田十四町九段百歩

河流三段三百歩（不レ用レ之。）　　不熟田三町九段廿歩（依ニ大風一損二町三段。）

損田四町三段二百九十歩

得田六町二段二百十歩

除庄神祭二段　　定使免五段

本田樂二段

定得田五町三段二百十歩

所當米拾貳石七斗五升（之內。除ニ傳食五石一。但損得不レ定。）

清澄庄

畠八町四段百卅歩

所當地子

田廿六町三段二百廿歩之内（建仁三年檢田帳定。）

除

常荒一町二段　河成八段小廿歩

不作五段八十歩

見作廿三町八段内

三段小神田　三段福明寺　一段小如來寺

一段極樂寺　二町但馬得業免　二丁幡磨寺主別給

二町藏人都維那　二町小綱給　九段公人

一町公文　一町六段專當二人（各八段。）　三段圖師

三段職事　二町二段下司

已上十五町二段

定田八町六段内

町、此下當補五段

使、原作便、據貼紙改

損田四町小卅歩

得田四町半卅歩內

預所佃一町　定使給四段

定得田三町一段半卅歩

所當官物九石四斗七升五合內　損得不レ定。

藥薗庄

畠現作廿三町七段六十歩

不作七町九段三百歩

常荒二町四段百八十歩

所當地子

田五十二町四段百五十歩內建仁三年檢田帳定。

常荒三町一段三百歩

不作五丁二段三百卅歩

現作田四十三町三段三百歩

除

使、原作便、意改、以下同

各以下三字、原本文、意改

增以下三字、原割註、意改〇公、原作文、意改〇三、原作二、意改

但以下五字、原割註、意改

已以下七字、原作前行割註、意改

一町二段神田　六段寺田　三町預所給

二町定使給　二町二條下司給　二町三條下司給

二町公文給　一町圖師給　一町案主給

一町職仕二人給各五段。　一町年預五師免

一町圓修房已講給　二町權寺主供田

一町近江得業給　一町勾當增慶給　一町五段公人五人給各三段。

二段小綱給　一町大進得業仁和寺。

一町七段但馬得業給

已上廿六町二段

定田十七町一段三百卅歩内

損田七町八段三百五十歩

得田九町二段三百四十歩

所當官物廿石三斗六升六合八夕一斗代・二斗五升代・三斗代相交定。

長屋庄

田八町三段

畠二町四段

庄立用一町一段庄家神田・庄官等免也。

殘九町八段

五師五人供免八町各一町六段。

大佛殿長日悔過供免一町八段

飛駄庄

畠三町二段三百歩內

除九段小

堂一段　屋敷一段　年荒三段小

川成四段

見畠二町三段

損六段大

得一町一段三百歩

地子麥五斗四升段別五升定。

見作田四町七段六十歩內

庄以下九字、原在前行下、意改

預、或領歟

除二町四段
預家佃一町五段　下司三段
池田六段
定田二町三段小
損田一町二段大
得田一町半此內一段神祭料也。
所當米二石八斗五升
十市庄雜役庄內。
河成幷下司給等九段
定畠一町一段
地子麥一石一斗段別一斗定。
笠間庄上鄉。
田廿三町一段百歩內建仁元年散狀定。
常荒年荒一町九段百歩
河成二町一段二百歩

見作田十九町百六十歩
　例損三町八段
得田十五町二段百六十歩
除
　四町五段二百四十歩
　寺田三段　神田三段　井料二段
　山口祭二段三百歩　腰瀧祭四段半
　檢校五段　下司一町　定使二段
　公文二段　職仕二段　佃九段小
定得田十町七段二百八十歩
所當官物十石六斗七升七合內（可レ除二駄賃一。石別一斗定。）
同庄（下鄕。）
田二十一町卌歩（建仁二年散狀。）
　年荒六段百廿歩
　河成七段百歩

七、當作六

現作田十九町六段百七十歩
損田四町一段百八十歩
除田四町八段六十歩內
神田二段百八十歩　寺田三段百四十歩　井料五段
山口祭二段三百歩　腰瀧祭四段半　檢校・五段
庄官一町　公文二段　職仕二段
佃八段二百四十歩　定使・二段
定得田十町七段卅歩
所當官物米十石七斗八合
除運上駄賃九斗七升

蔫生村

見作五町七段六十歩內（建仁二年散狀。）
損田一町二段百六十歩
得田四町肆段二百六十歩
除田三町七段百廿歩（庄官・杣口・腰瀧祭等免。）

校・、原作交・、意改

定得田七段百卌歩
所當官物米七斗三升八合八夕
除駄賃九升六合四夕
斗出三斗一升六夕
并定九斗三升四合八夕
御封現米七石三斗
官物御封并定八石二斗三升四合八夕

春日庄廿五町
所當段別現米一斗・比曾五支・繩五方也。
當庄者。寺家四至内春日山邊也。寺家鐘・突・溫室料等立用之殘。以二彼三種一辨レ之。所レ用二修理料一也。而三个寺僧并在家人等悉作取。敢不レ叶二進止一。已一庄如レ無レ之。

戒本田四町
件田。毎月二个日布薩・七月十四日自恣勤行律宗戒師等供料免也。

大佛御佛聖白米免三十六町所々散在。
櫟庄三町。勤二三十个日一。　大宅庄四町。勤二四十个日一。

鐘、原作鍾、意改

四、當作三

波、原作彼、意改

領、原作預、意改

○捍、原作押、意改

斷、原作料、意改

東羽鳥庄四町。勤二四十个日一。　西羽鳥三町五段。勤二卅五个日一。
長屋庄一町五段。勤二十五个日一。　安田庄六町。勤二六十个日一。
小東庄十一町。勤二百十个日一。　他田庄四町。勤二卅个日一。
日別白米一斗三升所二辨濟一也。而近來損亡之時。過半分難濟也。
燈油庄田六十六町之內
高殿庄廿五町　西喜殿庄五町此內河成一町二段。
東喜殿十町　城戸庄十三町八段
波多庄十二町二段
已上一町別御油一斗正物。幷副米・土毛米・萬燈會料菓子等・紅花・寺家修理料埴土運打瓦木等役。所二勤仕一也。而近來領主致二對捍一。紅花・修理役等一切不レ勤レ之。
大佛前不斷香田廿四町
右免田者。元爲二大佛御香菜料一。充二日別一町一凡三百六十町也。而近來旁被二押妨一。見領僅百七八十町許也。所當役町別比曾十支・繩五方・瓦木半斤・修理人夫埴直幷臨時雜役等也。又町別付二得田官物米五斗一。二町別凡絹一疋辨濟來例也。當時所出卅石許也。

華嚴會色衆床饗免廿町

平群郡　福田庄　土田庄

山城國

泉木津木屋所畠四町修理目代沙汰。

賀茂庄十一町三段二百四十歩官省符・別符引合定。官省符者寺家。別符者東南院御沙汰。

田四町二百四歩

荒田二段　神田一段　寺田三段　下司四段　職仕二段

庄立用

二町二百四十歩　例損八段大

所當官物米六石

定田二町

畠七町三段

除四町

常荒・馬場旁免料

殘三町三段

寺家、原細註、意改〇東南院、原本文、意改

四、此下當補十

所當地子

玉井庄十七町七段二百七十歩

田九町四段十歩

庄立用四町七段

神祭料二段　八講田二段　下司一町

公文五段　井料一段　職仕二段

例損二町五段

定得田四町七段十歩

所當官物米十四石一斗八合三夕（段別三斗。正物。）

畠八町三段二百六十歩（除二川成三段三百歩一定。）

河道一段小　寺敷地一段　常荒五段百七十歩

作畠七町五段三百卅歩

諸畠五町一段二百七歩

除二町二段百卅歩

神畠二段　下司一町　公文二段　職仕二段

段、原作歩、意改

七、此下當補十

損畠六段百卌歩
定得畠二町九段百四十歩
所當地子麥二石九斗三升九合二夕
片畠二町四段六十歩內不作一段
地子麥一石一斗五升八合四夕
幷四石九升七合六夕正物。
多地子同前。但半地子。

攝津國
水成瀬庄
田十二町八段百六十歩
家・川成四段　常荒一段
庄例立用三町三段百六十歩
神田二段　井料二段　下司六段
公文二段　徵使二段　例損一町七段百六十歩
定田九町三段・百歩

段・、原作町・、據傍註改

所當官物米三十七石三斗一升二合段別四斗之內。駄賃立用石別一斗。

畠三町餘

所當地子段別一斗正物。

猪名庄

見領田四十五町八段二百四十歩

除荒田并方々相論四町四段

殘田四十一町四段二百四十歩

例立用八町三段

寺敷地一町　鎭守敷地一町　神祭料三段

預所免二町　定使一町　下司一町

公文五段　職事五段　池溝井料一町

例損十二町六段半

定田十三町五段六十歩

所當官物四十石五斗六升之內運賃雜用。石別二斗立用之。官米并代鰯。

但隨見納。百學生并卅講衆支配之。

二、

或九歟

長洲等濱
在家六百八十七家（但員數隨レ時不レ定。）
間數八百六十七間
所當地子廿餘石（間米。）
件所出年貢代寺家三十講捧物紙一千帖也。但近來無レ有。可ニ沙汰一。

丹波國
後河庄
田廿九町五段百九十歩
除例立用六町六段四十歩
荒田七段三百歩　神田三段　寺田三段
最勝講田三段　所々井料二町　預所一町
定使五段　下司一町百歩　案主三段
徵使一段
例損四十八段七十歩
定田廿四町四段

丹、原作舟、意改
例以下九字、原在前行下、意改○四以下七字、或有誤脱歟

二、當作三

所當官物米七十三石二斗段別三斗定。
畠七町二段百廿歩
　庄例立用三町五段
　　滿樂寺燈油料二町　下司五段
　殘畠三町七段百廿歩
　　地子三石七斗三升四合
　當庄所當相㆓充九月大佛殿般若會料㆒。不㆑及㆓他事㆒。

伊賀國
　黑田庄
　　本庄田二十五町七段百六十歩內建仁三年散狀。
　　　荒田一町四段二百七十歩
　　　畠成二段百卌歩
　　　　已上嘉應元年檢田帳定
　　　嘉應以後荒田一町九段
　　　建久五年河成六段

見作二十一町五段百十歩內
除十七町六十歩內
神田一町六段
大家子三段　安部田社二段　楹谷社九段
守屋明神一段　龍神免一段
寺田一町八段三百歩
瀧屋寺一段　安部田寺一段　水越寺一段
千福寺一段　黑田寺三段半　木寺一段
蓮花寺一段　持福寺一段　長福寺一段
大江寺六段小　長樂寺一段
安部田新作井料一段　新作料講三百歩　下司給一町
公文給五段　惣追捕使給五段　專當七人募七段各一段。
執行募二段　徵使二段募二人各[一]段。
檜物募五段半　筏師八人募八段各一段。
上司佃一町　傳食料田一町　上座法橋供田一町

七、或八歟
安、原作案、意改
料講、或溝料歟
捕、原作補、意改、以下同〇一、原作七、意改
段及人、或人及段歟〇一、意補

幡磨寺主供田一町　越前都維那供一町　公人六人給田九段各一段半。
林寛房得業給一町　大進得業給一町仁和寺。
顯淨房給一町　小目代一町
定田三町五段五十歩內
五斗代二町八段五十歩
所當十一石八斗一升五合八夕五才正物定。
二斗五升代七段
所當一石四斗七升正物定。
已上所當米十三石二斗八升五合八夕五才
麥畠新作三町四段廿歩內加二安部田新作一定。
除一町五段內
大家子神田一段半　黑田寺五段　無動寺一段半
下司募五段　井料田二段
定田一町九段廿歩半地子。
所當四石一合六夕三才

代、意補
夕、原作合、意改

幷定所當米十七石二斗八升七合四夕八才

所々井料二石除。

定米十五石二斗八升七合四夕八才庄斗定。

御封米三十石

都合四十五石二斗八升七合四夕八才

畠三十餘町

除十町餘　神寺庄官例立用等料

定得畠廿餘町

所當麥廿七石餘段別一斗。

神田・寺田等或加增。或新立用在レ之。自由沙汰歟。

出作新庄二百七十餘町。御封者立二用杣工食料一。所レ殘所出者爲二百學生供用途一之。

玉瀧村。加二玉瀧寺・眞木山一定。五十二町九段近來所下十一石一斗。御封段別三升定。寺升定。

湯船村三十三町近來所下五石四斗五合。御封段別三升定。寺斗定。

內保村十町近來所下八石。寺升定。

已上田九十五町九段保元檢田目錄定。當時卽此定也。

餘、原作除、意改

工、原作士、意改

錄、原作祿、意改

材、原作林、意改
○住、或任歟

右村々勅施入杣內也。但近來當國御封三百六十石之內。以㆓百四十石㆒。切㆓課彼村々㆒。仍募㆓杣工食料㆒採㆓進修理材木㆒之例也。但此內見米廿石者辨㆓濟寺家所住寺用㆒也。

鞆田庄六十餘町

同村々內也。但所當米五十石。每年相㆓充大佛殿修正七个日之壇供料㆒畢。但於㆓寺家雜役㆒者。入㆓玉瀧村內㆒同勤㆑之。

美濃國

大井庄

見作田百七十二町二段百四十歩

損田十八町六段百廿歩

得田百五十三町六段廿歩

除田四十町八段二百四十歩

神田四町　寺田三段　例仁王講田八段二百四十歩

長日大般若田一町　下司三町

檢校三町　別當三町　權別當二町

惣追捕使二町　有司十人十町

定使五段　安主二町　徵使二人一町各五段。

預所佃六町　目代佃二町二段

定田百十二町七段百四十歩

所當御地子絹百六十一疋七尺疋別七段定。

此外絲綿桑代等在レ之。此大旨也。

茜部庄

見作七十七町四段二百四十歩

除廿七町二段三百四十歩

神田一町五段八幡宮一町。懸宮五段。　定使給一町　目代給一町五段

預所佃六町五段　下司給二町

年荒二町六段六十歩　損田十二町一段二百八十二歩

定田五十町一段二百五十歩

年貢所當絹百疋町別二疋定。但此內二斗代二丁餘在レ之。

畠三十町

安、當作案

懸、當作縣

別・此下有脱歟

鎭・或領・歟

桑代綿一千兩吳斤定。

已上正物。百學生各一疋・十兩料也。

越後國

豐田庄號二加地庄一。

四至東限佐々木河。南限鹿子岡。西限下御方。北限佐々木河。

合田三百町

見作田三十五町二段本田。

田代二百六十四町八段

在家　　山野二千餘町

當庄所當段別官物五斗。加徴段米彼此共五升。

綿町別五兩。國斤定。船賃。敦賀津石別・斗。

紀伊國

木本庄。田數不レ能レ注二進之一。

鎭守八幡宮二季八講料米幷彼岸僧供等辨備之外。不レ及二他事一。鎭・主相承令二知行一也。

越中國

□、原空白〇如・以下四字、原次行本文、意改

寺・、此下或伊賀國、脫歟

入善庄

件庄爲受戒□但近來荒蕪。如・レ無二所出一。

筑前國

觀世音寺

寺領田數不レ能二注進一。相二分四封四庄一。

本寺年貢三百五十石

一、末寺

笠置寺山城國。

件寺廻田所出四十餘石也。近來廿石許也。爲二庄主沙汰一。不レ及二本寺年貢一。

永隆寺大和國。

新藥師寺同。

崇敬寺同。

財良寺・

安樂寺伊勢國。

件五箇寺。雖二往古末寺一。各門跡相承。本寺不レ能二進止一也。

薗、此下有脫歟

右。寺領庄薗。

建保二年五月　日

勅、此下或事脫歟

後鳥羽院廳下文

院廳下　備前國在廳官人等

可㆘早使者相共。堺㆓四至㆒打㆓牓示㆒。立劵言上。永停㆗止勅院事大小國役使入勘㆖。東大寺

領管三野郡內野田庄事

四至

堤、原作提、意改

東限鹿田庄　　南限公領三野新鄉并新堤保

西限公領三野新鄉并大安寺庄　　北限公領伊福鄉

使主典代造東大寺判官中原朝臣基康

件、原作付、意改

依、此下或被脫歟

丁、或誤歟、以下同

右。得㆓大和尚重源去月十五日解狀㆒偁。謹檢㆓案內㆒。諸寺之領被㆑下㆓庄號宣旨㆒之後。任㆓申請㆒被㆑差㆓遣御使㆒。糺㆓定四至㆒者。古今定例也。爰野田庄者。依㆓　勅定㆒所㆓開發㆒燈油田二百六十丁。散㆓在諸鄉㆒。不㆓一圓地㆒之間。返㆓上件散在田㆒。可㆑令㆑立㆓替便宜保㆒之由。言㆓上子細㆒之時。無㆓後司訴㆒之樣相計。可㆓立替㆒之旨。依㆓仰下㆒。召㆓在廳官人等㆒之處。各申云。野田保者自㆑古募㆓別納㆒。敢非㆓公役之丁㆒。見作田僅百十餘町也。雖㆑被㆓立替㆒。

之。以下三字、據下文補○准、此上或因脫歟
亂。據下文補

無二當時國損一。何及二後司訴一哉之由依レ申。任二其旨一即返三上散在之開發田二百六十丁一。仍
立三替野田一保一。以二其保一可レ爲二當寺燈油料田庄一之由。去々年所レ被レ下二　宣旨一也。
充三用其年貢油於件用途一之間。全無二當時之牢籠一。然而不レ被レ糺三定四至牓示一者。有二向
後之煩一歟。是故被レ遣二御使一。糺三定四至一。令レ進二立劵一。彌停三止將來之濫妨一。正欲レ定三置
不輸寺領一矣。事爲二傍例一。被二裁斷一之處。誰謂二非據一乎。望請廳裁。准二傍例一。被レ遣二
御使一。糺三定四至一立劵言上。永爲二當寺不輸庄一。一切停三止國使入勘幷勅事院事大小國
役・在廳已下國衙催促濫行亂入・路次上下向官使等祇候雜事一。以二其年貢一欲レ充三用大佛
殿常住不斷供花𢌞燈・長日兩界供養法・最勝王經講讀・八幡宮等燈油一。然者將鎭護國家
之伽藍法燈無レ斷。聖朝安穩之御願祈念不レ怠矣者。早使者相共。堺二四至一打二牓示一。立
劵言上。永停三止勅事院事幷大小國役國使入勘一。爲二不朽寺領一。可レ令レ備二大佛殿燈油一之
狀。所レ仰如レ件。在廳官人宜承知。敢不レ可二稽失一。故下。

建久九年十二月日　　主典代左衞門尉中原在判

別當左大臣藤原（兼雅）　　判官代勘解由次官藤原朝臣

權大納言源朝臣（通親）在判　　治部權大輔平朝臣（親長）在判

權大納言兼民部卿藤原朝臣（經房）在判　　左衞門權佐藤朝臣（光親）

權中納言藤原朝臣（隆房）
權中納言藤原朝臣（宗頼）
參議備中權守源朝臣（兼忠）在判
參議左近衞中將藤原朝臣（兼宗）在判
參議左近衞中將藤原朝臣（公經）在判
內藏頭兼幡磨守高階朝臣（經仲）
左京權大夫藤原朝臣（親經）在判
右馬頭藤原朝臣（隆衡）在判
右大辨藤原朝臣（資實）在判

中宮權大進藤原朝臣（長兼）
勘解由次官藤原朝臣在判
右中辨兼中宮大進藤原朝臣（長房）在判
左少辨兼皇后宮大進平朝臣（親國）在判
右少辨兼丹後守藤原朝臣（範光）在判

官宣旨

左辨官下　備前國

應下返二上東大寺領當國散在燈油田貳佰陸拾町一。一圓野田保一處爲二不輸地一。停中止國使入勘幷勅事院事大小國役上。大佛殿御油田事

右。得二彼寺大和尚重源去月七日解狀一偁。謹檢二案內一。諸寺庄領依二便宜一立二替他所一者。古今不易之恆規也。近則久安年中。以二當寺領幡磨國垂水・粟羽・赤穗三箇所一被レ立二替

粟、原作栗、意改

來、此下原有等出來、意刪

促、據上文補

大部庄是也。爰件燈油田者依無大佛殿之相折御油。開發國中荒野二百六十町。可充用其燈油之由。經　奏聞之日有　勅許。即被仰國宰之處。依　宣旨可令開發建久四年作外荒野二百六十丁之由。被成廳宣了。仍一兩年之間。所遂開發之功也。隨無當時牢籠。雖須任其旨。依無一圓之地。令散在諸鄉之間。向後若不信之宰吏・奸濫之目代等出來者。被致濫妨御油定及闕乏歟。故返上件諸鄉散在燈油田二百六十丁。可令一圓便宜所之由。先日令言上子細之時。可無後司訴之樣相計。令立替可宜之旨。依被仰下。尋合在廳官人之處。各申云。野田保者自古募別納保。非指公役之丁。見作田纔百卅餘丁也。雖被立替無當時國損。何及後司訴訟哉之由依計申。以開發田所當官物辨濟國庫。以野田保地利可立用御油之旨。所加下知也。然者任其旨。以彼野田保爲當寺燈油相折之地。永可停止勅事院事大小國役・在廳已下國使催促濫行亂入等之由。被賜官符者。以其地利。欲定置大佛殿之夜常燈・不斷供花廻燈・長日兩界供養法・最勝講・八幡宮等燈油料。是非思寺家之最要。專奉祈聖朝之御願。已返上多町田地。申請最少一圓。是非國益哉。裁斷之處。誰謂非據。望請　天裁。因准傍例。以所立替野田保。永爲當寺御油不輸之地。早可停止國使入勘幷勅事院事大小國役・在廳官人已下國啇催

促、原作役、據上文改

促濫行亂入・路次上下向官使等祇候雜事一之由。被レ下二官符宣一者。以二其年貢一。欲レ定二置大佛殿夜之常燈・不斷供花廻燈・長日兩界供養法・最勝講・八幡宮燈明等料一。然者將仰二興隆之善政一。專成二　聖皇之御願一者。中納言藤原朝臣經房宣。奉　レ勅。依レ請者。國宜承知。依　レ宣行レ之。

建久七年十一月三日　右大史三善朝臣（仲康）在判

右少辨平朝臣（親國）在判

大和尚自筆裏書云。

申ヲク〔置〕カコトク〔如〕。スヘ〔末〕ニタカヘ〔違〕サセオハシマスナ。

南無阿彌陀佛在判

東大寺續要録第十

寶藏篇

開検　勅封倉事

建久四年八月廿五日己未。(天霽風靜。)今日被レ開ニ東大寺　勅封藏一。令レ移ニ納寶物於綱封藏一事。　勅封藏爲レ被レ加ニ修理一也。前日　勅使等參向。各宿ニ寺中一。辰剋以前可レ令ニ皆參一之由。令ニ官掌一被ニ催促一。卽申事相具□。是爲ニ寺家之沙汰一。當ニ北藏一立ニ三間幄一宇一。(卯酉立レ之。)長官・別當座高麗端。辨座紫端。大監物・史座黃端。史生・官掌座在ニ幄之西北一。綱所座在ニ同西南一。次各着座。

長官　左大辨宰相藤原朝臣(定長)

着ニ衣冠一。前驅二人。

勅使辨　左少辨藤原朝臣(宗隆)

目錄記參照

移・、此下目錄記有置○寶・、同上無

□、原空白、同上同

所・、同上無

左・、此上同上有參・議○宰相、同上無

着二束帶一。辨侍相從。
大監物　安部泰忠束帶。
史　右少史惟宗重光束帶。
已上西上南面着レ之。
次別當前權僧正勝賢
着二香染衣一。長官與對座。從僧四人。
史生　左史生紀良重。束帶。
官掌　左々々紀頼兼。同。
已上東上南面。
次三綱二人
着座。
已上東上北面。史生等與對座。
造寺判官以下不レ及二着座一。徘二徊幄北邊一。
次官掌起座。召二鎰依（藤井）時一令レ開二封藏一。頼兼取二本封一進二覽辨一。祝師捧二幣帛一。向二辰巳方一申レ祝了。
衣冠。藏戸開畢。勅使辨以下率入二藏中一。亘二假階一。大略巡檢之後。各退下復二本座一。官掌召二

着、同上無
束帶、同上作同
人、此下同上有在
共
左、同上作右
次、此下同上有寺
家
已上、同上無
邊、此下同上有歟
辨、此下同上有歟
冠、此下同上有衞
府歟可尋

命、同上作仰〇大以下十字、同上作聖人俊乘房
堆、同上作惟
置、同上作納
仰、此下同上有下畢
矣、同上無
東大寺勅封藏開檢目錄
太、同上作大、以下同

上寺家職掌人等。（五六人許。冠褐。寺家小綱等相加之。）令運出納物於幄前。次第令檢知之。移納綱藏。重光起座。到納物傍執目錄。依辨命也。史生・官掌等行事。此間造東大寺大勸進上人重源（春乘、）。出來。見物衆徒群集。韓櫃數十合。納物堆多之間。或有不知名字之物。或有一色繁多之物等。皆悉令運下者。持夫胚羸。時剋推移之間。依難遂一日之覆勘。差遣史生良重於堂上。令取別目錄直移綱藏了。但至于寶物者。猶撰進所令覽也。

次中藏開檢事同前。（大監物・鎰等到堂上開之。）以兩藏之納物令宿置一所了。

次官掌給辨封令付綱藏。次　勅封藏鎰幷鏁等。依時請取之。可參洛之由被仰。此後退出。酉尅事畢。寶物目錄在別矣。

勅封藏開檢目錄

北藏

廚子一脚

納

角帶一筋　下鞘一具（員五。在緒。）　太刀一腰　圍碁石一笥（白・黑。）　琴緒一筋

木地廚子一脚

納

下鞘一具　笛三管牙二。竹一。　象牙笏三隻　同牙重二　同牙曲尺二　馬瑙唐帶一筋　海髑

子口　隻六賽一筥　同石一筥　圍碁石六笥白黑。　笙一管　經一卷不レ知レ名。　書一卷同。

玉冠二頭在レ臺。

鴨毛屏風二帖　屏風六十五帖

染付張櫃一合

納

青玉坏一口　瑠璃水瓶一口黑葛筥納レ之。　瑠璃唾壷一口　色々帽子二枚在二錦袋一。　帶一筋

朱漆櫃一合

納

白禮服二具一具太上天王。一具太后宮。

朱漆韓櫃廿六合定二卅二合一云々。大小。

一合納玉冠二頭眞珠。各納二朱漆櫃一。　琵琶一面　香納一口

一合納白笙一管　琵琶二面丸一。　柳葛筥一合

一合納大丸鏡七面　紫檀圍碁枰一枚

髑、原作鐲、據倭名抄改

子、此下有脱歟〇知、據目錄記補

唾、原難讀、據同上改〇帽、原作[忄+胃]、據同上改

王、同上作皇〇具、此下同上有皇

柳、原作折、據同上改、以下同

二合、同上無

一、據同上補○紫以下五字、原本文、意改

目以下十字、目錄記無

一合納太刀十一腰　柳葛筥一合納二金銅佛具等一。
一合納紫檀一切口一尺。長三尺。
一合納連子形筥一合　納錦小袋二枚　金銅帶一筋　瑠璃水瓶一口　同器一口　碧瑠璃壺
一口　小壺五口筥一合納レ之。
二合納花氈皮一帖
一合納脇足四脚裹脇足三。白綾[一]。錦二。紫檀螺鈿一。
一合納黄熟香一切長三尺許。口一尺斗。
一合納丁子皮員多。
一合納太刀十二腰　象牙笏一隻納レ筥。
一合納藥壺十二口大小。　水精念數二連納二朱小筥一。
金銅水瓶一口
目錄櫃銘云。第廿一云々。
御物目錄櫃一合
一合納香二袋
一合納丁子一裹　五色龍齒　種々藥袋等
一合納色々御衣等

一合納人參二袋

一合納鏡二面各納ニ黑漆筥一。

五合納合藥々等

一合納鏡三面大二。小一。　銅鉢四口　銅足付鉢五口

一合納鏡四面

朱漆細櫃一合

納

黑漆杖一筋納レ劍。長一尺八寸。　竹杖一筋納ニ小劍一。　各在レ袋。

同小櫃一合

納

馬瑙石十果各細長。

小櫃一合

納

仙人履四足

椙韓櫃一合

縵、原作鬘、意改、以下同

被以下四字、原本文、據目錄記改

保、此下有脫歟

犀、原作屏、據傍註改○犀以下十二字、原割註、意改

檀、原作壇、意改、以下同

兩、此下目錄記有云々

二、此下有脫歟

納

水瓶一口　佛具等如ニ花縵一物等也。

白木辛櫃一合　錫杖一支納ニ椙細櫃一合一。

納

色々玉　錫杖廿支納ニ椙細櫃一合一。被ニ取出一了。

琴四張　琵琶一面

中藏

白大鹿角一支人云。七聲鹿角云々。

琵琶一面在ニ錦袋一。　鐵丸透香納筥一合

宇津保腰　大筆一管長三尺。　大墨一廷長二尺斗。

師子馬瑙二枚　犀角帶二筋　八花形唐鏡一面八角黑漆筥一合納レ之。

黑漆小筥二合一合納ニ蓮實念珠一連一。一合納ニ小刀五一。

同小桶一口納ニ白檀小佛一。

銀提一口無レ口。三百八十兩。　木繪筥一合納ニ草鞋一足一。

香爐二　小琴一張　經筥一合納ニ梵網經一卷一。

八花形鏡一面徑一尺四寸。

辛鋤二支　小弓二張長四尺斗。一張在絃。爪竹。　銀壷二口

八角臺一脚

一合納瑠璃大壷一口　同小壷一口　隻六枰一枚　圍碁枰一枚

一合納大鏡一面　筥四合納火打等。

一合納玉箒一支　白衾二領　鏡一面　組平臺一具　蒔繪筥二合　龜甲筥一合納香爐具等。

細櫃一合納笙等。　黑葛鞦一腰

一合納御開眼墨筆等　瑠璃壷十口大一。小九。　文机一脚　隻六枰一面

一合納鏡八面納筥。或不納。　象牙笛一管

一合納衣筥一合在覆。　黑葛筥一合　筥二合一合木地。一合蒔繪。

一合納黑葛筥二枚納色々絲組緒等。　覆鐵針三筋

一合納黑漆小辛櫃一合納禮服冠等赤覆

一合納平文筥一合　小文臺一基　錦袋茵等　柳葛筥一枚　背搔一支

一合納朱小櫃一合納白衣等　柳葛筥一枚

一合納柳葛筥一枚納鈴插頭花等　水精念珠四連　納小筥一合　瑠璃壷蓋一口

一、此前有脱行歟

○枰、原作枠、據目錄記改、以下同

大、原作一、據同上改

組、原作但、據同上改、以下同○二、同上作一

葛、據同上補○二、同上作一

覆、此下同上有等

赤小櫃一合納レ香。　柳葛筥三合大小。納二色々絲等一。

一合納黑漆櫃一合納御衣　唐錦等　犀角坏一口

一合納茵覆二帖筥三合。各玄上足。

一合納白衾一領四幅。　黑漆筥一合

一合納銀鉢五口　同臺五基　柳葛筥一枚

一合納錦六結　金銅花盤二枚　緋帶鋏等

椙辛櫃五十八合

一合納花氈皮一枚朽損。　履一足　小鈴等

一合納大刀那岐刀。

一合納香納一具銀手洗一口。圍碁筒等。　塗筥一合納二小筥等一。

一合納香盤一具在レ座。　師子馬瑙二果　琵琶一面

一合納師子馬瑙二果　柳葛筥一合納レ錦。　首比一枚納二黑漆筥一。

一合納黑葛靫等　切目圍碁枰一脚　蘇芳一袋

一合納紫檀琵琶一面　琴一張已上錦袋。　鞆等

一合納鞍二具各皆具。　手綱轡　柳筥二合

犀、原作屏、據同上改

幅、原作福、據同上改

結、同上作帖○緋、原作緋、據同上改

筥、原作葛、據同上改

一合納鞍三具各皆具。
三合納花氈皮
一合納御衣衾等
一合納覆大辛櫃。横杖二筋納錦袋。　如意一支　辛鋤二柄　檀子弓二筋納錦袋。　竹御杖二筋
　　木枝一支　脇足一脚在打敷。
四合納錫杖
一合納黑葛筥一合納色々絲緒。　青白瑠璃等　色々錦覆等
一合納柳葛筥一合　鏡大小廿一枚一方鏡也。　柳葛筥一合納袈裟。
一合納柳葛筥一合　三衣袈裟　御經筥納梵網經一卷。　『無之。』鏡臺一　丹墨一廷　詩序書二卷
　　代々書目錄一合
一合納小柳葛筥納鐵針。　色々絲袈裟在風流。　香爐二柄　眞珠　長笙二管　下鞘　樣々
　　細筥等
一合納薰陸香　琵琶一面　玉箒一支　背搔一支　象牙尺八一隻
一合納錦覆七八帖計
一合納犀角一隻　圍碁枰一脚在錦覆蓋。　花形筥一口納下鞘。

覆、同上作最
打、原作折、據同上改
納、據同上補○緒、此下同上有等
枚、同上無
臺、同上作基
合、當作卷
鞘、此下目錄記有等
隻、同上作枚

納。據同上補○珠、同上作玉
廻、同上作巡
一以下七字、原本文、據同上改
臺面、或誤歟○佛、原作拂、據目錄記改
赤、同上作朱○錦、原作綿、據同上改、以下同

一合納久世椋一口其體如二大牛角一。
一合納柳葛筥一合　納水精念數等　眞珠佛小張一卷。　縹綢唐綾茵等
一合[納]黑漆丸桶一合　同櫃一合納二馬腦具一口・柳筥二合一。　水精珠　鏡一面　香爐筥一合
一合納銃琴一面　大刀龜甲　佛光廻劍在レ緒。　如意一筋
二合納箭　三合納花氈皮　三合納綱等
一合納琵琶一面　鞍一具　二合納錫杖廿一本一合十一。一合十。
一合納鉦鼓臺面　打敷目隱綱等　一合納御佛櫃一合
一合納柳葛筥蓋一枚　臺幷打敷等
一合納如意一　龜甲一　柳葛筥一　黑漆筥二合
一合納赤漆筥一合納二色々紙廿一卷一。　柳葛筥蓋二枚　錦袋一帖
一合納如意二　色々小玉在二象牙筥一合一。
一合納金銅花盤二枚大小。　佛臺同打敷等
一合納御經軸等　聖武天皇御袈裟等
一合納櫃帶小綱等
三合納供養法佛具等不レ知二員數一。

一合納同鉢等幷香爐筥一合　玉花縵一枚　銀花筥一合
一合納鞍一具　柳葛筥三合　錦袋三帖　一合納丹
黑柿小筥一合
納
『無レ之。』
麝香一筒一斤八兩。　龍歯　犀角小器一口
件麝香。天平三年藤原宇合被レ進。度々在二實檢一。白川院御時召二三兩一。其代銀三百
八十兩令レ置給云々。
繪櫃一合
納
木筆二管　大色紙二卷　墨二廷　研一基
會前加納墨五廷　水精玉四果　眉間分
天平勝寶五年七月一日檢納櫃銘如レ此。
不レ知二員數一。
杵等
壷一口

合、原作卷、據同上改
筒、同上作箇
件、原作佛、據同上改〇原、原難讀、意改
卷、目錄記作合
杵、同上作桙

鈝、同上作鉾

右、原作大、據上文改

左、原作大、據上文改、目錄記作右

○官掌、原空白、據同上補○官、原空白、據同上補

房、同上作康

被、據同上補○渡、原難讀、據同上改

佛、同上作作○右、原作左、據同上改

小櫃一合

納鈝一本折損。

空納韓櫃十合　同細櫃三合

建久四年八月廿五日

勅封藏寶物事

建久五年三月廿日被㆓返納㆒了。藏修理以後也。勅使右少辨藤原朝臣資實。右少史惟宗重光。左史生紀良重。官掌同頼兼。大監物小槻宿禰有頼。鎰藤井依時。造寺官長官左大辨宰相定長。判官中原朝臣基房。別當前權僧正勝賢。寺家所司二人。綱所威從二人。勅封藏納物爲㆑被㆑渡也。

今度錫杖十支。重源上人依㆓申請㆒被㆑取㆓出之㆒。寺家佛事之時爲㆑被㆑用者。右少辨云。彼子細注置㆑藏了。

寛喜二年七月十七日

勅使以下供奉人交名

從四位上行右中辨藤原朝臣親俊
從五位上行大監物中原朝臣師世
左大史正六位上兼行左衞門少志紀朝臣信兼
左史生從七位上高橋朝臣資職
右史生正六位上行大膳進朝臣久忠
左官掌從七位上紀朝臣國兼
內監從七位上八丈部朝臣爲連
左右衞門衞士二人
造寺官
參議造東大寺長官從三位左大辨家光（藤原）
藏人所出納造東大寺判官從五位下俊職（中原）
造東大寺案主右史生從七位上右衞門少志國里
官使四人
勅使宿所定寛法眼房藏南院。爲二寺家之沙汰一儲レ之。
長官宿所光惠僧都住坊正藏院。爲二寺家之沙汰一儲レ之。

左、原作右、據岡屋關白記嘉祿元年二月三日條改〇史、原作夫、意改
膳、原作善、據明月記寛喜元年十二月二十九日條改〇進、此下有脫歟
監、或豎歟〇八以下三字、或誤歟

•以以下十六字、或有誤歟

鎰事

北勅封倉。中封倉。此二鎰公家在之由日來存知處。三鎰皆自二監物一曲取出之故。大監物令二下向一取レ鎰開レ之也。公家ニハ鎰在所不二知食一歟之間。有二御尋一。寺家鎰入二唐櫃一（白木新也。）寺家儲二荒薦一敷レ之。

此鎰事。勅封倉三鎰在レ之。自二公家一被レ下之銘。南中北（云々。）俊職一義存レ之。此倉乍レ三勅封倉也。綱封倉者別倉也。顚倒以後移二置此倉一之間。以二倉南一申二綱封倉一（云々。）

倶留呂鎰事

乍レ三在二印藏印鎰櫃中一。長一尺二三寸計也。先開レ鏁。辨以下勅使皆登二寶藏上一也。以二光(狛)•成左近將曹一（舞人也。）此寺職掌人也。件光成取二倶留呂之鎰一後倶留呂開也。今度鏁安開。倶留呂以外久不レ開也。

捧幣事

光成取レ幣向二八幡宮一奉幣。其後勅使登二寶藏一開レ之。

次取二出寶物一事

辨下畢着二本座一。長官元自着二本座一。倉雖レ有二三間一九間也。中寶藏之三間中之第一之間。大和筵六枚敷レ之。寺家出納運レ之。出納下司倉四人也。仍人數少故召二付公人•少綱一也。

俊職或自ニ棚或櫃中一取ニ出之一。令レ見ニ長官一也。信兼執レ筆。何櫃何棚中何程寶物在レ之之事注也。地體者建久注文之上合點。或加レ之。或無レ之ヲハ除也。

次座席事

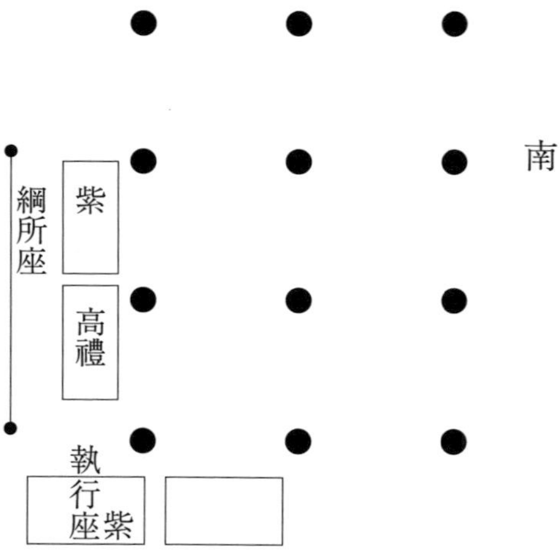

始執行座敷ニ高禮一。相ニ濫別當一之上。勅使座紫也。建久ニハ用ニ黄緣一見タリ。可レ改之由長官被レ申之間。別當代定親僧都被レ申云。法勝寺御八講之時ハ辨座紫緣也。其次三綱座ハ高禮也。覺悟候ハ如何。長官云。是能准據也云々。

濫、原作監、意改、以下同

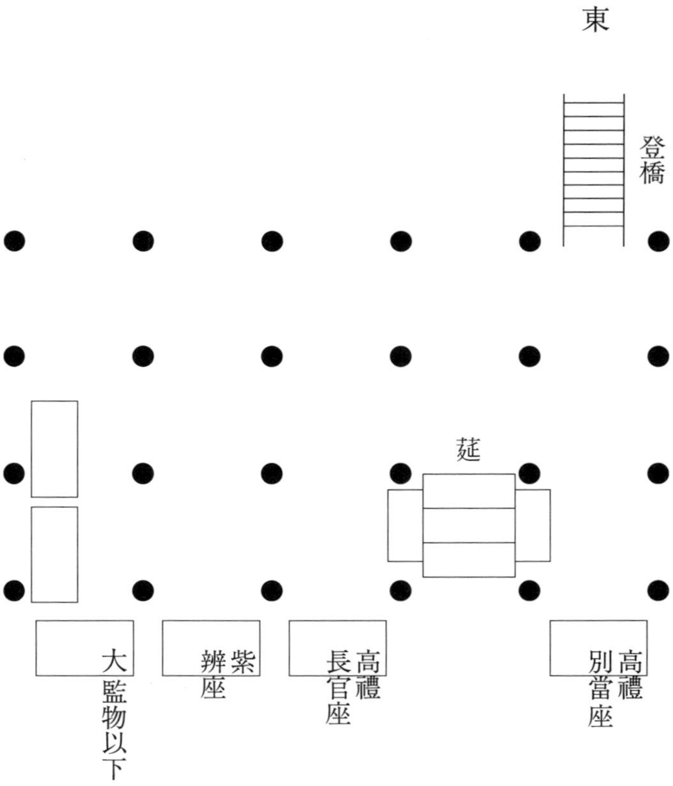

長官座敷二高禮一。辨以下敷レ紫也。綱所座者。威儀師高禮。從儀師紫縁也。別當座高禮。執行以下紫縁也。官掌國兼來云。勅使御座爲二紫縁一之處。威儀師座用二高禮一事。無二其謂一之

權、原作故、意改

幔、原作縵、意改、以下同

由申。別當代官權僧都(定親)云。南都作法。維摩會之時。非時供之時於二威儀師座一者敷二高禮一。又敷二圓座一立二山水屛風一也云々。國兼云。其者　勅使無二御着座一之時可レ然。建久幔外令二徘徊一之旨見二日記一。國兼亡父(賴兼)奉行之時稱二日記一持來誦上。又別當代云。建久例。別爲二勅使一北勅封藏前五間幄屋儲之間。綱所幔外徘徊歟。今日儀雨儀。無二別幄屋一。於二寶藏軒一儲二勅使之座一時。綱封藏下綱所座儲之事强無二苦見一歟。其儀候者引レ幔可二相滯一之由申セハ。國兼尤可レ然令レ申。仍引レ幔畢。

雨儀事

當日辰二點降雨。終日不レ止。長官十七日早旦參二詣春日一。下向之後遣二消息一云。今日深雨之儀。何程候哉云々。執行法橋隆玄往反而與二長官一別當代問答。執行寶藏之下可レ宜之由申レ之。長官不レ受レ之。又長官云。我宿所爲二勅封倉之向一。件中門廊可レ宜云々。辨又不レ受レ之。遂　勅封倉西軒下以レ中爲レ上。南座別當以下寺家座。北者長官以下座定了。執行爲二僧綱一之間。用二高禮端一也。長官云。建久三綱座黃緣也。用二高禮一之條別當座可二相濫一。尤有二其恐一。可レ改レ之云々。下臘三綱正寺主隆嚴不レ可レ然之由呵法申。長官・勅使仰綸言也。不レ用之條不當也。可二追立一之由別當代官定親僧都被レ申之間。隆嚴呑レ聲。遂用レ紫了。

開二　勅封倉一畢。辨・大監物歸二本座一。史生一人在二封倉一之間。官掌・大監物指二遣之一。又自二寺家方一三綱一人可レ遣之由。長官被レ申之間。遣二隆嚴寺主一了。見二建久之例一。三綱目代之儀無レ之。但彼時寶藏前儲二勅使座一之間。依レ爲二眼前之儀一無レ有二不審一。今度者依二雨儀一當二勅封倉之後一儲二勅使座一之間。不レ見之故三綱等爲二目代一可レ遣之由。有二其沙汰一者也。

裝束事

長官衣冠。　辨束帶。　俊職衣冠。爲二五位一之間。用二絹指貫一了。

大監物帶劍。　信兼脇開也。

別當代法服平袈裟。　執行同前。

勅使・長官出仕道事

別當代先乘二手輿一自二綱封倉西面一參。次長官。後　勅使也。長官乘二手輿一經二綱封倉西面一參。自二別當座之後一令レ參也。　勅使爲二歩行一如二長官之參道一。長官語二別當代一云。一日勅使用二手輿一常事也。尤可レ爲二其儀一之處。歩行之條如何云々。

別當用二代官一事

建久勝賢僧正着座。然而今度尤可レ有二着座一之處。別當未二拜堂一之間。可レ被レ進二代官一之由長官申。爲二便宜一之間。定親僧都被レ參了。

衣冠、原本文、意改

乘、原作參、意改

從僧二人。(備中教舜。讃岐幸俊。)大童子二人。(土用王丸。千手丸。)力者十二人。十六日下向。兼日下三向寺家一事可レ見二沙汰一之處。別當僧正定豪發二心地一毎日爲二大事一之間。十六日有二下向一。十八日上洛畢。

人々着座事

北座長官。次辨。次大監物等任レ位。次　勅使・造寺官等着座。俊職者始令二着座一。後者長官前床子蹲居。此建久之時如レ此例也。御前祗候細々可レ被二召仕一料云々。

南座別當代權少僧都定親。執行法橋隆玄。上座兼乘。寺主隆嚴。此許也。

寶物取出事

今度三方物皆可二取出一之由有二其沙汰一之處。依二甚雨一未時許　勅使着座之間。北勅封藏許物共取三出之一。猶日及二晩景一之間。非二重寶一物者國兼於二寶藏上一具令二記錄一。皆移三置中藏一了。中倉之內櫃數許注レ之。勅使書レ封付レ之畢。

綱封藏事

自二公家一被レ仰二綱所一。々々出二請書一。南都便宜之威從等請レ之。此卽寺家執行申云。自二京都一公文・惣在廳於レ令二下向一者。寺家其煩可レ有レ之。仍南都綱所等可レ被レ遣之由所二望申一也。

遣、原作遺、意改

僧綱牒

僧綱牒　東大寺
應レ令下開二綱封倉一移中勅封倉納物上事
使威儀師宣乘　從儀師實玄
牒。件封倉來十七日可レ令レ開之由。被レ下二綸旨一云々。仍牒送如レ件。寺家宜承知。牒到准レ狀。故牒。
寛喜二年七月十三日　從儀師相圓
威儀師嚴緣
法務僧正親嚴

此綱牒初請狀可レ召レ之。今度者北勅封倉・南綱封倉破損。開二中封倉一移二兩方寶物一也。建久北中破損之間。開二綱封倉一移二置兩方寶物一也。綱所若以二建久之案文一不レ知二子細一如レ此書歟。又奉行職事僻事歟。

寶物移二他所一事
開二中勅封倉一移二置北勅封倉寶物一了。開二綱封倉一。寺家三綱•々所寶物之處。時剋已及二戌時一。而塵土多櫃上落懸。八十餘合櫃一時難二移置一間。明日可レ移之由執申之間。別當代出二

綱•、此下有脫歟

一義一畢。若爾者件綱封倉物可レ移二置上司倉一云々。長官尤可レ宜之由被レ申畢。上司三宇藏內。一宇勸進所預レ之。一宇舞裝束等納レ之。一宇　本願勅書以下文書納レ之。勸進所分大勸進行勇律師令レ住二關東一。不レ相二觸彼仁一者難レ叶之間。開二中一宇倉一封藏中納物移置。今一宇藏可レ移二渡綱封倉之寶物一之由。別當代被レ加二下知一畢。

一、付レ封事

於二勅封倉一　勅使辨付レ封畢。至二綱封藏一正法務封也。鎰取持下云々。書二下判一之間令レ付レ之了。

勅封倉前構二三箇間輕幄一。卯酉妻。當二北倉一立レ之。廳屋燒失後如レ此。

西第一間敷二高麗端疊二枚一爲二長官幷別當座一。對座。

同第二間敷二紫四枚一。二行。爲二辨幷大監物座一。或大監物爲二黃端一。

幄北東西行敷二黃端一爲二史幷史生・官掌等座一。或史生・官掌在二幄東南庭一。又爲二紫端一。

同南畔敷二同疊一爲二寺家所司等座一。或在二幄西北庭一。又爲二黃端一。

同西庭敷二廣筵一。爲下取二置寶物一之所上。爲二檢知一也。事具之後參二正藏院一。衣冠持レ笏。雜色追レ前。宿所遠者可レ駕二腰輿一。

束、原作東、意改
々、此下或々脫歟
後、或復歟
殿以下三字、或本文歟

歴ニ幄座後一着座。南面。別當參會者兼可レ着レ之。北面。
次勅使辨束帶持レ笏。具ニ辨侍一。着レ之。長官以前參着者起座可ニ出立一歟。
次大監物幷史已下同着座。
次可レ開ニ御倉一由仰レ辨。々仰レ史。々仰ニ官掌一。々仰ニ出納藏人一。寺家職掌也。
次首頭着ニ褐冠一。取レ幣再拜。或向ニ大佛殿一。或向ニ八幡一。
次取レ鎰典鎰相具下向。開ニ北倉一。辨率ニ大監物已下一登ニ假橋一入ニ藏中一。長官不レ登歟。
次取三下北倉納物一見レ之。即納ニ南倉一。綱封倉是也。先レ是開レ之。寺家職掌人運渡也。藏戶前構ニ假板敷一爲レ道。寺家所司在ニ綱封倉中一加ニ檢知一。辨以下後座。史取ニ目錄一。或取三出舊目錄一合點。件目錄後日可レ獻。殿下歟。（藤原道家）
次開ニ中倉一。
今度或辨不レ昇。建久四年大監物已下登レ之。檢三知寶物一儀如レ初。已上北中兩倉納物奉レ納ニ南倉一之間。各々不レ可ニ混雜一之由仰レ辨。
次運納可ニ納封一。辨書レ之。官掌獻レ紙書畢。大監物已上參向時也。
事畢退下。或此間衆徒有ニ亂舞事一。
鎖鎰事

建久四記云。北中倉鎰任レ例鎰司持レ之可レ歸洛一。而鏁難レ留二置寺家一。仍相二具鎰一可レ歸洛一。修理之後如レ本被レ渡之時。鎰司相具可二持下一也云々。寺家職掌人不足時。烏帽子下部召加事。建久四例。同二職掌人數一。或六人。或四人。見二建久四記一。

之、原作也、意改

散位行俊奉書

御上洛之後何事候哉。綱封倉物已被レ渡二他所一候歟。其間事返々御不審候。抑先日被レ遣候御次第小草子可下令二返進一給上候。只一本候之間被レ仰候也。恐々謹言。

（寛喜二年）七月卅日　　散位行俊奉

東大寺執行法橋（隆玄）御房

散位行俊奉書

折紙取進候了。三个條事度々被二申入一候畢。重可レ被レ申候。北杣訴事同被二申入一候了。定經二御沙汰一候歟。抑勅封倉開封日三綱御座事。　勅使用レ紫之上。高麗如何之由。其咎候き。仍御口入許候。强非二偏執之儀一。但如レ此事必不レ依二本官一。隨二所用之常例一候。　勅使用レ紫。寺別當用二高麗一。然者三綱被レ用レ紫之條可レ然候歟。且建久被レ用二黃端一。今度被レ用レ紫之條者神妙こそ候へ。傾申之人候ハ可下令レ答二此由一給上之由所レ候也。恐々謹言。

（寛喜二年）九月十一日　　散位行俊奉

取、或所歟

糺、原作紀、意改

同年十月廿七日。今日終夜降レ雨。盗人燒二開東大寺勅封倉一。中間。盗二取寶物一之由。以二年預五師狀一申二寺務一。廿八日戌剋到來。仍自二別當（定豪）一同廿九日辰刻。相二具五師狀一以二公人一國貞。遣二長官家光許一了。卽大衆令二蜂起一鄕々求レ之。中門堂後戶階置レ之。盗渡レ之立二彼橋一登二藏上一。燒二穿鏘根一尺餘一。開二門戶一入二藏內一云々。長官返事云。早々可二披露一候。取失寶物可レ被二注申一云々。而代々日記皆留二公家一。仍寺家更不レ知二寶物之員數一之間。所レ失物等難レ辨。以二寺主隆嚴一爲二使者一。別當僧正書二具消息一遣二長官之許一了。長官相二具隆嚴寺主一參二殿下御所一。隆嚴申云。所詮急可レ被レ下二勅使一。但寺家儲於二今度一者難レ叶之由申レ之。去八月下向之時千餘前之儲。狹少之寺領營レ之。猶於二今度一者存二大佛詣之由一。不レ可レ被レ憑二寺家儲一之由令レ申之間。折節參會諸卿所レ申有二其謂一之由評定云々。殿下仰云。此事被二驚思食一。急可レ有二御　奏聞一云々。三綱臨二夜陰一罷歸。乘物寺務之沙汰也。

同年十一月廿九日。彼盗人搦レ之。吉野前執行下人申云。聊奇事候。葛上郡ニ顯識ト申僧在レ之。彼仁定爲二彼盗人一歟之由申。仍興福寺大衆令二下向一欲二搦取一之處。彼僧出合令二相鬪一。而彼寺々僧延實讃岐君。舍弟弘景九郎。卽向遇切合。遂弘景打二臥彼顯識一。卽兄弟轉二身命一搦取了。彼法師被レ疵。幷母女等同令二面縛一。種々令二糺問一之處。皆以露顯。同類等差二申之一。鏡八面細ニ打破了。於二京都一欲二沽却一之處。減レ直之間。大佛殿前五百餘所社中ニ裹堆二置之一云々。仍取出了。東大寺古寺僧圓詮春密。殊爲二根本一之由令レ申。彼僧者當寺々僧實遍五師於二大湯屋一所二殺害一之下手人也。彼僧一乘院領大和廣田庄江三入道之許隱三籠之一云々。仍觸三申一乘院一押寄而欲二搦取一之處無レ之。然而積惡之至其罪難レ遁之間。遂搜求而搦出了。

彼盜人等。顯識・同舍弟法師幷春密等。於二佐保山一斬レ頸。懸二首於奈良坂一畢。

同寬喜二年十月廿七日夜。群盜燒三穿正藏院中倉一。盜三取寶物一了。仍爲レ知二紛失物一。十二月七日被レ遣二勅使一。實三檢寶物一。

勅使

左少辨平時兼　大監物中原師世

右大史中原職淸　左史生高橋職康

右史生□久忠　左官掌紀國兼

官使十人

寺家

權少僧都定親別當代。　執行法橋隆玄

寺主隆嚴　寺主定嚴

觸、原作明、據傍註改

□、原空白

權寺主兼俊
長官故障之間。造寺官不ニ出仕一。七日自ニ早旦一深雨。仍勅使座如ニ先度七月一儲ニ倉西軒一。寺家事遲々之間。早參而行事。任ニ先度例一　勅使辨座敷ニ紫緣一。別當代定親僧都被ニ計申一云。長官出仕之時者。依レ爲ニ大辨宰相一。爲レ簡ニ別辨座一儲ニ紫緣一。今度長官無ニ着座一。任ニ維摩會例一可レ敷ニ高麗一之由申了。官掌國兼尤可レ然之由申。召ニ木守貞久一敷ニ高麗一了。國兼立レ座來云。建久亡父官掌賴兼奉行日記。三綱座幔之外敷ニ黃緣一見候。今度剩一臘法橋座敷ニ高禮一之條未曾有之由申。改レ座了。隆玄法橋申云。忝浴ニ朝恩一昇ニ綱位之崇班一。着ニ座紫緣一失ニ面目一次第也。世以成ニ不レ足レ言之思一。所詮不レ可ニ着座一之由申。仍勅使辨出仕之時語ニ訴訟・之趣一。且法勝寺阿彌陀堂座者。上卿座高禮。以ニ奉行辨座一敷ニ紫緣一。以ニ三綱座一不レ簡ニ別僧綱・凡僧一敷ニ高禮一。件座末後戶大外記・大夫史着座行ニ公事一。法城寺阿彌陀堂自ニ正面之北一儲ニ三綱座一。任ニ三綱次第一着座之時。上座爲ニ凡僧一敷ニ紫緣一。寺主・都維那師爲ニ僧綱一敷ニ高禮一。後戶敷ニ紫緣一儲ニ奉行座一。自ニ上古一皆公家私所併三綱爲ニ僧綱一之時。着ニ座高禮一事例也。至ニ當寺三綱一何不レ然哉。所ニ訴申一尤其謂候歟。申レ之。辨云。隆玄法橋所レ申尤可レ然。可レ被レ敷ニ高禮一云々。然而右大史職淸申云。興福寺被レ取ニ損色一之時。一臘三綱爲ニ僧綱一。雖レ着ニ座高禮一各訴申改レ座了。雖レ爲ニ當寺三綱一爭可レ然哉。早可レ被レ改レ座之由申。

訟・、原作詔・、意改、以下同

之以下四字、有誤歟

可、原作所、意改

左官掌國兼立レ座同訴訟。勅使辨云。惣爲二僧綱一着二座高禮一始レ自二法勝寺一例也。隆玄法橋所二訴訟申一尤可レ然。苟今日爲二勅使一奉二行一寺成敗一之間之處。自由申狀甚以不レ可レ然云々。各承伏。仍敷二高禮一了。首頭光成奉幣。大監物取レ鎰開レ倉。勅使辨被レ申云。先度實檢之時。寶物自レ倉被二取下一之條。招二盜人一根元也。今度者於二倉內一可レ披二覽寶物一者。被レ開二宇治寶藏一之時。長者殿下入二倉內一給其例也云々。尤可レ然之由返答了。中倉者二階也。上階者自二北倉一所二運遷一物共也。下階者自レ元所レ有物也。先上階寶物實二檢之一。倉中自二正面一南東西行敷二紫緣一帖一。勅使辨幷定親着座。東南北行紫二帖敷レ之。史已下着座。自二正面一北東西行寺家三綱着座。北倉分寶物六十餘合披覽之間。入レ夜執行儲レ燈。北倉分所二紛失一鏡七面・銅少壷一口・銅小佛三躰也。中倉物不レ及二披覽一之間。次日八日。勅使逗留爲レ早レ事早參。其後寺家三綱參。大監物師世今朝上洛。右史生久忠參二興福寺般若會一之間。不二着座一。西南北行辨幷定親着座。東南北行史已下着座。北東西行三綱着座。一々物實檢之處非レ所レ及二言語一。引二合建久日記一。雖レ勘二紛失物一不二分明一。建久三倉一日實檢之間。日記疎荒也。今日及二深更一實檢畢。勅使付レ封退出了。

嘉禎三年六月二日。可レ被レ檢二知正藏院寶物一之由。被レ下二食馬　宣旨一。

在下、原割註、意改

少、原作小、意改、以下同

安、當作案

三日。天晴。被レ行二此儀一。行事官宿所雜事。執行上座法橋兼乘沙二汰之一。奉行兼俊。而辨宿所積藏院邊云々。仍以二衆議一可レ被レ入二當寺一之由。小綱教仟爲二使者一。執行兼乘申送之間。立二入藏南院一。執行沙汰。定秀房。午剋有二實檢一。庭指圖在レ下。取二出辛櫃六合一實二檢之一。大衆以下諸人見二知之一。仍自二大湯屋大衆蜂起中一。以二小綱一申送云。被レ取二出寶物一事。其儀不レ可レ然。於二倉中一可レ有二勘定一云々。因レ茲勅使已下登二倉中一。寺官同入。但依レ可レ爲二事繁多一。櫃員數許計レ之。

下層勅封倉分。　八十四合

上層北分。　三十四合此内空納一合。

北倉南端綱封倉物也。　七十三合綱所驗見。不レ入二倉中一。

倉中事。小綱・下司出納并烏帽子出納等公人也。役レ之。

勅使

右中辨藤原季頼　大監物賀茂守榮

左少史中原成村　主鎰伴爲連

左史生高橋資職　右史生安倍久頼

右官掌中原國鄉爲二此寺安主職一。四官掌。

寺官
別當僧正眞惠雖レ儲レ座。依レ未二拜堂一不レ被二出仕。又不レ出二代官一
上座法橋兼乘　　上座範慶
權上座隆嚴　　權上座乘惠
寺主兼俊　　寺主定嚴
都維那慶快
綱所
威儀師濟宣従儀師等依二所勞一不參云々。
事訖付レ封。中倉辨封レ之。官掌賜レ之付レ之。北倉綱所封レ之。綱所於二庭上一見二知之一。出納付レ之畢。抑主鎰所二持下一御鎰三連也。各銘云。一東大寺印藏。一東大寺南。一者東大寺北云々。而開二北藏一之處。件北鎰不レ入レ之。仍不審之餘相二尋上司印藏一之處。綱封倉在レ之。卽以二件鎰一開レ之畢。倩案レ之。公家三鎰者。綱封以前鎰也。綱封以後羂索院綱封倉鎰用レ之。仍難レ用歟云々。其上倶留々鎰三在二寺家一。銘一者南云々。以二此南鎰一開二中倉一畢。每事非レ無二不審一云々。
此儀事畢。諸人退散之後。大衆蜂起。而押二寄辨宿房一。相二觸條々事一。沙汰衆快賢五師云々。

今度事。専被レ守二寛喜二年之例一云々。寺家日來望申旨者修理也。然者可レ被レ注二損式一之由。寺家勸申處。爲二方忌一之間。不レ及二公家之御沙汰一。所詮爲二寺家之沙汰一可二注進一云々。仍召二木工宗行・貞重・貞遠等一注レ之。付二修理目代一畢。目代清二書之一。可レ進二公家一云々。

此外造寺官一人判官重俊下向。然而不二着座一候二別所一。實檢之時共奉。支配外送二粮料一石一。　鎰取四人粮料八斗　小綱六人酒食料一斗二升。　出納四人八升。　主典食一斗

寛喜二年例如レ此。先例者下司出納モ申也。

首頭幣事。左近將曹光成申レ之。幣光成沙二汰之一。料物執行可レ下二行之一。一斗。寺斗。可レ有二酒肴料五斗一之由。首頭申レ之。幣ハ執行尤可レ儲之事也。奉レ開二御倉一之由。出納行房稱レ之。三聲。向二御堂方一。

建久年中開封ニハ。左大辨宰相定長爲二勅使一下向。

今度開封之次。依レ有二便宜一。寛喜二年盜人所二取出一鏡破共納二置之一。不レ及レ封レ之。納二辛櫃一。件櫃ハ印藏舞裝束辛櫃也。雖レ可二返納一。依レ無二入物一納レ之了。

一、延應元年十一月廿五日。九條(藤原道家)禪定殿下於二東大寺戒壇院一在二御受戒一。同廿六日。任二嘉

幣、原作弊、意改、以下同

定、原作宗、據上文改

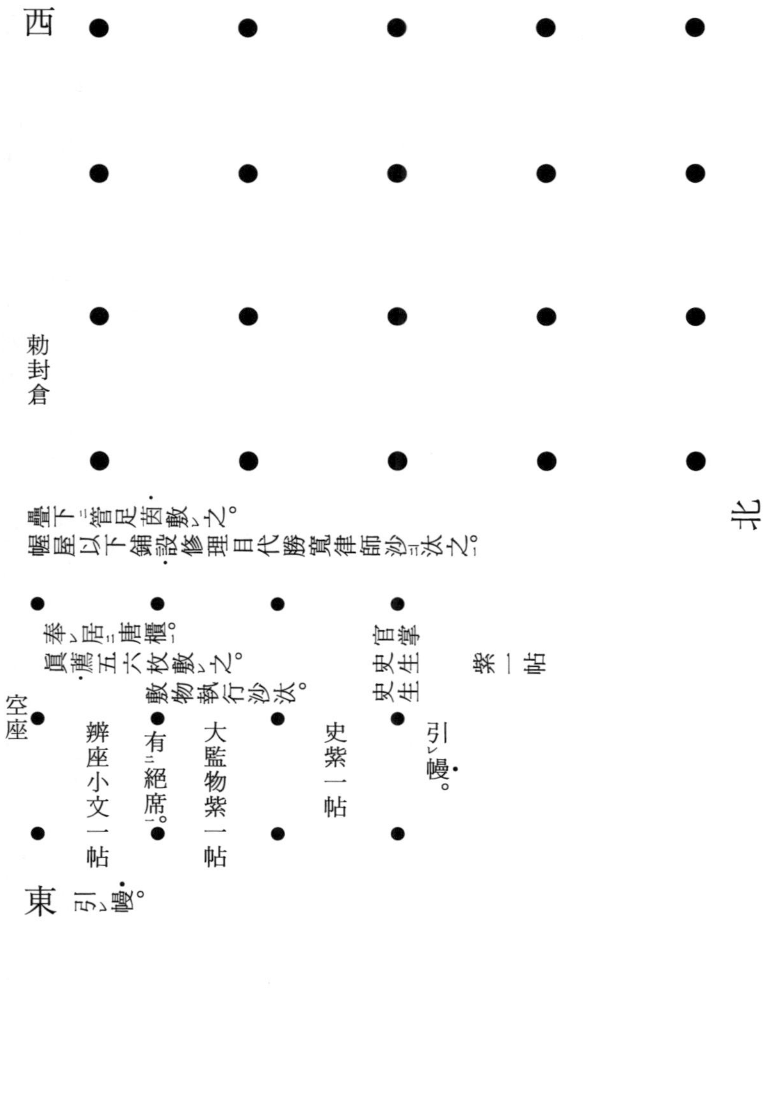

茵、原作菌、意改
設、原作説、意改
薦、原作簾、意改

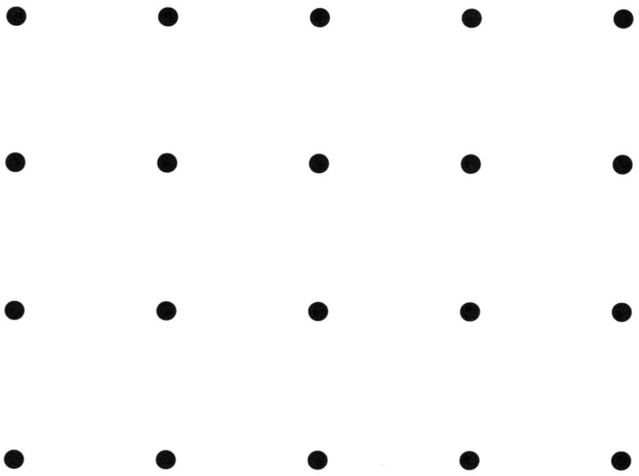

別當座小文有二絶席一

執行小文一帖　引レ幔。

三綱紫一帖

三綱紫一帖

三綱紫一帖。　引レ幔。

東西行敷レ之。西上。

威儀師濟宜一人也。

綱所紫一帖　引レ幔。

南

一、意補

應等例。開二正倉院一有二寶物御覽一。
勅使下向。
　宣下狀偁。

官宣旨

左辨官下　大和國幷東大寺
　使左少辨藤原朝臣顯朝　從六人
　大監物丹波朝臣尚長　從五人
　右大史中原成村　從四人
　主鎰河康職　從三人
　左史生高橋資職　從三人
　　　中原康重　從三人
　右官掌中原國鄉　從三人
　使部十人　從各一人
右。中納言藤原朝臣爲家宣。奉レ勅。爲レ令レ開二檢彼寺物勅封藏一。差二件等人一。發遣如レ件者。國寺承知。使者經レ彼之間。依レ例勤二供給一。官符追下。

物、衍歟○等、原作寺、意改

延應元年十一月廿一日　大史小槻宿禰（季繼）在判

少辨藤原朝臣（顯朝）在判

此外衞士二人令二下向一。粮米等同給レ之畢。

三綱

上座法橋範慶執行。　權上座法橋隆嚴

權上座嚴宴・　寺主兼俊

定嚴　都維那慶快

綱所

各座席樣。可レ有二指圖一。先張二七間幄於倉中間一。疊中間一間儲。鋪二敷於左右一。以レ北爲二勅使座一。以レ南爲二寺家座一。辨座用二高麗一。至二三綱之僧綱座一。同敷二小文一畢。雖レ儲二別當座一。依レ未二拜堂一不レ能二出仕一。于レ時良惠。今・官掌國鄕申云。寺官被レ敷二高麗一之條。尤以無二其謂一。代々之間未レ見二其例一。早可レ被二改敷一云々。于レ時兼俊寺主申云。先例多雖レ有二其沙汰一。未二

宴、原作晏、據下文改、以下同

今、或右歟

落居二之處。去嘉禎三年六月三日。被レ開二勅封倉一之時。三綱之中至二僧綱一者。可レ用二高麗一之由事切畢。今何事新可二申出一哉云々。而官掌重申云。八幡宮寺三綱雖レ爲二僧綱一。猶以不レ敷二高麗一。當寺可レ同云々。兼俊申云。先以二宮寺所司等一。比二當寺三綱一之條。更似レ不レ知二故實一。頗可レ謂二奇怪一云々。重及二大衆僉議一。追二立官掌一畢。然而爲二開封一三綱等相二觸事由於勅使一。并披二露大衆一。仍其後召二返國郷一畢。然後　勅使致二公平之計一之間。範慶・隆嚴等用二高麗一畢。見物大衆等擧嘆二勅使之成敗一。感二兼俊之申狀一訖。

儀•式事訖開二中倉一。勅使辨顯朝。三綱定嚴・慶快二人。臨二入藏中一取二出寶物一。而大衆於二藏前一可レ被二開見一之由雖レ有二僉議一。及二晩頭一之間。纔開二一兩櫃一。又立二鴨毛屛風等一披見畢。於二自餘一自二倉內一付レ封取二出之一。員數□合也。或納二廚子一。或入二長櫃等一。人夫持二運之一。小綱幷上下出納。官使等相副令レ持二參之一。御覽及二數剋一之間。依レ及二夜陰一。仰二武士一守二護之一。奉•行左衞門尉秦實。悉付二兵士一。被レ送二納御藏一畢。路次在二松明一。御覽寶物不レ及二百分之一一歟。

一、仁治三年正月八•日。先帝(四條)崩御。同三月十八日。當今(後嵯峨)御卽位。而爲二彼御卽位一開二勅封一被レ召二上玉御冠幷諸臣禮服冠一畢。三月十二日。勅使下向。同十三日。被レ開二　勅封倉一

儀•、原作俄•、意改
□、原空白
奏•以下三字、或有誤歟
八•、諸書云九•

訖。

勅使

左辨官下　大和國幷東大寺

使右少辨平朝臣時繼　從六人

大監物丹波朝臣尚長　從五人

右大史中原範俊　從四人

主鈴河安氏　從三人

左史生紀忠直　從三人

左官掌中原重繼　從三人

使部十人　從各一人

右。權中納言藤原朝臣爲經宣。奉レ勅。開ニ當寺勅封藏一。爲レ取ニ出禮服御冠等一。件等人發遣者。國寺承知。使者經レ彼之間。依レ例勤ニ供給一。官符追下。

仁治三年三月十一日　大史小槻宿禰(季繼)在判

官宣旨

鈴、或鎰歟、以下同

權少辨藤原朝臣(親頼)在判

宣旨狀案

來十八日可レ有二御卽位一。而內藏寮禮服御冠無二其實一。頗難治之間。欲レ被二新造一之處。又無二本樣一。可レ被レ取二出東大寺勅封藏御冠一。而彼鎰去年窮冬之比紛失云々。正月五日雖レ經二　奏聞一。先帝昇霞之上。今上踐祚以後卽位以前。不レ及二如レ此斷罪沙汰一之間。自然無沙汰之處。今爲二本樣一可レ被レ取二出彼御冠一之由其議出來。縡已重事也。不レ可二默止一。鎰雖二紛失一。仰二合寺家一。廻二秘計一可レ被レ取二出　御冠一之由。依二　天氣一執達如レ件。

(仁治三年)三月十一日戌ー　左衞門佐經俊(藤原)

謹上　右少辨殿(平時繼)

逐申。

明曉急可下令二參向一給上。其次諸臣禮服玉冠。早同可レ被二取出一之由被二仰下一也。率爾之間如二大監物一定遲參歟。然而且可レ被二取出一候。

後嵯峨天皇綸旨

斷、原作料、意改
爲、原作號、據傍註改〇紛、原作粉、意改、以下同
戌、原作戊、意改

今日。十三日。被ㇾ開二勅封藏一。座席如二先例一儲ㇾ之。別當無二出仕一。

三綱

上座法橋範慶　　權上座嚴宴

寺主定嚴　　權寺主俊快

綱所等以二鎰取一雖ㇾ有二御催一。依ㇾ無二其要一不ㇾ及二出仕一。少々雖ㇾ令二來臨一。不ㇾ設二座席一之間。不ㇾ能二着座一歟。

抑勅封倉鎰令二紛失一之間。無二可ㇾ開之趣一。方爲二朝家重事一。勅使下向之上者。不ㇾ可ㇾ及二子細一之間。召二鍛冶一打三破鏁櫃一畢。仍奉ㇾ開ㇾ之。希代勝事歟。其後□臨三入倉中一。任二記錄一披見。御冠櫃取三出之一。卽玉御冠四頭・諸臣禮服冠廿六頭云々。或云可ㇾ進二玉冠計一。或云可ㇾ進二卅頭一。二義在ㇾ之。然而任二勅使等申狀一。卅頭令ㇾ進三上之一畢。早速可ㇾ被二返納一之由。能々經二問答一畢。卽御冠請取狀在ㇾ之。

其狀云。

一、十八日。御卽位以後。玉御冠四頭・諸臣禮服冠廿六頭。如ㇾ員被ㇾ送三下寺家一。同廿一日。勅使下向。廿二日。奉三納勅封倉一畢。

趣、原作超、意改
治、原作治、意改
○□、原空白

宣旨狀

左辨官下　大和國弁東大寺

使權左少辨藤原朝臣親賴　從六人

大監物紀朝臣文平　從五人

右大史中原範俊　從四人

主鈴・河安氏　從三人

右史生紀景直　從三人

左官掌中原重繼　從三人

使部十人　從各一人

右。權中納言藤原朝臣爲經宣。奉レ勅。開二當寺勅封藏一。爲レ令レ返二納禮服御冠等一。差二件等人一發遣者。國寺承知。使者經レ彼之間。依レ例勤二供給一。官符追下。

仁治三年三月廿日　大史小槻宿禰（季繼）在判

右少辨平朝臣（時繼）在判

官宣旨

弁、意補

座席如レ前設二倉之正面一。無二別當出仕一。綱所又無二參仕一。

三綱

上座法橋範慶　　權上座兼俊

已上二人

凡玉御冠四頭之中。於二二頭一者女帝御冠云々。但其銘云。先帝云々。是孝謙天皇之御冠歟。今二頭者聖武天皇御冠也。其銘書付。太上天皇云々。今度卽位。以二太上天皇御冠一被レ用二御卽位一畢。諸臣禮服冠同被レ着二用之一。抑於二四頭玉御冠一。路次之間散々打損畢。是公家御無沙汰歟。勅使越度歟。一向被レ預二持雜夫一之間。不レ知二子細一振二損之一畢。不便々々。

兩度寺家供給支配。依レ無二別事一不レ注二載之一。且先例有レ限者歟。如何。

寛元四年九月廿八日。天晴。勅封倉寶物等。自二上司倉一返二納于御藏一。長官左大辨宰相(藤原)經光卿。下向。勅使以下行事官。在二食馬狀一。別當代權少僧都定濟別當法務定親常二住關東一間也。以下三綱法服・平袈裟。

奉行兼俊

史生一人・官掌一人向二上司倉一。三綱二人慶快。親慶。同向。勾當榮久。上司小目代。鈍色。五帖。兼行向。御物御前

預、原作須、意改
限、原難讀、意改
勾、原作句、意改

北

一丈　間之丈尺者裏書也。

一丈一尺五寸

一丈一尺五寸

一丈一尺五寸

一丈三尺

一丈三尺

西

勅封倉中心。

引レ幔。

官掌
紫二帖
史生

史座　章治（中原）

紫一帖　大監物座丹波尚長

小文一帖　在二圓座一。勅使座右中辨定賴

小文一帖　在二圓座一。長官座

此方四間。

輿中心在二勅封一。

東

引レ幔。

引ㇾ幔。

在ニ圓座一。別當代座

小文一帖。在ニ絕席一。

上座法橋範慶
上座法橋隆嚴

小文一帖

權上座法橋嚴宴・
權上座法橋兼俊

紫一帖

寺主定嚴
權寺主俊快

紫一帖

權寺主慶・快
都維那親慶

北ニ去ㇾ一丈。

此方六間也。

自ニ三綱幄一去ㇾ西一丈。
去ㇾ南五尺。

一丈三尺

一丈一尺五寸

一丈一尺五寸

一丈一尺五寸

一丈

如ㇾ此引ㇾ幔・。

小文一帖　紫一帖　引ㇾ幔・。

威儀師濟宣　從儀師濟實

南

慶・、原作嚴・、據下文改

一臘公人爲房。着レ褌別當代沙汰。持レ檚度々前行。是新儀也。加二用寺家庄々夫幷勸進所下部車一也。綱封倉從儀師濟實。行向。勅使以下行事官・綱所等皆昇二倉上一各付レ封畢。三綱二人定嚴。俊快。同昇レ之。兼俊於二地下一奉二行之一。御倉中加二用下司出納四人一。行房。安房。久宗。褐冠・當色仕丁等少々。一日事訖。綱封倉付レ封之時松明。貞久丸。木守。臨二夕方一雜人中有二鬪諍事一。

寺官

上座法橋範慶　同隆嚴

權上座法橋嚴宴　同兼俊

寺主定嚴　權寺主俊快

同慶快　都維那親慶

別當代權少僧都定濟肥前判官職仲扈從。依レ爲二周防雜掌一也。

長官左大辨宰相經光宿所慈恩院慶藝法橋房寺沙汰。勅使也。他寺宿云々。

官宣旨

左辨官下大和國幷東大寺

使右中辨藤原朝臣定頼　從六人

大監物丹波朝臣尚長　從五人

檚、原作檚、意改

綱以下八字、或有誤歟

四以下八字、或有誤歟

也、或者歟

左少史中原章治　　従四人
少主鎰河康職　　従二人
右史生紀光朝　　従二人
左官掌中原重継　　従二人
使部拾人　　従各一人
右。右大臣（藤原兼平）宣。奉　レ勅。爲レ令レ返二納東大寺勅封藏寶物一。差二件等人一發遣如レ件者。國寺宣承知。使者經レ彼之間。依レ例供給。官符追下。
寛元四年九月廿二日　　少史中原朝臣（章治）在判
右中辨藤原朝臣（定頼）在判
今度勅封倉鎰。於レ官被二紛失一之間。爲二造寺所沙汰一可レ造二進釖鎰一之由被二宣下一。仍新二造之一。即檢二封御倉一之後。鎰二名云。一ハ東大寺正藏院中。一ハ東大寺正藏院北云々。交替。主鎰康職入二唐櫃一畢。綱封倉鎰幷久留々鎰三。一出納行房取レ之交替。上司小目代榮久。勾當云々。
建長六年六月十七日。天陰。雨降。戌剋。雷神落二懸勅封藏一。蹴二破東面北端扉一。幷脈二裂下柱等一。投二

釖、或誤歟
入以下四字、原割註、意改
行以下十七字、原割註、意改

捨知足院門邊一。卽龍神入二藏內一。雷火付二寶藏一。然間爲レ消二彼火一切三放其扉一。遂以打消畢。一寺騷動。萬人群集。偏依二八幡之冥助一。今得二三倉之安穩一。不レ廻二時日一年預五師賢寛申二事由於別當(定親)一。新熊野。卽被レ經二奏聞一之間。先仰二大勸進圓審一被二修理一。中北兩倉扉四枚幷北脇柱一本・敷居等造三替之一。番匠卅人。八个日之內作レ之。下柱六本龍神引割之間。同令二造替一。

同七月五日。被レ下二行事官一。其人數見二于食馬宣旨一。々々偁。

官宣旨

左辨官下大和國幷東大寺

使權右中辨藤原朝臣資定　從八人

少監物平久近　從四人

左少史中原國氏　從四人

主鎰件爲連　從三人

左史生中原尙宗　從三人

右官掌紀維兼　從三人

使部十人　從各一人

木工屬藤井行次　　從三人
算師代中原光里　　從二人
長上淸原宗次　　從二人
杖取・將領各一人
右。左大臣（藤原道良）宣。奉　レ勅。爲レ實二檢東大寺勅封藏一。差二件等人一發遣如レ件者。國寺宜承知。
使者經レ彼之間。依レ例供給。官符追下。
建長六年六月廿七日　　少史中原朝臣（國氏）在判
權右中辨藤原朝臣（資定）在判
七月六日。被レ實二檢寶物損失之有無一。張レ幄如二先例一。中間也。座席次第在二指圖一。不レ被レ開二綱封藏一之間。綱所不二參着一。
三綱之中執行上座法橋範慶依二所勞一不二出仕一。寺主俊快・慶快。他行。都維那泰紹。重服。仍不レ被二着座一。臨二倉內一之輩。少監物久近・史國氏・官掌維兼・三綱法橋兼俊・定嚴・權寺主寛圓。辛櫃廿餘合取二出之一。倉內役上下出納八人。或褐衣或白張仕丁等少々。幄屋宮仕小綱等也。辛櫃數多一日之中難レ開レ之。仍於二倉內一辛櫃員數許行事官注レ之。及レ晚小雨降。

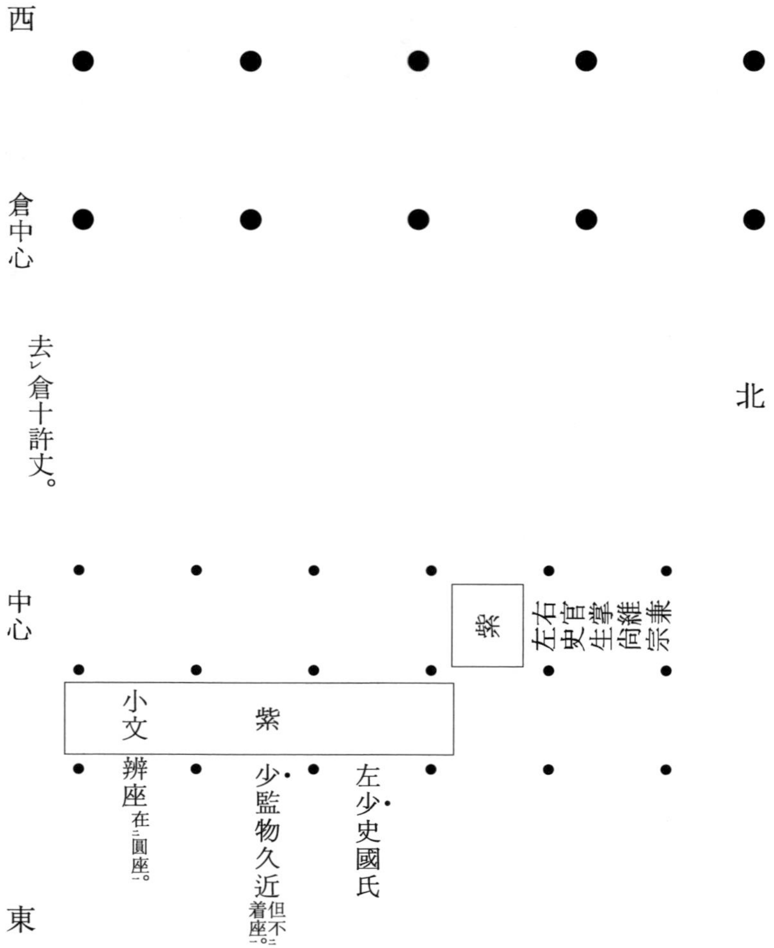
西
北
倉中心
去レ倉十許丈。
中心
紫
右官掌維兼
左史生尚宗
小文
紫
辨座在二圓座一。
少監物久近但不二着座一。
左少史國氏
東

小文　別當權僧正定親

小文　權上座法橋嚴宴

小文　同兼俊
同定嚴

紫　權寺主寬圓

綱封倉不レ被レ開之間。綱所不レ參。

南

各至二于倉下一。此間兵士等參二候御倉北砌邊一。
抑今度首頭光成可レ申レ祝之處。以前已打開之倉也。仍無二此儀一。造寺判官重俊下向。兩座木工打二新造鏁一。可レ有二祿物一之由令レ申之間。各被レ仰二勸賞一。本座宗長任二權大工一。新座□。申剋。勅使辨付レ封。官掌・監物付レ之。兩倉付レ之。此外無二別儀一。寺家儲如二先例一。執行法橋範慶奉二行之一。辨宿所北室賴覺律師房。寺家點レ之。七日上洛云々。

正嘉二年正月廿一日。(藤原兼經)岡屋禪定殿下。於二戒壇院一登壇受戒。其翼日被レ開二 勅封倉一。
勅使右中辨高輔(平)
別當定親無二出仕一。但儲二其座一。
三綱等參仕。
寶物等被レ運二送中御門御宿所一。辛櫃十七合云々。在二目録一。
於二中御門坊寢殿一被レ披二見之一。一乘院禪師房信照。依レ爲二彼御息一卽有二來臨一。同披二見之一云々。大衆令二群集一之間。被レ上二御簾一間一畢。
於二勅封倉一可レ被レ開二寶物一之由。大衆令レ申之間。勅使申二合禪定殿下一之處。日已及二晩景一之上。大衆於二此砌一披見畢。不レ可レ然之由返答。仍不レ能レ開レ之。

□、原空白
右中、民經記正嘉二年十一月十二日條及辨官補任同年條作左少
照、興福寺別當次第等作昭
披、原作被、意改

文應二年九月一日。一院（後嵯峨）御二幸于南都一。爲二七大寺御巡禮一。
三日早旦。御二參大佛殿一。
五日。入二御于當寺中御門御所一。斯日被レ開二　勅封倉一。被レ取二出寶物等一。於二中御門一有二御覽一。即被二返納一畢。

弘長二年八月廿一日。被レ開二　勅封倉一。
勅使右少辨資宣（藤原）
別當前大僧正聖基無二出仕一。
去年御幸之時所レ被二召出一御袈裟。依二嚴重之御夢想一被レ返二納寶藏一畢。

（校合奥書）
以二寫本一交合畢。

建久八年六月十五日俊乘坊重源讓狀參照

・阿、原作河、據下文改、以下同

・了、重源讓狀作畢

・矣、原難讀、據同上及貼紙改

伊賀國阿波・廣瀬・山田有丸庄者。爲二平家沒官之地一。前右大將家（源頼朝）知行。而依二　後白河院　勅命一。被レ賜二當寺惣大工宋人陳和卿一之日。右大將家同以令レ去二進地頭一給了。仍和卿發二善願一。永以寄二付淨土堂領一矣。其旨。具見二于大和尚（重源）讓文一。

後鳥羽上皇院宣

院宣案

東大寺衆徒訴申伊賀國阿波・廣瀬兩庄地頭職事。解狀副二證文案一。如レ此。任二道理一可レ令二成敗一之由。可下令レ仰二遣關東一給上者。依二　御氣色一執啓如レ件。

（承久二年）二月十日　（藤原）宗行奉

謹上　（藤原公經）右大將殿

北條義時書狀

旨、原作間、據傍註改

權大夫請文
東大寺衆徒申伊賀國阿波・廣瀨庄事。任ニ院宣幷寺解之旨一。令レ停ニ止廣綱地頭職一候了。
下知狀所下被レ付ニ使者一候上也。以ニ此旨一可下令ニ披露一給上候。義時恐惶謹言。
（承久二年）四月十七日　右京權大夫平（北條義時）在判　上

藤原公經書狀

右大將書狀案
東大寺衆徒申阿波・廣瀨庄地頭間事。義時朝臣請文如レ此。停ニ止地頭一之條神妙候。可下令ニ計披露一給上。謹言。
（承久二年）五月廿日　右大將（藤原公經）在判
中納言殿

後鳥羽上皇院宣

院宣案
阿波・廣瀨庄地頭事。義時朝臣請文幷右大將書狀如レ此。令レ停ニ止地頭一。存ニ其旨一可下令ニ下知一給上者。依ニ院宣一執達如レ件。
（承久二年）六月一日　在判
謹上　東大寺別當法印（定範）御房

源賴朝袖判下文

鎌倉殿御下文案　右大將賴朝（源）
下　伊賀國山田郡內有丸幷廣瀨・阿波杣山

可㆔早停㆓止地頭職㆒事

右。件所。依㆑爲㆓沒官地㆒雖㆑補㆓地頭㆒。依㆓　院宣㆒所㆑停㆓止彼職㆒也。早可㆑爲㆓宋人進止㆒之狀如㆑件。以下。

建久元年十二月十二日

此狀端在㆑判。

後白河院廳下文

院廳下　伊賀國在廳官人等

可㆕早令㆔東大寺宋人知㆓行山田郡內有丸・廣瀨・阿波杣山㆒事

右。件村。爲㆓沒官之地㆒前右大將源卿知行。而宋人依㆓申請㆒。成㆓賜彼家下文㆒畢者。可㆑令㆓彼宋人知行㆒之狀所㆑仰如㆑件。在廳官人等宜承知。不㆑可㆓違失㆒。故下。

建久元年十二月　日　　主典代安倍朝臣在判

別當右大臣藤原朝臣（兼雅）　　判官代備後守藤原朝臣判

權大納言藤原朝臣判　　美濃守藤原朝臣判

中納言藤原朝臣　　勘解由次官藤原朝臣（清長）判

中納言兼左衞門督藤原朝臣　　攝津守藤原朝臣（行房）

畢、原作乎、據貼紙改
典、原作曲、意改
○倍、原作陪、意改

參議造東大寺長官左大辨讚岐權守藤原朝臣（定長）判　右少辨兼左衞門權佐藤原朝臣（資實）判
右京大夫兼因幡權守藤原朝臣（季能）判
修理大夫兼內藏頭藤原朝臣（定輔）判
大藏卿兼中宮亮備中權守藤原朝臣（宗賴）
幡磨守高階朝臣（經仲）判
左中辨藤原朝臣（親經）判
右中辨平朝臣（棟範）

幡摩國大部庄者。往古寺領也。然而廢倒年尙。而南無阿彌陀佛（重源）申二後白河院一。充三賜和卿一。即成三下　宣旨一。被レ差三遣官使一。改三打四至牓示一已後。專爲二一圓之地一。更無二相交之方一。和卿同以寄三附大佛御領一。一向爲二南無阿彌陀佛進止一。遂申三下　官符一。充三募諸供料一了。彼官符書三載供僧篇之初一。可レ見レ之。

周防國椹野庄者。雖レ爲二舊寺領一。顚倒而年久。今以二天平證文一。去［　］年奏二公家一之日。任レ舊被レ興三立之一。即被レ糺二四至牓示一了。遂去建久七年申三下　官符一。充三置大佛殿顯密供

幡、貼紙云播
【重源讓狀參照】
摩、同上作磨○國、同上無○倒、原作到、同上同、據傍註改
示、原作爾、意改
○之、同上無
遂以下二十四字、同上無
［　］、原空白○去
［　］年、同上無

料一矣。
攝津國長洲庄者。本願勅施之地。當寺根本之領也。而於二開發地一。鴨社々司等。去建保之比。致二濫訴一驚二上聞一之間。或被レ尋二記錄所一。或被レ問二三大臣一。而群臣皆可レ爲二當寺之進止一之由。被二　奏聞一了。其狀云。

鴨社・東大寺相論長渚開發事

右。件地。可レ爲二東大寺領一之條。應德皇后（藤原歡子）宮職相博之狀・嘉承　宣旨・承安祐（鴨）季請文等。已以炳焉歟。然者。且尋二天平施入之跡一。且任二元永勘注之旨一。可レ有二其沙汰一歟。抑鴨社可レ爲二開發主一之由。見二記錄所勘文一。此事如何。社家若有二墾開之志一者。可レ請二寺家一。將存二公領之由一者。可レ觸二國司一。自由之勤。專背二格條一者歟。鴨社可レ領二田地一之由。文書中無二所見一之故也。但如二康和宣下一者。猪名庄四十餘町之外。可レ非二寺領一歟。減二勅施入町段一之條。雖レ非レ無二不審一。用捨之間。宜レ在二　聖斷一。以二此趣一可レ被二　奏聞一之狀如レ件。

六月廿一日　　左大臣（藤原良輔）在判

左大辨（藤原宗行）宰相殿

糺、原作紀、意改
〇了、同上作畢〇遂以下二十字、同上無
濫、原作監、意改
藤原良輔奏狀
嘉承元年五月二十九日官宣旨參照
皇、此下同上有太、以下同〇博、原作傳、據同上改
文、原作久、意改
宰、原作寄、意改

東大寺三綱與㆓鴨御社々司㆒相論攝津國長州御廚開發田事

右。如㆓兩方申狀㆒者。件御廚雖㆑爲㆓社家進止㆒。於㆓其地㆒者。寺領之條無㆓異議㆒歟。度々宣旨・皇后宮放券文・社司等請文炳焉故也。海濱已爲㆓町段限㆒。於㆓官物㆒者辨㆓寺家㆒。頗有㆓其謂㆒歟。但如㆓記錄所勘申㆒。任㆓格文㆒以㆓開墾人㆒爲㆓地主㆒。社司已開發。始雖㆑加㆓制止㆒。後亦寺家許諾之由。見㆓彼解狀㆒。然者於㆓加徵以下雜事㆒者。可㆑爲㆓社家進止㆒歟。抑猪名庄中。他所古作多相交云々。寺家雖㆑取㆓加地子㆒。不㆓進止㆒哉。爲㆓町段之中㆒者。非㆑無㆓不審㆒歟。猶可㆑被㆑尋㆓搜子細㆒也。記錄所勘狀之趣。亦雖㆑爲㆓折中之儀㆒。理致猶相乖歟。以㆓此等趣㆒宜㆑被㆓洩奏㆒之狀如㆑件。

六月廿五日　右大臣(藤原道家)在判

左大辨殿(藤原宗行)

禮紙也。

追申。

記錄所勘狀幷調度文書等返㆓副之㆒。

前左大臣公繼狀

兩方之理非見㆓于記錄所勘狀㆒。但勘文之旨歸。始終頗不㆓一意㆒歟。其間子細不㆑能㆓具記㆒。

藤原道家奏狀

州、或洲歟

格、原作悟、據貼紙改〇墾、貼紙云發

趣、原作赴、意改〇乖、原作卒、據貼紙改

也、或云歟

返、原作追、據傍註改

藤原公繼奏狀

前以下七字、原在前行上、意改

所詮東大寺所レ進證文。四至町段之間。聊雖レ有二不審一。海濱爲二寺領一之條。社家素無レ所レ爭歟。其上不レ可レ加二吹毛之難一乎。然者於二開發之地一。寺家可二進退一之條。叶二道理一歟。而雖レ爲二寺領一。依レ稱レ加二功營一。社家可レ爲二地主一之旨。載二勘狀一。弘仁格云。爲レ開レ田占レ地者。先就レ國申請。然後開レ之云々。今之所爲頗似二押領一。背二格符之旨一。仍難レ許二地主之儀一者也。加之爲レ水侵食之所。不レ依二舊派一。以二新出之地一。先給二被レ侵之家一云々。是令條之所レ判也。此所雖レ無二侵食之儀一。新出之地賜二本所一之條。足二準的一歟。仍件開發寺家進止。旁不レ背二理致一歟。愚意之所レ存如レ之。仍言上如レ件。

九月八日　在判（藤原公繼）

此勘狀。建保五年記錄所勘狀云々。

去建暦之比。ミのゝ〔美濃〕國大井庄下司職相論之時。申二子細於關東一之處。二品家（北條政子）去二進地頭職於東大寺一之上。不レ可レ及二口入一之由。被二返答一了。

北條政子御教書

おゝゐのさう〔大井庄〕のしもつかさ〔下司〕の事。とものり〔奉則〕（大中臣）とかやをさうゐ〔相違〕なくて候へしとて。東大寺よりとり〔執〕申て候とて。へたうそう〔別當僧〕上（成寶）の御はう〔房〕の御ふミ〔文〕まいりて候。その御返事にハ。あま〔尼〕の

正嘉元年東大寺三綱等申狀參照

依稱、原作結講、

據同上改○占、原作古、據同上改

國、原作闕、據同上改

類聚三代格卷十五參照

養老田令參照

先給、據同上補○侵、原難讀、據同上改

準、原難讀、意改

同案參照

かた〔方〕にも。みてら〔御寺〕の御くたしふみ〔下文〕給はりたりとて。しらんと申候に。とものり〔奉則〕も又みてら〔御寺〕のくたしふミ〔下文〕を給□あれハ。いつれもたうり〔道理〕にまかせ〔任〕て御せいはい〔成敗〕にて候へきよし〔由〕にて候なり。ひきの〔比企〕はむくわん〔判官〕(能員)かとき〔時〕。地頭をさり〔去〕て御てら〔寺〕へまいらせたれハ。これにてハ御さた〔沙汰〕候ましきよし〔由〕を。あまこせん〔尼御前〕よりおほせ〔仰〕くたされて候。

あなかしく。

建暦元ー　　ひろもと〔廣元〕(大江)

東大寺領三乃國大井庄下司職事。折紙副二請文案一御覽之後。返遣候。於二寺家一。任二道理一可レ有二裁許一之由。被レ申二僧正(成寶)御房御返事一候了。早可レ申二寺家一之狀。依レ仰執達如レ件。

建暦元
五月廿四日　　散位(中原仲業)在判

大井尼上ニ

所下被二仰下一候上之大井御庄下司之間事。秋(平)友申候之旨。委令二申入一候[之]處。件庄於二地頭職一者。令二去申一給候了。仍兩方不レ及二御成敗一候。可レ爲二京都御沙汰一之由。被二仰下一候了。御返事并御乳母(生蓮)申狀・大膳大夫(大江廣元)之許へ内々御尋候御返事等。賜二教圓一候了。其間子細。教圓定申上候歟。此旨可レ有二御披露一候。行俊恐惶謹言。

□、原空白、或有脱歟

[關東御教書]
[同案參照]
三乃、同上作美濃

[行俊書狀]
[同案參照]
秋、原難讀、據同上改○之、據同上補

建暦元五月廿六日　左兵衛尉行俊請文

〔東大寺領役夫工免除證文注進狀〕

東大寺

注進　寺領役夫工免除證文事

三乃國大井・茜部兩庄免除　宣旨四通之内

一通　件兩庄役夫工無二前跡一。宜レ從二停止一之由　宣旨　天永三年二月七日

一通　國司幷造宮使等。號二役夫工代一。所二押取一大井庄本免利物。慥可二糺返一之由　宣旨永久三年三月十一日

一通　件所二押取一大井庄物。〔可〕レ令三作所使早返行二之由　宣旨　永久四年閏正月十六日

一通　應下任二先　宣旨一。遣二官使一慥返償上。號二大井庄役夫工代一。責三取雜物一事　宣旨　〔永久四〕年六月十八日

一卷二枚。伊賀國黑田庄役夫工免除　宣旨幷奉行辨請文等　永久二年八月廿六日

一卷三枚。六箇〔國〕寺領役夫工免除　宣旨　嘉應元〔年〕八月十三日

所謂。三乃國大井・茜部兩庄

伊賀國黑田　薦生　湯船　玉瀧

井、此下原有庄、意削

可、意補

〔永久四年六月十八日官宣旨案參照〕

永以下三字、據同上補

國、意補、以下同

年、意補

山城國玉井　泉木津木屋所
攝津國猪名・水成瀨兩庄
丹波國後河庄
越中國入善庄等也。

一卷六通。同年寺領役夫工免除之間。御教書・奉行辨請文等

一卷　越後國豐田庄役夫工免除　宣旨　嘉應二年五月十九日

一通　攝津國猪名・水成瀨役夫工免除　宣旨　嘉應元年八月十三日　但彼六箇國寺領

諸國庄々役夫工免除　院宣文治四年七月廿四日。同八月加レ之。

以上免除證文

一通　紀伊國木本庄役夫工　寺解草嘉應元年。

一通　寺領六个國庄々役夫工　寺解草當時不レ見也。

右。件役免除請文等。開二印藏一。隨レ所レ有進上如レ件。

文治四年七月十三日　寺主大法師嚴信

後白河法皇院宣

東大寺領諸國庄々役夫工事。被二免除一了。可下令レ存二其旨一給上者。依二　院宣一執達如レ件。

諸以下二十五字、後代之補入歟

所、原作可、意改

文治四年七月廿四日　權右中辨在判定長（藤原）

謹上　別當法印（雅寶）御房

平棟範書狀

玉瀧杣西界被レ停ニ止新儀一事

東大寺領北杣々人等訴申信樂庄妨事。申上候畢。慥停ニ止新儀一。任ニ先例一可レ令レ致ニ沙汰一之由。被ニ　仰下一候了。且可下令レ下ニ知此旨一給上。仍執啓如レ件。

建久元年七月五日　權右中辨在判棟範（平）

謹上　別當僧正（俊證）御房

伊賀國北杣百姓等申狀

田、原作白、據貼紙改

者、原作寺、意改

已以下三字、或有誤歟

鞆田・兩伊賀等奏狀案

東大寺御領伊賀國北杣百姓等謹解　申請寺家政所裁事

請下殊蒙ニ　恩裁一。停ニ止信樂御庄民新儀妨一。任レ舊被上レ定ニ當杣西界一子細狀

右。件元者。玉瀧杣山之鷹子者。年來爲ニ當杣下司之沙汰一。所レ令ニ進止一也。而自ニ去年一始稱下爲ニ信樂鷹一之由上。百餘人之輩帶ニ弓箭一。亂ニ入御庄內一。忽企ニ强剛之沙汰一。恣致ニ種々狼藉一。立所ニ號ニ鷹子之替一取ニ馬三疋一畢。凡所行之至。言語道斷之次第也。取ニ當國鷹子一之習者。縱雖レ至ニ于他鄉他庄一。付ニ本所一取レ之。況件鷹巢。爲ニ玉瀧杣山之最中一。何始可レ稱ニ信樂御庄領一哉。倩見ニ事之次第一。亂ニ當杣之西界已下一。可レ令レ押ニ領數十町之杣山一云々。於ニ

宸、原作震、意改

背、原作皆、意改

糺、原作紀、據貼紙改

東大寺年預五師・三綱等申狀

此條二者。百姓等輒非レ可レ申二子細一。本願天皇（聖武）以二此杣一御三施一入寺家二之時。其　御宸筆文云。西左左峯云々。此峯麓出二冷水一。其流降二于東西一。々入二信樂一東通二玉瀧一。濫觴雖二一流一分二兩方一。仍各水堺也。此峯以西號二之信樂一。卽近江國也。此峯以東稱二之玉瀧一。卽伊賀國也。何背二舊跡一今可レ亂二彼堺一哉。但去建久之比。如レ今欲レ令二押領一之剋。注二子細一及二御沙汰二之時。止二新儀一可レ任二舊例一之由。忝被二　仰下一畢。其後守二往昔之例一。更無二異論之詞一。當時之無道。以只同前歟。以二此趣一度々雖二言上一。未レ蒙二裁許一之間。於二北杣三箇之村一者。百姓一人不レ可レ住。御領段歩不レ可レ残。望請　恩裁。早經二御沙汰一。停三止信樂御庄之新儀一。被レ糺三返三疋之馬一者。將仰二舊跡之貴一。再成二安堵之思一矣。仍重言上如レ件。

建曆三年八月日　玉瀧御庄百姓等

東大寺

言上　寺領伊賀國玉瀧杣西堺內。爲二信樂庄民等一。停三止數十町押妨一。其上欲レ召三禁惡行骨張輩一子細狀

副進

庄解一通

右。謹検二案内一。　聖武天皇忝被レ奉レ鑄二立大佛金銅尊像一之日。且爲レ相二充當時造寺之料材一。且爲レ令レ支二向後破壞之修理一。天平勝寶元年以二玉瀧杣一永被レ施二入寺家一以降。一郭不レ亂。狼藉無レ有。爰信樂庄民等。俄欲レ押二領當杣西界數十町一之間。或入二庄家一取二數疋之馬一。或禦二杣工一加二禁制之詞一。此條未曾有之濫吹。不可説之狼藉也。思二堺之根源一者。本願之御時也。尋二論之濫觴一者。信樂之無道也。何背二以往之例一。可レ致二新儀之妨一哉。卽驚二此沙汰一。庄家未二安堵一。棄二斧鐇於大佛寶前一。忽闕二恆例臨時不斷之寺役一。當時如二結構一者。一寺之愁。萬人之鬱。何事如レ之哉。早如二申請一停二止彼妨一。被レ糺下返所二押取一之馬等上。兼又召二取惡行骨張之輩一。欲レ被レ禁二獄其身一。若不レ然者。匪三啻違二本願勅施入之文一。抑又爲二四百餘歳無爲寺領滅亡之基一者歟。仍五師・三綱連署言上如レ件。

建暦三年九月日　都維那法師

權寺主大法師

寺主大法師

權上座大法師

權上座大法師

上座大法師

支、原作友、意改

濫、原作監、意改、以下同

傳燈大法師
傳燈大法師
傳燈大法師
傳燈大法師
權律師法橋上人位
五師

後鳥羽上皇院宣

東大寺所司訴申寺領三箇杣内玉瀧杣西堺信樂杣人妨事。往古之堺。何今更可ㇾ有二相論一哉。早任二舊例一不ㇾ可二新儀一之由。被ㇾ仰二信樂庄一候畢。相互背二舊跡一。不ㇾ可ㇾ致二狼藉一之由。可下令二下知一給上者。依二　院宣一上啓如ㇾ件。

可、此下有脱歟

建曆二年九月廿六日　　右大辨（藤原）宗行在判　奉

謹上　別當僧正（成寶）御房

平棟基書狀

東大寺領攝津國猪名庄造住吉社役事。不ㇾ可ㇾ入二催庄家一之由承候了。早可ㇾ令二下知一候。恐惶謹言。

棟・、原作村・、據尊卑分脈改

建暦三年九月廿六日　勘解由次官棟基(平)

官宣旨

左辨官下東大寺

應レ令下國司。且停二止武士狼藉一。且言中上子細上。當寺諸國寺領貳拾參箇處事

山城國

玉井庄　賀茂庄

攝津國

猪名庄

伊賀國

黑田庄　同新庄

同出作　簗瀬庄

薦生庄　玉瀧庄

鞆田庄　阿・波庄

廣瀬庄　山田有丸庄

美濃國

大井庄　茜部庄

越中國

入善庄

越後國

豊田庄

丹波國

後河庄

幡磨國

大部庄

周防國

宮野庄　椹野庄

紀伊國

木本庄

筑前國

觀世音寺封庄等

下、原作可、意改

官宣旨

承久三年十月二十九日官宣旨參照

下以下四字、原本文、據同上改

丁、原作下、據同上改

二、原作三、據同上改

右。近日都鄙罷二騷擾一。丁壯苦二軍旅一。俗之凋弊職而斯由。就レ中五畿七道諸國神社佛寺已下庄領。或武士寄二事左右一。煩三費州縣一。或民庶不レ營二租稅一。亡三命山澤一。權大納言源朝臣通具宣。奉　レ勅。宜レ令下下三知彼宰吏等一停中止狼藉上。但若有二子細一者。言上聽レ裁者。同下三知諸國一既畢。寺宜承知。依レ宣行レ之。綷在二機急一。暫莫二延怠一。

承久三年七月廿七日　大史小槻宿禰(國宗)

中辨藤原朝臣(資經)

左辨官下　東大寺

應レ令レ停下止兵粮米責幷以二同充文及守護所自由下知一。恣號二地頭一不レ用二領家使一。押中領諸國寺領上事

右。夏比以來世間不レ靜。丁壯苦二軍旅一。老弱罷二轉饟一。稱レ資二蕭何之粮道一。普費二華夷之編戶一。已雖レ辨三濟有レ限之兵粮一。猶又責三取無レ故之民稼一。因レ茲諸方之貢賦不レ全。萬人之愁訴無レ盡。神社佛寺之用途已多二闕怠一。權門勢家之所領不レ叶二進止一。爲レ上爲レ下不レ可レ不レ禁。仍充三賜備前・備中二箇國於武士一。被レ停三止諸國諸庄三升米之濫責一。加之稱レ爲二地頭職一。不レ用二京下使一之者。多有レ之歟。本自帶二下文一知行顯然之者。不レ及二子細一。今更雖二下知一證

據炳焉之者。又以勿論。或以二守護所之自由一始置二地頭一。或以二兵粮米之充文一忩號二地頭一。如レ此張行皆可二停止一。是豈非二庄公落居之基・土民安堵之計一乎。若背二鳳銜之旨一。猶有二狼藉之輩一者。可レ注二進交名一。仰二武士一可レ被レ行二其罪一。權大納言源朝臣通具宣。奉レ勅。布二告諸寺一令レ知二此意一矣者。同下二知諸國一既畢。寺宜承知。依レ宣行レ之。

承久三年十月廿九日　大史小槻宿禰(國宗)在判

中辨藤原朝臣(資經)在判

銜、原作衘、意改

後高倉法皇院宣

院宣七月廿四日申時到來。

被二院宣一偁。伊賀國鞆田庄者。雖レ爲二天平施入之地一。非レ無二地利開墾之主一。因レ茲正(平)盛朝臣。承德二年以二相傳證文一寄二進郁芳門院御領一。庄號先了。而壽永二年又依二法家勘奏一。如レ舊可レ爲二當寺領一之由勅定早了。是則院家知行之間九十餘廻。寺家頻貽二鬱陶一。寺家進退之後三十餘年。院家又致二執論一。云レ彼云レ是不レ可レ不レ決。然而且任二天平之勅符一。且任二寬平之格制一。以二件庄一永爲二當寺花嚴宗別院領一。宜レ停二止六條院之鬱訴一。但彼院本願御素意不レ可レ不レ憶。僧徒等各於二本寺一可レ奉レ訪二白河・郁芳門兩院御菩提一。抑今度院家令レ副二進永長二年正盛朝臣重寄進狀一之間。且問二法家一。且廻二　叡慮一。被レ究二淵源一之後。欲レ下二　綸綍一之處。住侶等稱レ有二裁許之遵行一。不レ待二聖斷之左右一。僧窓忽閉二止住之扃一。佛

制、原作副、據貼紙改〇願、原作領、意改〇素、原作索、意改

領、或欽歟

清、原作請、據公卿補任貞應元年條改

成寶書狀

滿、原作歸、據傍註改

敎、原作嚴、意改

○忩、原作志、據傍註改

候、此下原有候、意刪○恐以下六字、或有誤歟

後高倉法皇院宣

由、原作內、意改

訟、原作詔、意改、以下同

閣徒絶經行之跡。所行之企尤以自由也。雖須召出張本之輩。被處不領之科。僧衆既令還住。叡情宜在寛宥。自今以後莫令更然者。院宣如此。悉之。謹狀。

貞應元年七月廿三日　參議源雅淸

謹上　東大寺別當僧正(成寶)御房

院宣御請文

伊賀國鞆田庄事。今被仰下候之旨。早可告遣滿寺候。已永代之龜鏡。當寺之重寶候也。天平以來未合此程之喜候歟。凡不可申盡候。捧御敎書。忩可仰本寺候者也。垂御察加御詞。且可有御披露候。成寶恐々謹言上。

(貞應元年)七月廿四日　僧正成寶

內々言上

御敎書事。跪以拜見候也。老淚甚霑襟候。隨喜無限思給候。吾國之佛法未墜地候歟。忝候々々。此　院宣定永納寺家寶藏。遙又仰別院勝事候者歟。目出候々々々。

可開寺門之由院宣政所御隨身御下知。七月十四日。

東大寺衆徒等抱鬱訴。離寺分散之條。甚無其謂。不日令歸住安堵。可開諸堂扉也。於訴訟者。早可被裁許之由。早速可令下知給者。依　院宣執啓如件。

（貞應元年）七月十三日巳剋　（平）光盛奉

謹上　別當僧正（成寶）御房

私啓

盂・蘭盆・以前。慥可ニ歸一レ寺之由。殊可下令ニ導行・一給上候。於ニ訴訟・一者。任ニ申請一可レ被ニ裁許一候也。衆徒離寺之間。忽不レ及ニ裁許一候。歸住安堵之後。不日可レ被ニ仰下一之由。其沙汰候也。爲ニ御存知一內々言上候。重々。

盂・、原作孟・、據傍註改○盆・、原難讀、意改○行・、或引歟

成寶書狀

政所御消息被レ下ニ遣年預五師許一。

鞆田庄事。已所レ被レ下ニ　院宣一也。所司隆玄・隆嚴等數日之間。伺ニ此事一住京。今捧持下向。其狀文々句々。瑩玉貫花。返々珍重。凡無ニ申限一。一寺之所存。三綱之心中。誠可レ察者歟。不レ顧ニ極暑之天一。忽忘ニ病老之身一。去十四日含ニ勅命一而赴ニ下寺門一。卽令レ歸ニ住禪徒一。又悉令レ開ニ門々一而歸京。中ニ入事由一之間。甚預ニ叡感一。其上遂戴・ニ此嚴重之聖斷一。跪奉レ覽ニ衆徒御中一。豈非ニ寺務之面目一哉。何不レ叶ニ滿寺之高意一。可レ謂ニ佛法繁昌之嘉辰一也。抑又當寺再耀之明時歟。旁可レ被ニ計披露一狀如レ件。

戴・、原作載・、意改

貞應元年七月廿五日　僧正前法務成寶

東大寺年預五師御房

関東下知状

可レ令三早停二止東大寺領周防國椹野庄地頭職一事

右。如二寺解一者。承久亂逆之時。當庄住人等無二指科一之處。被レ補二地頭一之條。難レ堪次第也。且小郡幷賀河鄉者當庄一所也。而右大將(源頼朝)家御時。建久九年四月。白松藤二資綱雖レ掠二給地頭職一。依二寺家之訴一。同五月召二返御下文一。下二給寺家一畢(平)盛時奉行。云々。如二時廣法師陳狀一者。貞應元年給二地頭職一之由雖レ載レ之。根元之子細分明不レ申レ之。仍寺家所レ申。非レ無二其謂一歟者。早任二先例一停二止地頭職一之狀。依二鎌倉殿(藤原頼經)仰一下知如レ件。

例、此下或可脫歟

天福元年七月九日

武藏守平(北條泰時)在判

相模守平(北條時房)在判

六波羅施行狀

東大寺領周防國椹野庄地頭職停止事

右。任二去七月九日關東御下知狀一。宜二停止一之狀如レ件。

天福元年八月廿三日

掃部助平(北條時盛)在判

駿河守平(北條重時)在判

付、原作件、據傍註改
餘、原作企、據傍註改〇代、衍歟〇印、原作眼、據東寺長者補任寛元三年條改

後嵯峨天皇綸旨

斷、原作料、據貼紙改、以下同

木本庄預所職顯延法橋申二下 宣旨一。付二定顯律師一之間。任二 勅命一補二預所職一了。仍衆徒鬱訴之餘。閉二寺門一逐電。而別當代內大臣法印（定親）申二達子細一之間。被レ改二顯延預所職一了。東大寺衆徒無二左右一閉二門戶一之條。狼藉之企被二驚聞食一之處。亦隨二 勅定一。開二門戶一可レ待二 聖斷一云々。然間衆徒訴訟之趣。被二聞食披一之間。且止二顯延預所職一。可レ相二待重 聖斷一者。天氣如レ此。仍執達如レ件。

（寛元三年）十月五日　　左中辨（藤原）顯朝奉

謹上　內大臣僧都（定親）御房

關東寄進狀

同案參照

關東寄進狀案

寄進

東大寺鎭守八幡宮

大和國大佛供上庄壹所事

右。當庄者。依レ爲二平家沒官之地一。前右大將家（源頼朝）自レ院（後白河）令二賜預一之所也。因レ茲爲レ資二彼御菩提一。於二鎭守八幡宮一募二長日轉讀大般若經用途料一。每年可レ備二進年貢米卅石一也。但於二領家職一者。忍辱山權僧正（定豪）坊無二相違一可レ被二知行一者。仰旨如レ此。仍寄進如レ件。

北條政子書狀

貞應三年五月十八日　前陸奥守平（北條義時）在判

鎌倉尼二品御文

ふむ〔文〕もと〔元〕かくたり〔下〕の御文も。おはり〔尾張〕のあさり〔阿闍梨〕かくたりの御文も。たしか〔慥〕にミ〔見〕候ぬ。山と〔大和〕の大（惟宗）ふくの庄。大佛のちむす〔鎭守〕のやはた〔八幡〕によせまいらせ〔寄進〕たまう〔給〕こそ。かへす〔返〕ゝゝめてたく〔目出〕候へ。きしむ〔寄進〕の御文ハ。こい〔請〕文のまゝにかゝれ〔書〕て候とそ。きこへ〔聞〕候。かへすゝゝめてたくおもひ〔思〕よらせ給て候ものかな。さてハミつ〔三〕の御山のこわう〔牛王〕・なき〔梛〕のは〔葉〕、たしかに給候ぬ。

於二當庄一。定豪僧正讓二定親僧正一。定親又讓二定濟僧正一。自二貞應三年一至二文永四年一。數十年之間。領家職門跡相承之處。今至二相模守（北條）時宗朝臣時一。改二領家職一充三給武家祇候人二了。仍衆徒年々雖レ致二訴訟一。不レ問三開子細一歟之間。不レ返三付寺家一。不便之次第也。

一、御油庄事

近來號二旱水之損亡一。令二對捍一之間。諸堂燈油。常以闕如。萬燈之會式。殆可二退轉一。仍此條不便之由。別當僧正（定濟）被二執申一之處。速疾被レ降二院宣一云。

後嵯峨法皇院宣

當寺常燈御油田事。寺解副二具書一。奏聞之處。甲乙之作人寄二事於旱水損一。動擁怠之條。所レ被二驚聞食一也。有レ限之役。爭可レ令二默止一哉。慥可レ致二其辨一。若作人等其力不レ及者。懸二地主等一可レ令レ致二其勤一之由。可下令二下知一給上者。依二　院宣一執達如レ件。

文永七年
六月十四日　左大辨資宣（藤原）

謹上　東大寺別當僧正御房（定濟）

一、櫟庄巖池間事

當庄內有レ池。名二巖池一。中古以來切二彼堤一雖レ不レ湛レ水。通二此古池之中一。要水流三入當庄一。而雜役庄幷他寺領々主・庄民等。同心而築二彼池堤一。湛三滿流水一。可レ懸三取他庄一之由張行。卽庄民幷彼寺々僧。以二數百人々夫一。築二此堤一了。此儀若成辨者。櫟庄以二何水一可二耕作一哉。仍訴陳及二數度一之間。以二院宣幷殿下御教書一。被レ尋三問一乘院・大乘院。然而分明無下被二辨申一之旨上。隨而不レ及二　勅裁一。徒費二人力一雖レ築二池堤一。空又切崩了。殆可レ謂二大佛八幡之御計一者歟。然間當年不レ及二其沙汰一。而翼年文永八年春。重率二數多之人勢一。築二池堤一之間。以二寺解・庄解一別當僧正（定濟）頻被二執申一。卽差三上執行定嚴法眼一。連々被レ經二　上奏一之時。於二彼池一者。當寺獨非レ可二進退一。爲二諸庄一同之用水一之由。彼等

訴申之處。一向爲ニ當庄一被レ築之條勿論也。卽披ニ印藏一尋ニ文書一之處。卽求ニ出其文書一了。仍備ニ上覽一之剋。可レ停ニ止彼等新儀一之由。被ニ宣下一了。

後嵯峨法皇院宣

東大寺領大和國櫟庄訴申用水間事。定濟僧正申狀副ニ具書一。如レ此候。可レ止ニ新儀沙汰一之由。可レ有レ御ニ下一知寺家幷兩院家一之旨。院宣所レ候也。以ニ此旨一可下令ニ披露一給上。仍執達如レ件。

(文永八年)二月廿二日　　左大辨資宣

謹上　(藤原光朝)權辨殿

大和國櫟本庄井功幷用物注文

高橋川一井三池

右。爲レ漑ニ櫟本庄田一穿也。

惣井功幷用物勘注如レ左。

合役人單一萬一千五百九十三人

六百八十八人將領

二千三百十七人仕丁

七千九百八十六人雇體•

體•、或誤歟

六百二人人々知識所レ進

用分

錢一百卌二貫四百廿文

米三百廿二斛五斗八合

鹽三斛三斗四升三合

海藻一千四百編

滑海藻一百五十嶋

末醬五斗一升

漬菜一斛八斗

酒三斛八斗

粉酒四十一斛九斗四升

以前。始レ自二神護景雲三年十二月十日一。至二于神護景雲四年四月一日一。用雜物幷役單功等如レ前。

別當造寺司主典正六位上阿刀宿禰與泰・

大和國員外目從六位下櫻田・連春山

典、意補〇泰・、雙倉北雜物出用帳作佐・彌・

田・、續日本紀神護景雲三年四月八日條作嶋・

領散位從六位上道祖公麿
從六位上國中連足麿
倉人無位丹比宿禰宮繼

爲二櫟庄一所レ被レ掘之池之事。此日記分明也。仍被二　勅裁一了。件文書者。定在二印藏一歟。能々可二搜求一之由。豫令レ申二定嚴一了。仍其後開二印藏一求三出此文書一。備二　上覽一止二濫訴一了。

一、大井庄樂田地頭間事

東大寺衆徒申寺領美濃國大井庄內樂田鄕事。被レ停三止重經法師押領一之由。鎌倉二位中將（源惟康）殿御消息候也。恐惶謹言。

文永九年
十二月廿六日　相模守（北條時宗）在判
左京權大夫（北條政村）在判

關東御教書
同案參照

六・、同上作八・

大佛殿佛餉懸札云。

記錄　東大寺大佛殿長日佛餉料田事

本願勅施入之田地　在二大和國一。

　合參拾伍町伍段大

一、小東庄十三町一段大之內。（庄沙汰人給分。本者五段。今者一町。并定使給分五段。六町大者（二王）行康之押領。）

佛餉料五町六段。（八合定。）一段別一斗五升八合。但此內二町者段別一斗充。（字十坪。）

一、長屋庄一町四段之內。（庄沙汰人給分一段。定使給分一段。）

佛聖・料一町二段。々別一斗五升八合。（八合升定。）

一、長田庄三町二段之內。（庄沙汰人一段。定使給二段。半荒畢。）

佛餉料二町八段半。一段別一斗五升八合。

一、大宅庄三町九段之內。（庄沙汰人給二段。定使給二段半。一段荒畢。）

佛餉料三町三段半。一段別一斗五升八合。

一、目安庄五町八段之內。（庄沙汰人給三段。定使給四段。）

佛餉料五町一段。一段別一斗五升八合。

［頭注］大佛殿長日佛餉料田記錄

［頭注］聖・、當作餉・

一、櫟庄三町之內。（庄沙汰人給一段。定使給二段。）

佛餉料二町七段。一段別一斗五升八合。

一、服庄五町一段之內。（庄沙汰人給三段。定使給三段半。又二段荒云々。）

佛餉料四町二段。一段別一斗五升八合。

右。天平勅施入之佛餉田三十五町五段大之內。庄沙汰人并定使給分四町一段。所レ殘三十一町四段大。每日一段。々別一斗五升八合（器物八合定。）被二充置一。以備二三百十四日聖供一。雖レ然尚歎二四十六日闕如一之處。大和國河合村住人一王次郎行康以下之輩。不レ憚二本願之　叡信一。不レ顧二佛陀之冥慮一。恣依レ押二妨六町三段之佛田一。忽令レ闕二如六十三日之聖供一。所レ殘纔廿五町一段半。當時定田二百五十一日。已及二百九日闕如一。三寶物互用尚依レ違二施意一。得二無量罪一。何況於下爲二底下卑賤之凡人一。犯中用佛陀施入之料物上哉。罪定沈二深底一。報寧免二無間一乎。見聞之緇素。誰不レ恐レ之乎。視聽之道俗。尤可レ歎レ之乎矣。仍記錄之狀如レ件。

元應貳年陸月十二日　堂司大法師定忠

正月　（長屋庄。長田庄。）

二月　（長田庄。小東庄。）

三月　小東庄。

四月　〔至㆓十一日㆒小東庄。十二日以後無足。〕
五月　無足。
六月　政所。
七月　政所。
八月　大宅庄。
九月　〔大宅庄。櫟庄。〕
十月　目安庄。
十一月　〔目安庄。服庄。〕
十二月　服庄。
潤月　十个日分尊勝院御寄進。〔海印寺所。〕

某田地寄進状

散在佛餉田料所事

一、奉㆓寄進㆒　佛餉田

合伍段小者　所當三石六斗

伊賀國名張郡新庄領之內　作人〔宗覺。相模。新三郎。兵衞次郎。〕

一、奉二寄進一　佛餉田

合一段者　所當六斗

大和國法貴寺　　作人治部左衞門尉

一、奉二寄進一　佛餉田

合貳段者　所當七斗此內□斗。沙汰人得分立用云々。

山城國大隅庄之內　　作人公文

一、奉二寄進一　佛餉田

合壹段者　所當三斗

大和國法花寺之前字櫻梅。　作人西念

右。旨趣者。爲レ令レ成二就二世之悉地一。奉二寄進一之狀如レ件。

弘安元年七月日　以上不レ知二施主名字一。

□、原空白

五郎權正田地寄進狀

一、奉二寄進一　佛餉田

合壹段者　所當四斗五升

伊賀國名張郡出作領之內

右。所レ奉ニ寄進一之狀如レ件。

弘安元年七月日　施主五郎權正（施敬）

新渡志兵衞田地寄進狀

一、奉ニ寄進一　佛餉田

合大者　所當四斗

伊賀國名張郡出作領之內

右。所レ奉ニ寄進一之狀如レ件。

弘安元年七月日　新渡志兵衞（施敬）

某田地寄進狀

一、奉ニ寄進一　佛餉田

合壹段者　所當五斗　又壹段六十步　所當九斗

伊賀國名張郡出作領之內

右。所レ奉ニ寄進一之狀如レ件。

弘安元年七月日　不レ知ニ施主人等一。

尼勤阿彌陀佛田地寄進狀

一、奉ニ寄進一　佛餉田

合壹段者　所當七斗

大和國字葛木。東一段。　作人法蓮又次郎

右。所レ奉ニ寄進一之狀如レ件。

弘安□年十月廿七日　尼勤阿彌陀佛

某年月日　不レ知ニ施主人一。

□、原空白

某田地寄進狀

一、奉ニ寄進一　佛餉田

合壹段者　所當七斗

大和國字和爾。

右。所レ奉ニ寄進一之狀如レ件。

某年月日　不レ知ニ施主人一。

法橋寛秀田地寄進狀

一、奉ニ寄進一　佛餉田

合壹段者　所當七斗

大和國笠間庄之內字於波田。

右。志趣者。病風頻吹。露命難レ期。仍爲レ備ニ來世之資粮一。奉レ寄ニ佛陀之妙供一。自ニ毎年二月朔日一。捧ニ臨時恆例之佛餉一者也。仍寄進之狀如レ件。

正應元年五月廿八日　法橋和尚位寛秀在判

大法師快玄田地寄進狀

一、奉ニ寄進一　佛餉田

合貳段者　所當二石

四至限レ東他領。限レ西繩。限レ南繩。限レ北横道。　字井口

在大和國十市郡東鄉貳拾四條六里繩本二段

右。件佛餉田者。僧丼尊觀忍房。先祖相傳之私領也。然而不慮頓死之間。舍弟等任ニ遺命旨一。爲ニ大佛殿二季彼岸臨時佛餉之料田一。永奉レ寄ニ進之一。盡未來際更不レ可ニ改倒一之狀如レ件。

嘉元四年五月日　舍弟大法師快玄在判

大法師實專田地寄進狀

一、奉ニ寄進一　佛餉田

合壹段者　所當二斗五升

河上庄領內北田。

四至本券面在レ之。

右。志趣者。出二忍土之舊宅一。遷二安養之樂邦一。早登二不退之寶臺一。速入二普賢之願海一。仍每年七月朔日臨時佛餉。所レ奉二施入一之狀如レ件。

正和貳年七月朔日　大法師實專在判

春若丸等田地寄進狀

一、奉二寄進一　佛餉田

合貳段者　所當一石一斗

伊賀國名張郡出作領之內字寺門。

右。件餉田者。任二顯嚴幽靈之遺言一。奉レ寄二進彼料所一者也。仰願。答二此善根一。滅・罪生善。出離生死。頓證菩提。乃至法界衆生。有緣無緣。鐵圍沙界。平等利益。仍爲二後日之證文一。所レ奉二寄進一之狀如レ件。

滅、原難讀、意改

正和五年九月十日　春若丸在判　春福丸在判
福壽丸在判　春虎丸在判

某氏女田地寄進狀

一、奉二寄進一　佛餉田

合壹段者　所當三斗寛祐得業沙汰。

右。寄進志趣者。爲ㇾ成㆓就現當二世之悉地㆒。所ㇾ奉㆓寄進㆒之狀如ㇾ件。

元應二年六月十二日　氏女施敬

某田地寄進狀

一、奉㆓寄進㆒　佛餉田

合小者　所當一斗二升

伊賀國黑田庄之內　作人彌五郎

右。所ㇾ奉㆓寄進㆒之狀如ㇾ件。

某年月日　不ㇾ知㆓施主名㆒。

某田地寄進狀

一、奉㆓寄進㆒　佛餉田

合大者　所當四斗三升

河上庄之內字眉間寺前。

右。所ㇾ奉㆓寄進㆒之狀如ㇾ件。

某年月日　不ㇾ知㆓施主名㆒。

禪尼心戒田地寄進狀

一、奉㆓寄進㆒　佛餉田

合壹段者　所當麥二斗・大豆二斗

伊賀國黑田庄出作領矢河條字一井。四至本劵面在㆑之。

右。志趣者。爲㆑成㆓就現當二世之悉地㆒。每年五月四日・廿四日。爲㆓臨時恆例之佛餉料㆒。

所㆑奉㆓寄進㆒之狀如㆑件。

元應貳年五月十一日　禪尼心戒在判

專妙田地寄進狀

一、奉㆓寄進㆒　水田事　御佛餉

合壹段者　字筍・木坪　定地七斗代

筍・、或葛・歟

右。志者。爲㆑祈㆓現當巨益㆒也。乃至法界平等利益。仍所㆓寄進㆒如㆑斯。

應安五年壬子五月日　專妙敬白

東大寺続要録

ISBN 978-4-336-05623-8

平成25年 5 月10日　第一刷発行

監　　修　筒　井　寛　秀
編纂・校訂　東大寺続要録研究会
発 行 者　佐　藤　今　朝　夫

〒174-0056 東京都板橋区志村 1-13-15
発行所　株式会社　国　書　刊　行　会
TEL. 03(5970)7421(代表) FAX. 03(5970)7427
http://www.kokusho.co.jp